KB154301

공유인으로 사고하라

 V 아우또노미아총서51

공유인으로 사고하라 Think Like a Commoner

지은이 데이비드 볼리어
옮긴이 배수현

펴낸이 조정환
책임운영 신은주
편집부 김정연
홍보 김하은
프리뷰 성병준 · 이정섭

펴낸곳 도서출판 갈무리 등록일 1994. 3. 3. 등록번호 제17-0161호
초판 1쇄 2015년 10월 15일
초판 2쇄 2018년 10월 15일
종이 화인페이퍼 인쇄 예원프린팅 라미네이팅 금성산업 제본 은정제책

주소 서울 마포구 동교로18길 9-13 [서교동 464-56]
전화 02-325-1485 팩스 02-325-1407
website http://galmuri.co.kr e-mail galmuri94@gmail.com

ISBN 978-89-6195-095-4 94300 / 978-89-6195-003-9(세트)
도서분류 1. 사회사상 2. 사회학 3. 사회운동 4. 철학 5. 경제학 6. 경제사상 7. 경제이론
8. 인문비평 9. 정치학

값 17,000원

이 도서의 국립중앙도서관 출판예정도서목록(CIP)은 서지정보유통지원시스템 홈페이지(http://seoji.nl.go.kr)와 국가
자료공동목록시스템(http://www.nl.go.kr/kolisnet)에서 이용하실 수 있습니다. (CIP제어번호 : CIP2015027028)

데이비드 볼리어 지음
David Bollier

배수현 옮김

Think
Like a Commoner

공유인으로
사고하라

새로운 공유의 시대를 살아가는
공유인을 위한
안내서

일러두기

1. 이 책은 David Bollier, *Think Like a Commoner : A Short Introduction to the Life of the Commons*, New Society Publishers, 2014를 완역한 것이다.
2. 인명은 혼동을 야기할 수 있다고 생각되는 경우를 제외하고는 본문에서 원어를 병기하지 않으며 인명 찾아보기에서 병기한다. 제사에서는 작품명의 원어를 병기하지 않는다.
3. 지명은 잘 알려지지 않은 경우에만 원어를 병기한다. 즉 뉴욕, 빠리, 보스턴 등은 병기하지 않는다.
4. 단행본, 전집, 정기간행물, 보고서, 논문, 논설, 기고문의 경우 본문 독해를 위해 원문이 필요한 경우에만 본문에서 원어를 병기하고 그 외의 경우에는 용어 찾아보기에서 병기한다.
5. 외래어로 굳어진 외국어는 표준 표기대로 하고, 기타 고유명사나 음역하는 외국어는 발음에 가장 가깝게 표기한다.
6. 영어에서는 외국어를 이탤릭으로 하지만, 우리말의 관점에서는 영어도 외국어이므로 병기하는 외국어에 이탤릭을 쓰지 않는다. 이탤릭은 참고문헌에서만 사용한다.
7. 단행본, 전집, 정기간행물, 보고서에는 겹낫표(『 』)를, 논문, 논설, 기고문 등에는 홑낫표(「 」)를 사용하였다.
8. 규약, 법, 각종 헌장, 보고서, 부서, 단체명(위원회), 회사명, 프로젝트, 행사, 영상, 텔레비전 프로그램 이름, 전시, 공연물의 이름은 꺽쇠(〈 〉) 안에 넣었다. 선언문은 홑낫표 안에 넣는다. 마그나카르타, 삼림헌장 등 이미 잘 알려진 경우는 예외로 한다. '국무부'처럼 잘 알려진 부서도 예외로 한다.
9. 지은이 주석과 옮긴이 주석은 같은 일련번호를 가지며, 옮긴이 주석에는 [옮긴이]라고 표시하였다.

『공유인으로 사고하라』에 대한 추천사

공유[재]는 이 시대에 가장 중요하고도 희망적인 개념 중 하나다. 이 책을 읽고 나면 그 이유를 알게 될 것이다!

빌 맥키벤, 『심층 경제』 지은이

『공유인으로 사고하라』는 탁월하고 이해하기 쉽고, 실질적인 동시에 선구적인 지적 걸작이다. 신경제(New Economy) 운동에 대한 결정적인 기여이자, 인류의 미래를 염려하는 사람이라면 누구나 반드시 읽어야 할 필독서다. 나는 앞으로도 오래도록 이 책을 기본적인 참고서로 다시 찾게 될 것 같다.

데이비드 코텐, 『새로운 경제를 위한 의제』 저자, 잡지 『예스! 매거진』 위원회 의장, 〈신경제 실무 그룹〉 공동 의장

공유[재]는 진정 새로운 패러다임이며, 문명의 개혁을 가능하게 해 줄 세 번째 연결 고리다. 그러나 공유[재]는 어떤 사물이 아니라, 무엇보다도 문화적 변혁과 주관적인 변화들의 표현이다. 데이비드 볼리어는 이 문화적 대전환의 중요성을 설명하는 작업을 멋지게 해냈다.

미셸 바우엔스, 〈P2P 재단〉 설립자

우리의 세계가 살아남기 위해서는 옛 선조들의 지혜의 부활을 필요로 한다. 데이비드 볼리어는 공유[재] 미래에 대한 아름답고 과감한, 그러면서도 실질적인 비전을 제시하고, 앞으로 나아갈 길을 밝혀 준다. 정말 훌륭한 책이다!

모드 발로우, 캐나다인 평의회 전국 의장, 국제 수자원 운동가

인류가 공유[재]로 공동으로 소유하는 부가 개인과 기업이 각자 독자적으로 소유하는 부를 합친 것보다 훨씬 더 가치가 있다는 의외의 사실을 아는가? 기업들은 이를 알고 공중 전파, 공공 토지, 유전자, 수천억 달러의 세금으로 진행된 공공 연구의 결과로 얻어진 지식(예를 들어 연구개발(R&D) 등) 등 시민이 소유하는 것들을 상업화하거나 장악해 왔다. 이를 알기 위해, 아니 그 이상을 위해서 이 책을 반드시 읽어야 한다. 볼리어는 각양각색의 공유[재]를 탁월한 솜씨로 증류하여, 우리 자신, 우리의 후세, 지구를 위해 경제를 변혁하고자 한다면 우리가 함께 소유하는 것을 우리 스스로 어떻게 지배할 수 있을지를 제시한다. 이 책을 일단 펼쳐 들면, 수년간의 정규 교육 속에서도 어째선지 눈길을 끌지 못했던 공유[재]라는 형태로 우리 모두가 함께 소유하는 것이 주는 흥분으로 전율하게 될 것이다.

랄프 네이더, 소비자 운동가, 『막을 수 없는 흐름:기업국가 해체를 위한 좌우 연합의 출현』 저자

공유[재]의 신비를

아름답게 풀어낸

통찰력 있는 글들로

여전히 깊은 영감을 주고 있는

조나단 로우*를 기리며

* Jonathan Rowe, 1946~2011

차례

공유인으로
사고하라

『공유인으로 사고하라』
한국어판에 부쳐

전통적인 정부 체제와 시장에 대한 대중의 신뢰가 추락하면서,
공유[재]¹에 대한 관심이 전세계적으로 급격히 높아지고 있다. 이는
분명 앞으로 격동이 몰아닥칠 것임을 예고하지만, 동시에 큰 희망

---

1. [옮긴이] 이 책에서 commons는 공유[재], common resources는 공동자원, com-
mon pool resources(CPR)은 공유자원, commoner는 공유인으로 각각 번역하였다.
저자는 commons를 물질적/비물질적 대상, 공유 활동과 삶의 방식으로서의 공유
의 실천, 경제사회적 질서 등 여러 의미로 사용하고 있다. 이를 그 맥락에 따라 여러
단어로 번역하는 것은 혼란을 불러일으킬 수 있을 뿐만 아니라 동일한 단어를 사
용한 저자의 의도에도 맞지 않으므로, commons를 공유재로 통일하여 번역하고
자 하였다. 그러나 commons는 경제적 관점의 대상으로서의 '공유재'만을 의미하지
않기 때문에, 공유[재]로 번역어를 통일하였다. 다만 "공유지의 비극"(tragedy of the
commons)이라는 표현에서는 예외적으로 "공유지"라고 썼다. commoner는 사전적
으로는 영국 중세 봉건 시대의 서민, 평민을 뜻하는 단어이다. 이 책에서 저자가 현
대의 공유 사회의 구성원으로서 지칭하는 commoner는 그보다 한 차원 더 높은 주
체적이고 높은 지성을 갖춘 존재이다. 또 저자가 commoner라는 개념을 자본주의
사회의 '호모 에코노미쿠스'(경제인)에 대항하는 개념으로서 제시하고 있다는 점에
서 '공유인'으로 번역하였다. 그리고 같은 맥락에서 commoning은 공유화라고 번역
하였다.

을 선사하는 신호이기도 하다. 현재의 거버넌스, 상업, 생태 개발 체계들이 지속가능하지 않다는 것이 너무도 자명하기 때문이다. 인류가 지금부터라도 사회와 동떨어진 중앙집권적인 제도와 집중화된 시장에 의존하지 않는 대안적 미래를 상상하고 그런 미래를 만들어 나가지 못한다면, 그리고 개개인과 공감하는 공통된 인류애와 협력 정신을 회복하지 못한다면, 정말로 암울한 미래를 맞이하게 될 것이다.

나는 이러한 현실이 왜 그토록 많은 사람들이 공유[제]의 세계에서 답을 찾고 있는지를 설명해 준다고 확신한다. 공유[제]는 새롭고 현대적인 것들(팹랩2, 크라우드펀딩3, 크리에이티브 커먼즈 라이선스4 등)과 동시에 인류의 역사만큼이나 오래된 것들(토착 문화, 농업생태적 관습, 전통 지식 등)을 제시하기 때문이다.

---

2. [옮긴이] 팹랩(FabLab)은 제작실험실(Fabrication Laboratory)의 줄임말로, 3D 프린터, 레이저 커터 등의 디지털 제작 장비를 갖추고 누구나 아이디어를 시제품으로 구현할 수 있도록 하는 제작 실험 공간이다. MIT 미디어랩에서 처음 시작된 이후 전세계적으로 확산되면서 메이커 문화를 보급하고 있다.

3. [옮긴이] 크라우드펀딩(Crowdfunding)이란 군중(crowd)와 자금조달(funding)의 합성어로, 군중에게서 자금을 모은다는 뜻이다. 주로 온라인 크라우드펀딩 플랫폼을 통해 후원이나 투자 목적으로 프로젝트를 홍보하여 다수의 사람들로부터 소액의 자금을 모으는 방식으로, 소셜네트워크 서비스를 통해 많은 사람들의 참여를 독려한다. 투명한 과정 공개와 투자자와의 직접적인 소통을 장점으로 내세운다.

4. [옮긴이] 크리에이티브 커먼즈 라이선스(Creative Commons Licenses)는 저작권자가 일정한 조건하에 자신의 창작물을 다른 사람이 자유롭게 이용할 수 있도록 허락하는 일종의 저작권 규약으로, 줄여서 CCL이라고도 한다. 미국 하버드 로스쿨의 로렌스 레식 교수가 2001년 〈크리에이티브 커먼즈〉(Creative Commons)라는 단체를 설립하고 CCL을 창안한 이래 전세계적으로 저작물 공유를 위한 주요 라이선스로 도입되고 있으며, 한국에서는 〈크리에이티브 커먼즈 코리아〉(CC Korea)가 2005년 설립되어 CCL 보급을 주도하고 있다.

2014년 3월 이 책 『공유인으로 사고하라』의 출간 후 내가 발견하고 있는 의외의 즐거움 중 하나는 예상외의 장소에서 공유화에 대한 관심이 커지고 있다는 것이다. 프랑스어·이탈리아어·폴란드어에 이어 이번에 한국어판이 출간되었으며, 곧 스페인어와 중국어판도 출간을 준비 중이다. 이 같은 공유[제]에 대한 국경을 뛰어넘은 관심은 그러나 굳건한 신자유주의 경제학의 이념·정책·세계관을 넘어서기 위한 열망이 움트고 있음을 보여 주는 한 가지 징조일 뿐이다. "자유시장"에 대한 믿음은 2008년 금융위기 이래 당연히 무너지고 있다. 자유시장이라는 논리의 허구성과 모순을 확인했기 때문이었다. 현재의 형태의 정부와 시장은 기후변화, 부의 불평등, 약탈적 기업 활동, 무능한 관료제, 이념적 양극화 등의 문제들을 해결하는 데 처참히 실패하고 있다.

반면 "아래에서부터" 서로 협력하는 공유인들은 자급자족, 거버넌스, 기술, 사회생활에 있어서 수많은 혁신을 만들어 내고 있다. 이들의 활약은 많은 "집단 갈등"을 해소하고 물의 관리, 농업의 재현지화, 다자의 이해관계를 추구하는 혁신적 협동조합 등을 위한 새로운 형태의 등장을 낳았다. 공유인들은 자동차, 가구, 농기구, 그 밖에 많은 부분에서 전세계적인, 오픈 소스[5] 방식의 디자인을 개척하고 있으며, 이는 모두 현지에서의 직접 생산으로 연결된다. 이 방

---

5. [옮긴이] 오픈 소스(Open Source)란 소스 코드를 누구나 자유롭게 사용, 복제, 배포, 수정할 수 있도록 공개한 소프트웨어 프로그램을 말한다. 소프트웨어와 하드웨어 등 기술 분야에 제한된 용어였지만 최근 오픈 데이터(Open Data), 오픈 액세스(Open Access) 등 다른 분야에서의 지식 및 콘텐츠 공개 운동으로 확산되고 있다.

식은 인간의 필요 충족을 위해 좀 더 효율적이고 생태학적으로도 유익한 방법을 추구하는 모델이다.

지역에서, 국가적으로, 또 국제적인 차원에서 점점 더 많은 사람들이 스스로 공유인임을 드러내며 "공유 도시"와 도시 공유[재]라는 개념을 발전시키고 있으며, 서울·샌프란시스코·바르셀로나·볼로냐 등 여러 대도시 지역에서 이러한 현상이 나타나고 있다. 건강한 지역 먹거리를 찾는 공유인들은 "공동체 지원 농업"6, "슬로푸드"7, 영속 농업8 등의 운동을 통해 식품 체계를 재편하고자 노력하고 있다. 또 지역 공동체들이 스스로 만들어 내는 가치를 활용할 수 있도록 해 주는 대안 통화 등을 통해 오픈 네트워크 플랫폼들은 "협업적 소비"를 위한 새로운 기회들을 제공하고 있고, 시민 과학 프로젝트들은 시민이 민주적 참여를 위한 새로운 능력을 갖출 수 있도록 기여하고 있다. 이러한 예들도 사실 변화를 이끌어 내고 있는 공유인들의 활약을 수박 겉핥기식으로 보여 주는 사례들일 뿐이다.

공유[재]를 뒷받침하는 학문적 논리는 지난 수십 년간 고 엘리

---

6. [옮긴이] 공동체 지원 농업(Community Supported Agriculture, CSA)은 지역사회 공동체에 기반을 둔 농업형태로, 생산자와 소비자가 함께하는 직거래 방식을 추구한다.

7. [옮긴이] 슬로푸드(Slow Food)는 패스트푸드(Fast Food)에 대항하여 생겨난 개념으로, 지역의 전통적인 식생활과 식재료의 이용을 추구하며 전통적인 방식으로 느리게 만드는 음식, 또는 그런 문화를 지칭한다.

8. [옮긴이] 영속 농업(Permaculture)은 영속적인(permanent)이라는 뜻의 형용사와 농업(agriculture)이 합쳐져 만들어진 용어로, 생태 농업의 한 갈래다. 환경에 대한 인위적 영향을 최소화하면서 자연의 순리에 따라 작물이 자라날 수 있는 환경을 조성하는 방식을 통해 공동체의 자급자족을 추구하는 농업이며, 자연과의 공생을 목표로 한다.

노어 오스트롬 인디애나 대학 교수에 의해 마련되었다. 오스트롬 교수는 "공유지의 비극"이라는 지겨운 우화가 틀렸음을 마침내 밝혀낸 정치학자로, 수백 가지의 공유[재]를 연구하고 공유[재]의 복잡성을 탐구하도록 국제적인 학자들의 모임을 주도하였다. 그러한 공로를 인정받아 그는 2009년 노벨 경제학상을 수상했고, 그 결과 공유[재]가 일반 시민들의 주목을 받게 되었다.

오스트롬의 연구와는 별개로 1990년대 말에서 2000년대 초 공유인들의 움직임이 전세계적으로 일어나기 시작했다. 그 상당 부분은 월드와이드웹과 자유/오픈 소스 소프트웨어의 출현에 힘입은 바가 컸지만, 또 개발도상국의 사람들, 토착 공동체, 도시 공유인들과 그 밖의 많은 사람들이 이러한 흐름에 동참했다. 저마다 방식은 다르지만 도를 넘은 시장과 국가의 힘에 희생되었다는 점에서 공통점을 갖는 이러한 다양한 공동체들이 만나, 현재 새로운 변화의 힘을 키워 나가고 있다. "초국가적 공유인의 공화국"이 형태를 갖추고 연합을 이루며 확장해 나가기 시작하고 있다.

이런 공동체들 사이에는 뚜렷한 차이점이 있지만, 공유인들은 공동의 자원을 공정하고, 배타적이지 않으며, 지속가능하면서도 책임성 있는 방식으로 관리하고 보존하겠다는 굳은 의지를 갖고 있다는 점에서 같은 방향을 바라보고 있다. 즉, 이들은 시장/국가로부터 독립된, 공유[재]에 기반한 자원 공급의 새로운 모델을 구축하는데 거의 중점을 둔다. 이는 실천에 대한 운동이다. 즉, 자원의 자급을 실험하고, 테스트하고, 구성하고, 수정하고, 개선함으로써, 자급을 효과적으로 실현하고 이어 나갈 수 있도록 하는 것이다.

따라서 다양한 맥락 속에서 공유[재]를 주창하는 사람으로서, 한국에도 공유화에 대한 깊은 관심이 있다는 것을 알게 되어 매우 기쁘다. 특히 다양화된 방식으로 시민 참여를 이끄는 공유 부문을 육성하는 데 앞장서고 있는 서울시 정부의 훌륭한 정책에 대해 알게 되어 반갑다. 이는 벤처 투자자나 글로벌 기업들의 "공유 경제"가 아니라, 지역 기반 공동체가 물리적 공간, 물건, 기술, 생태적 관습을 나누기 위해 시도하고 있는 새로운 사회적 운동이라 할 것이다. 크리에이티브 커먼즈 코리아와 서울시가 운영하는 셰어허브 웹사이트(http://sharehub.kr)가 이러한 공유 운동에 대한 정보와 주장들을 만나 볼 수 있는 대표적 공간이다.

공유[재]가 한국에서 커 나갈 것인지를 판단하기는 아직 이르다. 그러나 전통적인 시장이 사회적, 환경적, 경제적으로 갖는 본질적 한계가 갈수록 분명해지면서, 공유[재]의 힘과 사회적 장점이 커지고 있다. 이는 이미 상당 부분 분명해진 사실이다. 공유인들이 그들만의 협업 시스템을 이제 더 큰 규모로 확장해 나감으로써 어떻게 낭비적인 소비주의, 도시 소외, 생태계 파괴, 기후변화 등에 대한 새로운 혁신적 해결책을 마련할 수 있을지를 생각해 보는 것은 즐거운 일이 될 것이다. 분명, 새로운 형식의 지식 공유, 집단에 의한 의사 결정, 거버넌스[9], 즉 공유화는 현시대의 고질적 문제들을 해결할

---

9. [옮긴이] 거버넌스(governance)는 국가 또는 조직의 통치 방식을 일컫는 말로, 맥락에 따라 주로 일방적 통치와 대비되는 협치 또는 다원적 통치 구조를 의미한다. 이 책에서는 광의의 '통치'와, '협치' 또는 그러한 체제 및 구조의 의미로 문맥에 따라 다른 의미를 함축하기에, 거버넌스로 통일하였다.

수 있는 강력한 해답을 쥐고 있다.

이제 이 책의 한국어판을 통해 더 많은 한국 사람들이 공유
[재]에 대해 더 많이 알게 될 수 있을 거라는 사실에 기쁘기 그지없
다. 전세계에서 모은 공유[재]에 대한 식견들과 사례들이 새로운 형
태의 창의적 행동, 시장/국가에 대한 정치적 저항, 초국가적 협업을
일으킬 수 있는 영감이 되었으면 한다. 이 책에 나온 개념들에 대
해 더 알아보고자 하는 호기심 많은 독자들은 내가 얼마 전 실케
헬프리히와 함께 출간한 신간 에세이집 『공유화의 유형』(www.
patternsofcommoning.org)을 읽어 보시기 바란다. 『공유화의 유
형』은 앞서 출간한 『공유[재]의 부』와 이 책 『공유인으로 사고하
라』를 토대로, 사회적 형태로서의 공유화의 내적 역학 관계를 탐
구한 책이다. 우리는 공유화를 경제학자와 정치학자들이 사용하
는 허구화된 이상적 인류인 호모 에코노미쿠스의 대척점에 있는
개념으로 본다. 호모 에코노미쿠스는 우리가 사리사욕과 효용의
극대화만을 추구하는, 합리적 물질주의자에 지나지 않는다고 주
장하는, 인간에 대한 비현실적인 모델이다. 공유[재]들은 다른 것이
있음을 알며, 그것을 증명하기 위해서 인간이 어떠한 존재인가에
대해 전혀 다른, 보다 긍정적인 인식에 기반한 새로운 사회를 건설
하고 있다.

마가렛 대처 전 영국 총리는 "다른 대안이 없다!"라는 가혹한 최
후통첩을 던지며 신자유주의적 자본주의를 주창했었다. 하지만 나
는 이 책과 그 밖에 공유[재]에 대한 다른 책을 읽는 독자들이 다른
대안이 많다는 것을 깨닫게 되기를 바란다. 이 창의적 에너지를 이

용할 수 있는 가장 좋은 방법 중 하나는 공유화의 힘을 알아보는 것이다.

2015년 9월
미국 매사추세츠 애머스트에서
데이비드 볼리어

서문

"그래, 무슨 일 하시는 분이세요?"

비행기에서 옆자리에 앉은 승객이 고개를 돌리더니 이렇게 물었다. 나는 공유[재]를 연구하고 공유[재] 보호 활동을 하는 운동가라고 대답했다.

"뭘 하신다고요?" 그는 어리둥절한 표정을 애써 감추며 되물었다. 처음 있는 일도 아니었다. 나는 보스턴 커먼1과 중세의 목초지 같은 친숙한 사례들을 먼저 든 다음, 한 세대를 지배한 문화적 개념인 소위 공유지의 비극2으로 이야기를 이어갔다.

흥미로워 하는 눈치였다. 그래서 나는 조금 더 욕심을 내어 이번엔 오픈 소스 소프트웨어, 위키피디아, 크리에이티브 커먼즈 라이선스에 대해 이야기해 주었다. 옆자리에 앉은 죄로 꼼짝없이 붙잡힌 그를 질리게 만들 수도 있겠다 싶었지만, 내친김에 다양한 공유[재]의 사례들, 심지어 공유[재]로 좀처럼 여겨지지 않는 공유[재]들까지 나는 줄줄이 읊기 시작했다. 광물과 삼림 자원을 포함하는 광활한 공공 토지, 텔레비전 방송국이 무료로 사용하는 방송 전파, 도시 공간, 인간 유전자, 내 고장에서 열리는 멋진 지역 축제, 헌혈 시스템이라는 "선물 경제"를 언급한 다음, 많은 글자나 단어들이 빠르게

---

1. [옮긴이] 보스턴 커먼(Boston Common)은 미국 보스턴 시내에 위치한 오래된 공원으로, 시민 집회와 대중 연설 등 시민들의 공간으로 이용된 장소이다.
2. [옮긴이] 공유지의 비극(tragedy of the commons)은 1968년 미국의 생물학자 개럿 하딘이 동일한 제목의 논문을 통해 제시한 개념으로, 공기·목초지와 같이 공동체가 공동으로 사용하는 자원을 시장의 손에 맡기면 사적 이익을 추구하는 개인들에 의해 남용되어 자원이 결국 고갈될 위험이 있다는 내용이다. 따라서 이러한 공동자원에 대해서는 국가가 관리하거나 이해당사자의 합의를 통한 제한이 필요하다는 주장을 뒷받침하는 논거로 사용된다.

독점적 상표가 되고 있는 것이 현실이지만 사실 언어도 누구나 자유롭게 사용할 수 있는 공유[재]에 해당한다고 말했다. 어자원, 농지, 수자원처럼 전세계적으로 약 20억 인구가 일상의 필요를 충족하기 위해 공유[재]로 관리하는 자원도 예로 들었다.

새로 알게 된 이 친구가 슬그머니 읽던 책으로 다시 시선을 돌리거나 창문 밖 대평원 위의 뭉게구름을 내다볼 가능성도 반쯤은 각오하고 있었다. 그런데 웬걸, 그의 표정이 의외로 환해졌다. "아, 알겠어요! 그러니까 공유[재]는 누구의 소유도 아닌, 모든 사람이 공유하는 거로군요."

'바로 ㄱ거예요!'하고 나는 속으로 외쳤다.

"그럼 내가 강아지를 산책시키고 모르는 사람들과 인사를 나누고 하던 그 공원이나, 요즘 구독하는 육아 관련 온라인 메일링 리스트 같은 것도 다 공유[재]인 거구나"하고 그는 혼잣말을 했다. 집 근처의 호수와 각종 공공 행사가 열리는 시내 광장도 있다고 덧붙였다.

현대 선진국에서는, 공유[재]라는 뜻의 commons(커먼즈)라는 말은 도무지 이해하기 어렵고 생경한 개념이다. "콕스웨인 커먼즈 아파트"Coxswain Commons Apartments 3 같이 짐짓 '그리운 옛 영국'을 떠올리는 고상한 분위기를 주려고 할 때나 쓰일까, 그 외에는 거의 통용되지 않는다. 공유[재], 그러니까 실물real 공유[재]를 부르는 용

---

3. [옮긴이] 미국의 아파트, 사무실 빌딩, 쇼핑몰 등의 이름에서 커먼즈(commons)라는 단어를 흔히 볼 수 있는데, 옛 영국의 단순하고 목가적인 작은 공동체 마을을 떠올려 소박하고 정겨운 느낌을 주려 할 때 많이 쓰인다.

어도 딱히 없고, 공유[재]는 주로 무형적 자원인 경우가 많고 당연시되는 경향이 있다. 공유[재]는 익숙한 문화적 범주가 아니다. 가치있는 건 보통 "자유시장"이나 정부와 관련이 있는 것으로 간주한다. 사람들이 정말로 자신의 자원을 관리하기 위한 지속 가능한 약속을 스스로 조직·운영할 수 있다는 생각, 그리고 이런 사회적 거버넌스의 패러다임이 막대한 가치를 창출할 수 있다는 생각은 글쎄, 유토피아적이거나 공산주의적이거나, 아니면 적어도 비현실적인 얘기로만 들릴 뿐이다. 일부 공유[재] 지지자들이 주장하는 것처럼 공유[재]가 사회 정치적 해방과 사회적 변화를 견인하는 수단이 될 수 있다는 생각은 그저 허황된 소리로 여겨진다.

이 책의 목적은 바로 그런 편견을 부드럽게 깨뜨리고 공유[재]가 무엇인지를 간단히 소개하는 것이다. 지난 수년간 나는 공유[재]와 관련한 많은 혼란을 보았고, 어떻게 공유[재] 지향적인 다양한 학문적 연구들이 일반 독자들이 범접할 수 없는 영역이 되고 있는지, 그리고 공유[재] 기반 운동과 프로젝트들이 산발적 사건에 그친 채 무시되거나 오해받고 있는지를 확인했다. 그래서 이 주제에 대해 간결하고 이해하기 쉽게 종합적으로 소개하는 글을 써야겠다고 결심하게 된 것이다. ("commons"라는 단어는 단수와 복수가 같아 헷갈릴 수 있는데, 실제로 "commons" 대신 "common"이라고 잘못 쓰는 사람들이 일부 있어 더 헷갈린다.)

이제부터 독자들은 자신이 단거리 노선의 비행기에서 내 옆자리에 앉아 어리둥절한 채 짧은 여행을 함께 하게 된 그 승객이라고 상상해 주기를 바란다. 당신은 공유[재]가 무엇인지 어느 정도 감은 있고 사회적 협력에 대한 필요성도 느끼고 있다. 기업 자본주의와 정부의 실패에 대해서도 분명히 알고 있다. 수많은 공공 자원이 우려스러울 정도로 사유화되고 있는 현상, 일상 구석구석까지 침투하고 있는 광고, 증가하는 고질적 환경 문제들에 대해서도 걱정하는 사람이다.

마침 당신의 옆자리에는 공교롭게도 그런 문제들을 혁신적이고 사회적 인식에 기반한 방식으로 해결할 수 있는 공유[재]의 힘을 보여 주는 사례들을 많이 알고 있는 사람이 앉아 있다. 나는 기업의 이해관계에 의해 사회 공동의 부가 사유물로 전용되어 값비싸게 판매되는, 공유[재]의 "인클로저"⁴를 보여 주는 수없이 많은 사례들을 조사하고 소개하는 글을 썼고, 그런 과정을 통해 공유[재]에 대한 무지가 얼마나 위험한 것인지 알게 되었다. 공유[재]에 대한 내 첫 번째 책의 소제목인 『조용한 도둑질』*Silent Theft*이라는 표현처럼, 그러한 무지는 공동의 부가 사적인 손에 의해 강탈되는 결과를 낳을 수 있다.

그런데 시장의 부작용, 그리고 공유[재]에 기반한 실행 가능한 대안들을 **부를** 만한 적당한 말이 마땅히 없다. 나는 공유[재]에 적절한 이름을 붙임으로써 공유[재]를 되찾을 수 있는 방법을 알아낼 수 있다고 믿는다. 그럼으로써 우리는 시장의 한계에 대해 건강한

---

4. [옮긴이] 인클로저(enclosure) : 울타리를 뜻하는 단어로, 공유지인 농지와 목초지를 농민들에게서 빼앗아 일부 지배 계층의 손에 넘어가게 만든 사유화 운동인 유럽 중세 인클로저 운동에서 유래된 표현이다. 이 책에서는 공유[재]에 울타리를 쳐 사유화하는 행태를 일컫는 용어로 사용된다.

시각을 갖기 시작할 수 있을 것이고, 공유화의 행동에 동참하는 방법을 배울 수 있을 것이다. 상점에서 살 수 없는, 많은 경제적·사회적·정치적·시민적·물리적·미학적·정신적 혜택도 누릴 수 있다.

공유[재]를 둘러싼 오해들이 많아 늘 답답했었다. 그래서 이번 기회에 공유[재]의 역사와 공유[재]가 제시하는 정치적 비전이 왜 낙관적 시각을 갖게 하는 근거인지, 그리고 공유[재]가 어떻게 전통 경제학보다 더 풍부한 가치 이론을 제시함으로써 당면한 경제적 난제들을 개선할 수 있는지를 설명하고자 한다. 이 문제는 그저 학문 차원의 한가한 고민이 아닌 시급한 현실의 문제다. 세계의 경제적·정치적 삶의 너무도 많은 부분이 탐욕적인 시장들, 그리고 그런 시장들이 생태계에 야기하는 피해 및 뒤틀린 인간관계와 얽혀 있기 때문이다.

자연자원, 온라인 정보, 시민생활에 관한 수많은 현실의 공유[재]들은 문제를 다른 각도에서 바라보고 중요한 대항 관점을 제공해 준다. 이러한 공유[재]들은 경제적 생산·사회적 협력·개인적 참여·도덕적 이상주의를 하나로 통합하고, 자립과 집단적 이익을 동시에 포괄하는 실현 가능한 패러다임을 제시한다. 공유[재]는 본질적으로 또 다른 세상이 가능하다는 것을 조용히, 그러나 자신 있게 확인시켜 주는 양립 가능한 경제이자 사회 질서다. 게다가 우리가 직접, 지금 바로 시작할 수 있는 방안이다.

앞으로 설명하겠지만, 공유[재]는 제 기능을 못 하는 정부를 개혁하고 약탈적 시장을 개선할 수 있는 큰 가능성을 갖고 있다. 또 소비문화의 지나친 상업화를 억제하고 환경 보호를 위한 새로운 형태의 "생태적 거버넌스"green governance의 도입을 가져올 수도 있다. 대의 민주주의가 거대 자금과 배타적 관료주의에 의해 좌우되는 허울 좋은 가식이 되어 버린 시대에, 공유[재]는 사람들의 삶에 실질적인 변화를 가져올 수 있는 새로운 형태의 직접적 현실 참여와 책임을 제시한다.

공유[재]는 선거 유세 홍보 담당자가 좋아하는 "유세 전략"도, 이데올로기나 도그마도 아니다. 말만 바꿨을 뿐 사실은 "공익"을 뜻하는 용어인 것도 아니다. 어떤 구체적 정책 방안이 수반되는 일종의 정치철학이지만, 완전히 인간적이고 복잡한 생명체인 사람들의 존재를 함께 고려한다는 점에서 보다 깊은 개념이다.

패러다임으로서의 공유[재]는 경제적·사회적·집단적·개인적 요소가 모두 합쳐진 자급과 관리에 관한 아직 확정되지 않은, 진화하는 모델들로 이루어진다. 본질적인 면에서는 인간적인 동시에, 그것이 가져올 영향의 관점에서는 매우 정치적인 패러다임인데, 공유[재]를 지키기 위해서는 시장/국가라는 이원 체제의 독점적인 힘market/ state duopoly에 맞서야 하는 달갑지 않은 위험을 감수해야 할 수 있기 때문이다.

한때 도덕과 정치라는 철저히 분리된 영역이었던 시장과 국가는 이제는 친밀한 동반자다. 기술적 진보, 기업 지배, 끝없는 경제 성장과 소비라는 비전을 공유하는 밀접한 연대를 맺고 있다. 그러나 공유인들은 이러한 시장/국가 체제가 인류를 위한 비전이라 하기에는 도덕적·정신적으로 결함이 있는 비전일 뿐만 아니라 터무니없는 유토피아적 환상임을 안다. 생태적으로도 지속 가능하지 않은, 한때 당연하게 여겨지던 존중을 더 이상 누릴 수 없는 무너진 우상일 뿐이다.

그 대신 공유[재]는 인간의 성취와 윤리에 대해 전혀 다른 비전을 제시하고 사람들이 스스로 상향식, DIY[5]식 해방을 이룰 수 있게끔 이끌어 준다. 공유[재]는 편협한 정당정치나, 융통성 없는 이데올로기, 배타적 중앙집권적 제도에는 별 관심이 없다. 새롭게 다시 짓는 것, 벅민스터 풀러의 인상적인 표현을 빌리자면 "무언가를 바꾸는 것, 기존 모델을 쓸모없게 만드는 새로운 모델을 만드는 것"을 추구한다.

이것이 현재 전세계적으로 활발하게 진행되는 공유[재] 운동에 의해 벌어지고 있는 일이다. 공유[재] 운동은 새로운 형태의 생산, 보다 개방된, 책임 있는 형태의 거버넌스, 혁신적인 기술과 문화, 건전하고 매력적인 삶의 방식을 개척하고 있다. 자기조직적이고, 다각적이며 사회적 의식에 기반한, 조용한 혁명이다. 실용적이면서도 이상적이며, 아직 주류 정치나 공공 정책에 관여하는 경우는 많지 않다. 그러나 꾸준히 성장하고 있으며, 대부분 주류 언론이나 정계의 시야 밖에서 이뤄지고 있기 때문에 잘 드러나지 않을 뿐이다. 영화 업계에서 흔히 쓰는 표현을 빌리면 "대박 날" 조짐을 보이고 있는데, 다양한 부류의 다국적 공유인들이 서로를 찾기 시작하고 있기 때문이다. 시장/국가가 갈수록 제 기능을 못 하고 반민주주의의 편집

---

5. [옮긴이] DIY : "너 자신이 직접 만들어라"라는 뜻의 "Do It Yourself"의 준말이다. 개인이 필요한 것을 직접 만들고 고쳐 쓰는 자가 제작 방식을 가리킨다.

증에 시달리고 있는 상황에서, 공유인들은 서로 협력하고 공동의 목적을 달성하기 위한 방법을 고민하고 만들어 가고 있다.

이번 여행에서 현재 수많은 상황 속에서 여러 가지 다른 모습으로 발현되고 있는 공유[재]라는 완전히 새로운 논리와 사회적 역학 관계에 대해 설명할 수 있기를 바란다. 약속하건대 짧고, 이해하기 쉽고, 흥미롭게 설명하도록 하겠다. 그러면서도 특히 주의 깊게 살펴보아야 할 다양한 복잡한 요소들과 좀 더 주의를 기울여야 할 질문들을 가능한 한 많이 언급할 것이다. 알려지지 않은 공유[재]의 역사를 일부 훑어본 후, "공유지의 비극"이라고 알려진 억울한 오해를 되짚어 보고, 지난 세대 사회 과학자들과 운동가들이 공유[재]를 어떻게 재발견했는지를 살펴볼 것이다.

또 재산권·시장·가치를 설명할 때 일반적으로 통용되는 시장관점의 서술 방식에 대해 공유[재]가 어떤 식으로 진지한 질문을 던지는지, 새로운 정치경제를 위한 전혀 다른 근본적인 전제를 어떻게 제시하는지를 알아보겠다. 공유[재]는 본질적인 측면에서 보면 경제학, 공공 정책 또는 정치학의 차원을 훌쩍 넘어선다. 10장에서 보겠지만, 지금까지 익숙해져 온 것과는 전혀 다른 인간 존재의 방식(존재론)과 인지(인식론)로 우리를 이끈다. 공유[재]는 경제학개론에서 배우는 단순한 모델을 넘어서는, 인간의 도덕·행동·열망의 새로운 모델을 제시한다.

공유[재]에 대한 어떠한 연구도 현재 지역사회의 자산을 침탈하고 환경과 문화의 질을 저하시키고 있는 다양한 종류의 인클로저에 대한 개괄 없이는 완벽하지 않을 것이다. 수자원, 토지, 삼림, 어자원, 생물다양성, 창작물, 정보, 공공장소, 토착 문화 등 인류 공동의 부의 다양한 영역이 모두 위기에 처해 있다. 그나마 고무적인 점은, 난무하는 시장의 사유화에도 불구하고 공유인들이 놀라울 정도로 다양한 강력하고 혁신적인 모델로 맞서고 있다는 사실이다. 자유 소프트웨어 및 자유 문화를 위한 "카피레프트" 라이선스, 협업 웹사이트 및 그 밖의 형태의 동등계층 생산6, 종자·토지·수자원 등의 자연자원을 공유하는 자급 공유[재], 대규모 공동 자산의 관리를 위한 이해당사자의 신탁, 공동체의 참여와 시장에 의한 자원 공급이 결합된 방식으로 재현지화된 식량 체계 등, 뒤에서 좀 더 인상 깊고 복기해 볼 만한 대응책들을 몇 가지 살펴보겠다.

시야를 확대해 보면, 역사·정치·공유화의 다양한 입장이 하나의 일관된 새로운 패러다임으로 정리됨을 확인할 수 있다. 어떤 이들은 감히 공유[재]의 르네상스를 상상하기도 한다. 내가 실케 헬프리히와 공동 편집하여 최근 출간한 『공유[재]의 부: 시장과 국가 너머의 세계』는 국제적으로 믿기 어려울 정도로 폭넓고 활발하게 일어나고 있는 공유화 활동과 공유화 지지 운동을 기록한 책이다. 공유[재]는 이제 독일의 친환경 마을과 칠레 어자원 공유[재]에서, 수천 종의 오픈 액세스7 과학 학술지에서, 지역공동체에서 사용되는

---

6. [옮긴이] 동등계층 생산(Peer production)은 동등한 수평적 지위의 사용자들이 자발적으로 협력해 공동의 결과물을 생산하는 방식을 일컫는다. Peer-to-Peer, 흔히 P2P 방식이라고도 부른다. 종종 동료생산, 협업생산 등으로 번역되기도 하나, 학계와 산업계에서 주로 사용되는 용어인 동등계층 생산으로 번역하였다.

7. [옮긴이] 오픈 액세스(open access)란 학술 논문이나 연구 결과물을 어떠한 경제적, 기술적, 법적 제한 없이 누구나 자유롭게 열람하고 이용할 수 있도록 함으로써 학

대안 통화의 급증에서, 먹거리를 직접 재배하고 사회적 관계를 쌓는 도심 텃밭 등 곳곳에서 관찰되고 있다.

이러한 변화는 시장 개인주의, 사유재산권, 신자유경제라는 지배적 도그마는 우리가 필요로 하는 그런 종류의 변화는 가져다줄 수도, 가져다주지도 않을 거라는, 2008년 금융위기로 아주 분명해진 현실을 단적으로 보여 준다. 그러나 전통적으로 개혁을 지지하는 입장을 가지는 자유주의자와 사회민주주의자들은 대체로 시장의 불공정 행위와 정부의 부정부패에 대해 고민하기는 하지만 스스로 이미 너무 지쳐 앞으로의 새로운 길을 상상하지 못한다. 그들은 시장/국가라는 사고방식과 문화관에 지나치게 사로잡힌 나머지, 그리고 금융자본 앞에서 너무 순진해서, 혹은 너무 쉽게 굴복해 새로운 형태의 거버넌스와 제도적 혁신을 감당할 수가 없다. 오늘날의 자유주의자들과 사회민주주의자들은 야심 찬 사회적·정치적 변혁 ("우리가 믿을 수 있는 변화"[8] 등)을 바라는 척하지만 실은 어물쩍 대충 넘기거나 권력의 한직이나 한 자리 꿰차면 그만이라고 여긴다는 것이 냉정한 정치적 현실이다.

이번 비행이 활기찬 여행이 되기를 바란다. 내리기 전에 신자유주의 이데올로기라는 낡은 도그마에 대항하는 패러다임으로서의 공유[재]의 미래를 고찰해 보겠다. 약속한 미래를 가져다주지도 못하면서 대안에 대한 진지한 고려도 허용하지 않을 "자유시장" 이론

술 지식에 대한 자유로운 접근을 주장하는 대안적 운동이다.
8. [옮긴이] "우리가 믿을 수 있는 변화"(Change We Can Believe In)는 오바마 미국 대통령의 대선 당시 캐치프레이즈다.

을 어떻게 하면 몰아낼 수 있을까? 국가와 국제기구라는 현재의 낡은 시스템은 심각한 위기에 처한 우리 생태계의 문제에 현명하게 대처할 만한 힘이 없다. 사회 정의와 공정 분배 실현을 위한 진지한 방안도 내놓지 못한다.

신자유주의 거버넌스가 심각한 실패를 겪고 있는 상황에서, 인도·이탈리아·독일·브라질·미국·영국, 그 밖에 전세계 많은 지역에서 확대되고 있는 공유인들의 움직임이 전세계 인터넷 문화를 통해 활발히 연결되며 변화를 향한 새로운 공통된 그림을 그려 가고 있다. 이데올로기적 몽상도, 유토피아적 환상도 아니다. 앞으로 닥칠 많은 위기 앞에서, 현실적이고 실용적인 대안을 찾고자 하는 의지를 가진 전문적이고 실용주의적인 몽상가들이 차곡차곡 만들어 가는 혁명인 것이다.

앞으로 어쩌면 난기류를 만날지도 모른다.…… 하지만 우선 지금 당장은 편안하게 앉아 비행을 즐기자. 공유[재]에 대해 이야기나 하면서.

1장

공유[재]의 재발견

인도 하이데라바드Hyderabad 서쪽으로 두 시간 떨어진 곳에 위치한 작은 마을 에라쿨라팔리Erakulapally의 여성들이 흙먼지 바닥에 담요를 펼친다. 자루의 내용물을 조심스레 쏟아 붓자, 그들의 보물, 밝은 빛깔과 알싸한 향의 씨앗 더미 서른 개가 생겨난다. 이 여성들, 카스트 제도의 최하층 빈민 계급인 불가촉천민dalit 계급 여성들에게 씨앗은 그냥 씨앗이 아니다. 그들의 해방과 지역 생태계의 회복을 상징한다. 이 토착 종자들 덕분에 인도 안드라프라데시 지역의 작은 마을들의 여성 수천 명이 값싼, 농노로서의 운명에서 벗어나 자립적인, 자부심 있는 농부로 다시 태어날 수 있게 되었다.

2010년 내가 〈데칸 개발 사회〉Deccan Development Society의 지원으로 에라쿨라팔리를 방문했을 당시, 인도는 식량 가격이 연 18퍼센트나 뛰면서 많은 지역에 사회 불안과 기아가 발생하고 있었다. 그러나 안드라프라데시 지역의 75개 마을에 거주하는 여성 5천 명과 그 가족들은 예전처럼 하루 한 끼가 아니라 이제는 두 끼를 먹기에 충분한 식량을 확보하게 되었을 뿐만 아니라, 유전자 조작 종자·단일 경작 농작물·살충제·외부 전문가·정부 보조금·변덕스러운 시장에 의존하지 않고도 식량 안보를 달성할 수 있게 되었다. 이들이 일궈 온 소위 식량 주권이라는 업적은 놀라운 성과다. 그들은 여성이었고, 사회적 기피 대상인 "불가촉천민"이었으며, 가난한 시골 사람들로 천더기 신세를 면치 못하는 사람들이기 때문이다.

1960~70년대 녹색혁명 시기에 서구 정부와 재단들은 소위 개발 도상국에서 쌀과 밀의 대규모 상업적 생산의 도입을 적극 추진했다. 그 덕분에 단기적으로 기아를 완화하는 데는 도움이 됐지만, 인

도 생태계에 맞지 않는 값비싼 유해 살충제를 써야만 기를 수 있는 작물이 많이 유입됐다. 새로 들어온 작물들은 가뭄과 시장 가격 변동에도 더 취약했다. 안타깝게도, 한때 농가에서 대대손손 길러 왔던 전통적인 기장millet 기반 곡물들은 녹색 혁명으로 인해 자리를 잃고 말았다. 시장 기반 단일 재배 작물들의 비용과 예측 불가능성, 그리고 종종 그 결과로 발생하는 농업적·재정적 차원의 실패들이 지난 10년 동안 농가에서 자그마치 20만 건의 자살이 발생한 원인으로 널리 지목되고 있다.

에라쿨라팔리 여성들은 서구에서 들어온 특허 종자보다 전통 작물이 안드라프라데시의 반건성 토양과 강우 패턴, 토양형에 생태학적으로 훨씬 더 적합하다는 것을 알아냈다. 생물다양성을 고려하는 옛날 경작 방식을 복원하기 위해, 마을 여성들은 거의 잊혀진 몇 안 되는 전통 종자들을 찾아내려고 어머니와 할머니에게 물어물어 수소문을 했다. 마침내 다락과 집안 금고에서 심기에 충분한 양의 종자를 찾아냈고, 수차례 경작을 거듭한 끝에 드디어 전통적인 "혼작" 농업을 되살려 낼 수 있었다. 혼작 농법은 한 토지에 예닐곱 가지 다른 종자를 섞어 심는 방식으로, 일종의 "생태 보험" 같은 구실을 한다. 강우량이 너무 많든 적든, 비가 너무 일찍 혹은 늦게 오든, 뿌린 씨앗의 일부는 자라나게 된다. 날씨가 어떻든 먹을 만큼은 수확할 수 있을 것이고, 더 이상 값비싼 유전자 조작 종자나 화학 농약과 비료를 살 필요도 없어진다.

전통적 농경의 복원은 "기술 이전"이나 정부 지원 농업 연구를 통해 이루어진 것이 아니었다. "사람들의 지식"을 복원하고 사회적 협업과 종자 공유를 의도적으로 장려하는 DIY 과정을 통한 것이었다. 종자 공유를 실천하는 마을에서 모든 농부는 이제 사용되는 모든 종자에 대해 완벽하게 꿰고 있으며, 모든 가정이 각자 자기만의 "유전자은행", 즉 종자 모음을 갖고 있다.

"우리의 종자, 우리의 지식." 여성들은 이를 이렇게 표현한다. 모든 종자는 그에 대한 지식이 담긴 캡슐이다. 누구도 종자를 사고팔 수 없으며, 공유하거나 빌리거나 교환만 할 수 있다. 그런 종자들은 "경제적 투입"으로 간주되지 않는다. 마을 사람들은 종자에 대해 "사회적인," 거의 신령스러운 관계로 인식하며, 이것이 마을 여성들이 스스로를 해방시킬 수 있었던 미묘하지만 중요한 이유다. 〈데칸 개발 사회〉의 P. V. 사디쉬는 "모든 작물은 여성의 삶에서 의미를 갖는다"며, "종자는 존엄성의 원천"이라고 말한다.

안드라프라데시의 종자 공유[재]는 공유[재]의 중요한 특징, 즉 거의 어디에서나 발생할 수 있고, 좀처럼 가능할 것 같지 않은 상황에서도 공유[재]가 활발히 생겨날 수 있다는 것을 보여 준다. 원래부터 정해진 공유[재] 목록 같은 건 없다. 공동체가 어떤 자원을 공정한 접근성과 이용, 지속가능성에 특히 신경 써서 공동으로 관리하는 것이 좋겠다고 결정하면 언제든 공유[재]는 만들어질 수 있다.

이 장의 제목인 "공유[재]의 재발견"에는 아이러니한 측면이 있다. 전세계 수억 명의 사람들에게, 공유[재]는 애당초 사라졌던 적이 없기 때문이다. 수 세기 동안 공유[재]는 우리 일상의 일부였다. 우리는 음식과 땔감, 관개용수, 생선, 야생 과일, 산딸기, 사냥감 등 많은 자원에서 매일 양분을 공급받는다. 그러나 이런 공유[재]는 아메리카 원주민이나 다른 토착민들의 공유[재]처럼 종종, 심지어 오늘날까지도, 눈에 보이지 않거나 하찮은 것으로 여겨지곤 한다. 대부분의 경제학자들은 시장만이 우리의 필요를 충족해 줄 힘이 있다고 말할 것이다. 하지만 최근 벌어지고 있는 공유[재]의 "재발견"은 그렇지 않다는 것을 시사한다. 시장에만 집착하던 산업 사회들은 이제 시장과 국가가 사회 형성이나 자원 관리를 위한 유일한 방법은 아님을 차츰 깨닫고 있다.

그러나 공유[재]를 이해하기 위해서는, 기꺼이 구체적인 차원에서 생각하고, 사회적 관계가 가진 잠재적 창의력을 인식하며, 추상적 보편성과 예측 가능한 확실성을 찾겠다는 욕심을 포기할 수 있어야 한다. 공유[재]가 가능한 것은 사람들이 어떤 자원을 그 자원만의 고유한 측면에서 알게 되고 경험하게 되기 때문이다. 사람들은 서로에게 의지하게 되고, 이 삼림을, 저 호수를, 저 논밭을 사랑하게 된다. 사람과 그들이 사용하는 자원 사이의 관계가 중요한 것이다.

역사 또한 중요하다. 특정 순간의 특정 역사적 상황, 지도자, 문화 규범, 그 밖의 여러 가지 요소들이 공유[재]의 성공에 있어 중요할 수 있다. 공유[재]는 어떤 정해진 집단의 사람들이 자원 관리를 위한 고유한 독자적인 사회적 관습과 많은 지식을 발전시키기 때문에 지속되고 또 늘어난다. 공유[재]는 각기 특정한 자원, 산수, 향토사, 전통과의 관계 속에서 진화해 온 것이기 때문에 하나하나가 모두 특별한 존재다.

역사상 가장 성공적이고 널리 사용되는 소프트웨어 프로그램 중 하나인 GNU/리눅스라는 공유[재]가 탄생하게 된 상황이 얼마나 실현 불가능해 보이는 상황이었는지를 생각해 보자.

1991년 리누스 토르발즈가 컴퓨터 운영체제를 직접 개발하기로 마음먹었을 때 그는 21살의 핀란드 대학생이었다. 그가 생각한 것은 엄청나게 확장된 복잡한 형태의 운영체제로 거대 기업이나 되어야 만들어 배포할 수 있을 법한 정도였기에, 실로 터무니없이 거창한 프로젝트라 할 만했다. 그러나 토르발즈는 주요 메인프레임 프로그램인 유닉스의 값비싼 비용과 복잡함에 질려 있었고, 그래서 자기 자신의 개인 컴퓨터에서도 구동될 유닉스와 비슷한 운영체제를 개발하는 일에 착수했다. 공교롭게도 인터넷이 이메일과 파일 전송을 위한 보편적 매체로 막 유행하기 시작했을 무렵이었다(월드 와이드웹은 아직 발명되기 전이었다).

토르발즈는 한 온라인 그룹에 자신이 개발한 프로그램의 초기 버전을 내놓았고, 몇 달 만에 수백 명의 사람들이 자발적으로 기꺼이 유용한 조언을 해 주고 코딩을 도와줬다. 몇 년 만에 수백 명의 해커들이 모여 협업 커뮤니티를 형성했고, 힘을 합쳐 이 새로운 프로그램에 매달렸다. 그는 이를 "유닉스"와 자신의 이름 "리누스"를 합쳐 "리눅스"라고 명명했다. 몇 년 후, 소위 리눅스 커널[1]이 〈자유

---

1. [옮긴이] 커널(kernel)은 컴퓨터에서 운영체제의 핵심으로, 시스템의 자원을 효율적으로 관리하고 보안을 담당하는 역할을 한다.

소프트웨어 재단)의 창시자인 리처드 스톨만이 개발한 GNU라는 프로그램과 결합되면서 마침내 개인 컴퓨터에서 구동이 가능한 완벽한 운영체제가 탄생했다. GNU/Linux, 혹은 간단히 "리눅스"라고 알려진 운영체제였다.

이는 예상치 못한 놀라운 업적이었다. 아마추어들이 매우 복잡한 소프트웨어 프로그램을 개발할 수 있음을 입증했을 뿐만 아니라, 인터넷이 사회적 협업을 위한 매우 생산적인 호스팅 기반시설임을 보여 준 사건이었다. 자기 선택에 의해 참여한 해커들로 구성된 가상공간의 커뮤니티가 어떠한 급여나, 사업 형태 없이도 매우 창의적이고, 혁신적이고, 가치 중심적인 공유[재]를 만들기 위해 자발적으로 발을 벗고 나섰던 것이다. 놀랍게도 그게 먹혔다!

리눅스 실험은 "공유[재] 기반 동등계층 생산"commons-based peer production이라고 종종 일컫는 기초적 모델을 보여 준다. 이 용어는 수많은 사람들이 개방된 네트워크 플랫폼을 통해 협업할 수 있도록 하는 일종의 온라인 협업을 가리키는 말이다. GNU/리눅스 방식의 공유[재] 모델은 이후 위키피디아(그리고 그 밖에 덜 알려진 수백 개의 위키들)와 오픈 액세스 학술지 같은 협업 프로젝트에 영감을 준 사회적 패턴이기도 하다. 오픈 액세스 학술지는 각 학문 분야의 연구자들이 연구 결과에 대한 통제력을 상업 출판사들로부터 되찾아 연구 결과를 자유롭게 공유 가능하도록 공개하는 것이다. 리눅스는 또한 소셜네트워크 서비스, 크라우드소싱 방식을 통한 정보 수집과 자금 조달, 오픈 디자인이나 〈글로벌 빌리지 컨스트럭션Global Village Construction 세트〉 같은 제작 프로젝트에 이르기까지 다양한 최근의 혁신들을 가능하게 했다. 〈글로벌 빌리지 컨스트럭션 세트〉는 오픈 소스 원칙을 이용해 생산된 50가지 종류의 저렴한 농사 장비들을 모아 놓은 것이다.

8장에서 살펴보겠지만, 이러한 리눅스 실험은 도무지 신성불가침인 것으로 보이는 기존의 경제 원리에 위배되는 방식이다. 리눅스 실험은 시장에서 서로 흥정하는 합리적이고 이기적인 개인들 간의 상호작용만이 부를 창출하는 유일한 방법은 아니라는 것을, 사실 "부"라는 것 자체는 주식·채권·현금을 전부 합친 것보다 훨씬 크다는 점을 보여 줬다. 많은 부라는 건 공동체 자산일 수도 있고, 공동체의 형성을 가능하게 해 주는 사회적 관계들의 다채로운 모음일 수도 있다. 리눅스 사례는 공유[재]가 아주 생성적이고 동시대적일 뿐만 아니라, 매우 실질적이고 효과적일 수 있음을 보여 주는 놀라운 증거다.

공유[재]를 만들어 내는 어떤 표준화된 공식이나 청사진 같은 것은 없다는 것, 이것이 공유[재] 사례를 살펴볼 때 언제나 다다르게 되는 깨달음이다. 공유[재]는 만병통치약도, 유토피아도 아니다. 종종 공유인들 사이에서도 의견이 엇갈리곤 한다. 각자의 개성이 부딪히기도 하고, 무엇이 가장 효과적이고 무엇이 공정한지를 두고 내부적으로 논쟁이 발생하기도 한다. 구조적인 거버넌스에 관한 문제들이나 외부의 정치적 개입도 있을 수 있다. 그러나 공유인들은, 예를 들어 물이 부족할 때 "이 40에이커의 땅에 물을 대기 위한 가장 좋은 방법은 무엇일까?"라든가 "이 연안 만에서 줄어드는 어자원에 대한 접근권을 배분하는 공정한 방법은 무엇일까?" 따위의 까다로운 실질적인 문제들을 해결하는 데만 전념한다. 또 회피자들, 파괴자들, 그리고 책임은 다하지 않고 혜택만 누리려는 개인을 일컫는 무임승차자들의 문제를 다루기를 두려워하지 않는다.

간단히 말해 공유[제]는 자치, 자원 관리, 그리고 "잘 살기"living well를 위한 실질적인 패러다임이라는 것이다. 공유인들은 종종 시장이나 정부 관료체제의 관여 없이도 자신들의 공동의 목적을 달성하기 위한 만족스러운 해법을 협상을 통해 이끌어 낼 수 있다. 그들은 공동의 자원을 관리하기 위한 최선의 체제가 무엇일지, 효과적인 규칙과 운영 규범을 만들기 위한 절차가 무엇일지 고심한다. 삼림이나 호수나 농지의 남획을 막기 위한 효과적인 관행을 세울 필요가 있음을 알며, 협의를 통해 의무와 권리를 공정하게 분배할 수 있다. 그들은 집단의 습관과 관리 윤리를 의식화하고 내면화하려 하며, 그러한 습관과 윤리는 시간이 지나면서 원숙해져 아름다운 문화로 발전한다.

한 가지 지속적으로 나타나는 문제는 일부 사람들 사이에서 볼 수 있는, 공통의 합의를 거부하고 모두에게 이로울 수 있는 제도를 망가뜨리려 하는 경향이다. 그 결과 공동의 자원을 이용해 사적으로 부당 이득을 취하는 사태나, 심하면 자원을 파괴하는 혼돈의 무한 경쟁으로 이어질 수 있다. 이를 "집합행동의 문제"라고 일컫는다. 사회과학자들은 집합행동 문제들이 왜 그토록 다루기 힘든 문제일 수 있는지, 어떻게 극복할 수 있는지를 연구하는 데 많은 시간을 쏟고 있다. 2장에서 이 문제에 대해 좀 더 살펴보겠다.

또 공유[재]가 단순히 어떤 **사물**이나 **자원**만을 일컫는 것이 아님을 인지할 필요가 있다. 그런데 공유[재] 연구 분야에 직접 몸담지 않은 경우 자칫 이런 점을 잊는 실수를 범하기 쉽다. 모든 것을 물건으로 취급하는 경향이 있는 경제학자들이나 어떤 자원은 공유[재]로 반드시 **관리되어야** 하는 대상이라고 주장하는(나는 이런 공유[재]를 "기대 공유[재]"aspirational commons라고 부른다) 공유인들의 경우가 그렇다. 공유[재]에는 물론 온갖 유형·무형 자원이 포함된다. 그러나 어떤 특정 공동체가 있을 때 그 공동체가 어떤 자원을 관리하기 위해 적용하는 일련의 사회적 관행, 가치, 규범이 있다고 보고 이 두 가지가 합쳐진 패러다임으로 정의하는 것이 좀 더 정확하다. 다시 말해, 공유[재]는 **자원 + 공동체 + 일련의 사회적 규약**이다. 이 세 가지가 상호의존적으로 영향을 미치면서 통합된 전체를 이루는 것이다.

이런 관점에서 보면, 문제는 세네갈의 핑크 레이크²나 인터넷상의 유전자 데이터베이스가 공유[재]냐 아니냐 하는 것이 아니라, 해당 공동체가 그러한 자원을 공유[재]로 관리할 만한 동기를 갖게 되는가 하는 것이다. 그리고 "그 시스템이 작동할 수 있도록 규칙과 규범과 집행할 수 있는 제재들을 그 공동체가 만들어 낼 수 있을까"하는 것이다. 이런 식으로 생각해 보면 공유[재]로 관리될 수 있는데 공유[재]가 되지 못하는 종류의 공유자원common-pool resources

---

2. [옮긴이] 세네갈 다카르 시 북쪽 외곽에 있는 소금 호수로, 물속의 소금 농도 때문에 호수가 붉게 보인다.

을 고려해 보는 것도 흥미로울 것이다.

하와이 오아후Oahu 노스 쇼어North Shore 해변의 근육질 서퍼들
은 반자이 파이프라인Banzai Pipeline 해변에서 큰 파도를 타고 싶은
열정을 공유한다. 파이프라인 해변은 서핑족에게는 에베레스트산
과 같다. 최고 서퍼들이 자신의 패기와 재능을 입증하기 위해 찾는
곳이다. 당연히 누가 어떤 파도를 탈 수 있는지를 두고 엄청난 경쟁
이 벌어지며, 지역 서퍼들이 만들어 놓은 서핑 규약을 존중하지 않
는 외지인들에 대한 분노도 있다. "위험한 환경이라 자치적 통제 양
식이 없다면 그곳은 혼돈 그 자체가 될 것"이라고 〈반스 트리플 크
라운 오브 서핑 대회〉Vans Triple Crown of Surfing의 단장인 랜디 래릭은
『뉴욕 타임즈』기자에게 말했다. 또 다른 서퍼도 "서핑을 하다가 누
군가를 덮쳐서 다친다거나, 혼자 타다 넘어져서 다친다거나 한다면
심각한 사태가 벌어진다"고 지적했다.

이런 문제를 해결하기 위해, 〈울프팩〉Wolfpak이라는 자체조직 사
회단체가 구성되어 부족한 소중한 지역 자원을 사람들이 어떻게
사용해야 하는지를 관리하도록 했다. 〈울프팩〉 회원들은 파도를
질서 있고 안전하고 공정하게 이용하기 위한, 그리고 자신들의 공
동체를 유지하기 위한 고유한 규칙을 발전시켜 나갔다. 누가 어떤
파도를 탈 수 있는지를 결정하고 서핑 에티켓이라는 사회적 관례를
어기는 사람을 처벌했다. 노스 쇼어의 서핑 문화에 대해 저술해 온
역사 교수인 이사이아 헬레쿠니히 워커는 "하와이 주민들에게 존
중은 중요한 개념이다. 바다에 있을 때는 특히 그렇다"라고 지적했

다. 호주나 남아공 서퍼들이 해변에 나오자마자 자신의 기량을 뽐내면 파이프라인의 현지인들은 이를 곱게 보지 않는다.

때때로 서퍼들 사이에 갈등이 발생할 때도 있다. 특히 현지인과 외지인 사이에 충돌이 발생하기도 했다. 이는 흥미로운 질문을 제기한다. 누가 파이프라인을 수호하는 관리자로 더 타당한가? 현지 서핑 애호가들일까? 아니면 해변을 관리할 법적 권한이 있는 당국일까? 현지 서퍼들의 관심사가 외지인들의 관심사보다 우선적으로 고려되도록 해야 할까? 대체 누구의 공유[재]인 걸까? 공유[재]를 보호하기 위한 가장 공정하고 효과적인 방법은 무엇인가?

겨울철 눈이 오는 기간에 노상 주차를 관리하는 고유한 규칙을 세운 어느 보스턴 동네 사례도 이와 비슷하다. 보스턴에 폭설이 내리면 노상의 주차 공간을 찾기가 더 힘들어지고, 이는 개인 차고가 없는 사람들에게는 골치 아픈 문제를 야기하곤 했다. 그러자 어떤 동네에서는 누군가가 몇 피트씩 쌓인 눈을 치우는 수고를 들여 주차 공간을 만들면 눈이 녹을 때까지는 그 사람이 그 주차 공간에 대한 주차 권리를 갖는다는 인식이 공통적으로 자리 잡게 되었다. 사람들은 빈 주차 공간에 녹슨 오래된 간이 의자나 그 밖의 낡은 물건을 갖다 놓아 그 공간에 주차할 권리가 있음을 표시한다.

외지인들이 의자를 치우고 주차를 하려고 하는 경우도 심심치 않게 발생한다. 때로는 동네 주민이 다른 사람의 주차 공간에 몰래 대려고 하는 경우도 있을 것이다. 이것이 바로 전형적인 무임승차 문제로, 실랑이와 충돌을 야기한다고들 한다. 하지만 동네 주민들은 자신들이 정한 비공식적인, 법으로 정하지 않은 자체 규율을 적용하고 싶어 한다.

엘리노어 오스트롬 교수는 언젠가 내게 바로 이것이 공유[재]라고 말했다. 나는 혼란스러웠다. 어떻게? 어째서? 그는 그 동네가 눈이 올 때 자체적으로 적용하는 주차 규율은 "부족한 이용권을 분배하는 것에 대한 공통된 인식"을 나타낸다고 설명했다. 이러한 측면에서 그것이 공유[재]라는 것이다. 〈울프팩〉이 큰 파도에 대한 접근권을 분배한 것처럼, 보스턴 어느 동네의 "주차 공유[재]"는 성공적인 자치를 보여 주는 사례다.

그러나 정부 관점에서 보면 동네 주차 공유[재]는 "문제를 직접 해결한" 사례다. 정부들은 공동체들의 권한에 대해 질투하고 공식적인 정책을 만들어 집행하는 정부의 능력을 조금이라도 침범할라 치면 적대적으로 구는 경향이 있다. 반면 〈울프팩〉과 주차 공간 공유[재] 사례의 교훈은 지역의 공유[재]가 정부 관료제와 공식적인 법이 제공하지 못하는 종류의 관리와 질서를 제공해 줄 수 있다는 점이다. 보스턴 제설기는 거리에 쌓인 눈을 확실하게 깨끗이 치우지 못할 수 있고, 시 당국이 집행하는 주차 규율은 그리 믿을 만하지 못하거나 비용이 많이 들 수 있다. 하와이 당국은 반자이 파이프라인 해변을 순찰할 경찰관이나 안전 요원을 고용하고 싶지 않을 수도 있고(거버넌스가 부재하기 때문일 것이다), 그런 일은 큰 관료제가 나서기에는 너무 "하찮은" 업무로 보일 수도 있다.

그렇지만 공유인이라면? 공유인들은 그들만의 깊이 있는 지식·상상력·지혜·신념을 갖고 있는 경우가 많다. 이들의 비공식적 거버넌스governance가 사실 정부government라는 공식적인 형태보다 더 나은 효과를 발휘할 수도 있다.

사실, 공유인들 사이의 솔직한 논의가 깊이 뿌리를 내려 습관으로 자리 잡게 되면 관습은 일종의 보이지 않는 "토착법"vernacular law이 된다. 토착법은 커피숍, 학교, 해변, "거리" 등 사회의 비공식적인 구역에서 비롯되어 그 자체가 효과적인 질서와 도덕적 정당성의 원천이 된다. 줄서기(그리고 새치기에 대한 처벌)나 식사 예절(마지막 남은 음식은 먹지 않는다든가) 같은 사회적 규범은 대부분의 사람들이 "일이 이루어지는 방식"으로서 내재화해 온 일종의 수동적 공유화이다. 이러한 것은 한정된 자원에 대한 접근권을 관리하기 위한 내재적 방식의 공유화에 해당한다.

위에 예로 든 공유[재]들은 모두 중앙기관이나 정부의 지시나 관리 감독 없이 자연발생적으로 일어난 것들이다. 각각이 집단의 공동 목적을 추구하면서도 동시에 개인들에게 개인적 혜택도 준다. 그 어느 것도 돈이나 개인의 부를 좇으려는 욕망이 동기가 된 것은 없으며, 설사 그렇다 하더라도 적어도 직접적인 동기는 아니다. 대부분의 공유[재]의 경우 사실 시장은 주변적인 것으로 존재한다. 그런데도 시장이나 국가가 직접적으로 개입하지 않더라도 진지한 생산과 거버넌스가 이루어진다.

"재발견된" 패러다임으로서의 공유[재]의 미덕은 그 보편성과 특이성 둘 다에서 찾을 수 있다. 공유[재]는 민주적 참여·투명성·공정성·사적 이용의 보장 등 폭넓은 보편적 원칙을 아우르면서도, 매우 독특한 방식으로 발현된다. 이런 이유로 나는 공유[재]를 DNA에 비유하기를 좋아한다. 과학자들은 DNA는 희한하게도 명확히 고정되지 않은 것이어서, 생존 방식이 현지 환경에 맞춰 변화될 수 있다고 이야기할 것이다. DNA는 고정적이지도 결정론적이지도 않다. 불완전하며 적응이 가능하다. 자라나고 변화한다. 공유[재]는 주변 환경과 맥락에 따라 함께 진화한다는 점에서 살아 있는 유기체와 같다. 주변의 우연성에 적응한다. 버몬트의 삼림 공유[재]는 네팔이나 독일의 삼림 공유[재]와는 아마 좀 다를 수 있는데, 지역 생태계·수형樹形·경제·문화적 역사를 비롯하여 그 밖의 많은 것들이 다르기 때문이다. 그러나 이러한 장소 각각에 있는 공유[재]는 그럼에도 불구하고 모두 공유[재]라는 점에서는 같다. 참여하고 있는 공유인들이 이익을 위해, 공정한 방식으로 공동의 자원을 관리하기 위한 안정적인 체제인 것이다. 공유[재]가 체화하고 있는 "통일성 안의 다양성"의 원칙이 공유[재] 패러다임을 그토록 유연하고 강력한 것으로 만드는 점이다. 그리고 동시에 전통적인 경제학자들과 정책입안가들을 그토록 혼란스럽게 하는 점이기도 하다.

앞서 언급한 것처럼 공유[재]를 만드는 데 있어 가장 중요한 것은 모든 사람의 이익을 위해 자원을 관리하는 사회적 관습에 참여하기로 공동체가 결정하는 것이다. 이것을 때때로 **공유화**commoning라고 일컫는다. 위대한 공유[재] 역사가인 피터 라인보우는 "공유화 없이는 공유[재]는 없다"고 말한 바 있다. 이는 기억해야 할 중요한 점이다. 왜냐하면 이 말은 공유[재]가 공유된 자원에 대한 것만이 아니라, 대부분은 우리가 그러한 자원을 관리하기 위해 사용하는 사회적 관행과 가치에 대한 것이라는 점을 강조하기 때문이다.

공유화는 일종의 도덕적·사회적·정치적 자이로스코프[3] 같은 작용을 한다. 공유화는 안정성과 집중력을 준다. 사람들이 모여 같은 경험과 관습을 공유하고 현실적 지식과 전통을 함께 쌓아 나갈 때, 일련의 생산적인 사회적 회로가 저절로 생겨난다. 그러한 사회적 회로는 진지한 일을 성취할 수 있는 지속적인 사회적 에너지의 패턴을 만들어 내고, 또 공동체에 계속적인 이익을 제공해 준다. 이러한 점에서 공유[제]는 사회적·도덕적 에너지의 자기장과 비슷하다. 힘의 장은 모르는 사람의 눈에는 보이지 않을지도 모르고, 그 효과는 심지어 좀 마술 같아 보일 수도 있을 것이다. 하지만 이제 사실을 인정할 때다. 공유[제]는 생산과 창작을 위한 사회적 에너지가 안정적으로 흐르도록 하는 유연한 시스템이 될 수 있다.

---

3. [옮긴이] 방향의 측정 또는 유지에 사용되는 팽이 모양의 기구

2장

"비극"이라는 잘못된 통념

"모두에게 개방된 초원을 그려보라."

최소 한 세대 동안, 공유[재]는 그 개념 자체가 자원을 관리하는 잘못된 방법이라고 도외시되고 무시되어 왔다. 소위 공유지의 비극이라는 것이다. 1968년 『사이언스』지에 게재된 짧지만 큰 영향력을 끼친 에세이에서, 생태학자 개릿 하딘은 이 공유지의 비극이라는 가설에 새로운 표현과 기억에 남을 만한 문구를 더했다.

하딘은 "공유지의 비극은 이런 식으로 생겨난다"며 독자들에게 마음속으로 다음과 같은 개방된 초원을 그려보라고 제안한다.

이곳에서는 모든 목동이 각자 가능한 한 많은 가축을 공유지에 두려고 한다고 가정한다. 이런 방식은 수 세기 동안 꽤 만족스럽게 작동할 수 있을 것이다. 부족 간의 전쟁과 침범, 질병이 인간과 짐승의 수를 토지가 감당할 수 있는 것보다 훨씬 적은 수준으로 유지해 주기 때문이다. 그러나 마침내 심판의 날, 즉 사회적 안정이라는 오랫동안 염원해 온 목표가 현실이 되는 날이 온다. 이때가 되면 공유지의 본질적 논리가 가차 없이 발휘되면서 비극을 초래한다. 모든 목동이 저마다 합리적 존재로서 각자의 이익의 극대화를 추구한다. 직접적으로든 간접적으로든, 어느 정도는 의식적으로 이렇게 묻는다. "내가 가축을 한 마리 늘리면 나한테 어떤 득이 되지?" 합리적으로 생각하는 목동은 자신이 추구할 유일한 합리적인 길은 자기 가축을 한 마리, 한 마리 점점 늘려 가는 것이라는 결론에 이른다. 하지만 이런 결론은 공유지를 공유하는 모든 합리적인 목동이 이르게 되는 결론이다. 여기에서 비극이 발생한다. 세상은 한

정적인데, 결국 그 안에서 살아가는 모든 사람이 가축을 무한정 늘리는 것을 추구하는 시스템 안에 갇히고 마는 것이다. 공유[재]의 자유를 믿는 사회에서 모든 사람이 각자 최대의 이익을 추구할 때, 인류 전체는 결국 황폐화라는 종착역을 향해 치닫는다.

공유지의 비극은 적어도 대학에서 경제학 수업을 듣는 모든 대학생들에게는 머릿속 깊이 각인되는 기본 개념 중 하나다. 집합행동 collective action의 불가능성에 대해 경고를 던지는 교훈으로서 경제학의 기본 원칙으로 여겨지는 개념이다. 학기 초반에는 으레 그렇듯 그런 심각한 내용으로 학생들을 두려움에 떨게 한 다음, 교수는 재빨리 사유재산과 자유시장의 미덕이라는 주요 관심사로 학생들을 데려간다. 그리고 마침내 이 지점에서 경제학자들은 속내를 드러낸다. 우리가 어쩌면 암울한 공유지의 비극을 극복할 수도 있다고 말이다. 그러고는 공개 시장에서 사유재산을 소유하고 교환할 수 있는 개인의 자유만이 지속적인 개인의 만족과 사회적 번영을 가져다줄 수 있는 유일한 방법이라는, 정형화된 논리가 주입된다.

하딘은 그 논리를 이렇게 설명한다. 우리는 공유지의 비극을 "그로 인해 영향을 받는 사람들 대다수에 의해 합의된, 상호 강제적" 시스템을 통해 극복할 수 있다는 것이다. 그에게 최선의 접근 방법은 "법적 상속과 결합된 사유재산이라는 제도"다. 그 역시 이것이 완벽하게 공정한 대안은 아니라는 점은 인정하면서도, 다윈의 자연선택설이 궁극적으로 가능한 최선의 방안이라고 주장한다. "재산과 권력을 관리하는 역할에 생물학적으로 더 적합한 사람들이 법적으로 더 상속을 받아야 한다"면서, 우리가 이렇듯 불완전한 법적 질서를 받아들이는 이유는 "현재로서는 누구도 더 나은 시스템을 발명했다고는 확신할 수 없기 때문이다. 공유[제]는 고려하기에 너무 두려운 대안이다. 불평등이 완전한 황폐화보다는 낫다"고 말한다.

자유주의자적 입장의 과학자가 던지는 이런 깊은 고민의 목소리는 보수적 이론가들과 경제학자들(대개는 둘 다에 해당하는 경우가 많기는 하다)로서는 좋아하지 않을 수 없는 소리였다. 그들은 하딘의 에세이를 신자유주의 경제 이념의 핵심적 원칙들을 확인해 주는 복음서 속의 우화 같은 것으로 본다. 그의 이론이 "자유시장"의 중요성을 확인해 주고 부유층의 재산권을 정당화한다는 것이다. 또 경제적 사고와 정책의 초석으로서 개인의 권리와 사유재산에 대한 헌신을 강조해 준다고 본다. 사람들이 소유와 자유시장에 대한 접근권을 보장받으면 자원에 대해 책임질 동기를 갖게 되기 때문에, 따라서 "완전한 황폐화"라는 비극적 결말은 피할 수 있다는 것이다. 이들은 공유지의 실패를 곧 정부 자체와 합쳐져 나타나는 현상으로 보고, 집합 이익collective interests을 추구하는 몇 안 되는 수단 가운데 하나인 정부마저도 이 "비극"의 패러다임에 굴복하고 말 것이라는 주장을 펼친다. (이것이 일반적인 경제 논리를 정치학의 문제점들에 적용하는 "공공선택이론"Public Choice theory의 골자다.)

지난 수십 년간 공유지의 비극은 너무도 당연한 경제학적 진리로 자리 잡아 왔다. 하딘의 글은 미국 대학 강의실의 필수 교재가 되어 경제학뿐만 아니라 정치학, 사회학 등 다른 학과 수업에서도 다뤄지고 있다. 그토록 많은 사람들이 공유지를 그렇게 가식적인 관심의 눈으로 바라본다는 것도 놀랍지 않다. 공유[재]는 곧 혼돈, 폐허, 실패와 동일시된다.

그러나 이 비극의 우화에는 단 한 가지 중대한 결함이 있다. 공유[재]에 대해 정확히 설명하고 있지 않다는 점이다. 하딘이 제시한 가상의 시나리오는 초원 주변에 경계도, 초원을 관리하는 규율도, 과용에 대한 처벌도, 뚜렷한 사용자 집단도 없는 시스템을 가정한다. 그러나 이것은 공유[재]가 아니다. 이는 진입이 개방된 열린 접근, 즉 오픈 액세스 체제, 혹은 자유이용 체제다. 공유[재]에는 경계, 규율, 사회적 규범, 무임승차에 대한 규제가 있다. 공유[재]는 자원을 지키는 양심 있는 관리인으로서의 역할을 기꺼이 하고자 하는 공동체의 존재를 필요조건으로 한다. 하딘은 공유[재]를 "주인 없는 땅"과 혼동한 것으로, 그 과정에서 공유[재]를 실패한 자원 관리 패러다임으로 오도하는 우를 범했다.

하딘의 입장을 변호하자면 그도 시장 개인주의에 대한 맹목적 신뢰를 세상에 투영한 수많은 기존 비평가들의 뒤를 따른 것뿐이다. 책의 뒤에서도 다루겠지만 철학자 존 로크의 이론은 신대륙을 개방된, 임자 없는 땅을 뜻하는 테라 눌리우스terra nullius로 다루는 입장을 정당화하는 데 널리 사용되어 왔다. 그러나 아메리카 대륙은 성문화되지는 않았지만 매우 복잡한 규칙을 통해 자연자원을 소중한 공유[재]로서 지켜 온 수백만 아메리카 원주민이 살아온 땅이었다.

하딘은 1832년 윌리엄 포스터 로이드의 연설을 읽고 영감을 받아 이 글을 썼다. 윌리엄 포스터 로이드는 하딘처럼 토지의 사유화가 활발히 이루어진 시기에 인구과잉을 우려했던 영국 학자다. 로이드의 연설이 주목을 끄는 이유는 그 연설 역시 동일한 논리를 따라 동일한 가상 시나리오를 설정하는 똑같은 우를 범하고 있기 때문이다. 즉 사람들이 "비극"에 대한 해결책을 협의를 통해 이끌어 낼 능력이 없다고 본 것이다. 다른 점이라면 초원 공유지 대신 로이드는 모든 기여자가 접근할 수 있는 공동출자자금을 비유로 들었다. 로이드는 각 개인은 자기 주머니의 돈은 아끼면서 공동 자금에서는 자기 몫 이상을 빠르게 써 버릴 것이라고 말했다.

나는 로이드의 글을 언급함으로써 "비극" 논리에 대한 잘못된 이해가 얼마나 터무니없으면서도 끈질긴지를 보여 주려는 것이다. 공유[재] 학자 루이스 하이드가 냉소적으로 일갈하듯, "하딘이 제시한 시나리오의 목동이 공동의 이익까지 생각할 여력이 없는 사람인 것과 마찬가지로, 로이드가 제시한 인간은 서로 이야기하거나 공동의 결정을 내릴 방법이 없는 사람들이다. 두 학자 모두 옛 농경사회 마을에 자유방임주의적 개인주의를 적용하고서는 공유[재]는 죽었다고 엄숙히 선언한다. 그런 마을의 관점에서 보자면, 로이드의 가정은 "왼손이나 오른손 어느 손으로도 자유롭게 돈을 꺼내 쓸 수 있는 지갑이 있는데 단 양손은 서로의 존재를 몰라야 한다고 가정해 보라"고 말하는 것만큼이나 말도 안 되는 소리로 들린다."

안타깝게도 이러한 부조리함이 "죄수의 딜레마" 실험이라는 거대한 연구의 기본적 바탕이다. 이 실험은 "합리적인 개인"이 "사회적 딜레마", 예를 들어 한정된 자원을 어떻게 분배할지와 같은 상황에 부딪힐 때 어떻게 행동하는지를 보여 준다고 주장하는 실험이다. "죄수"는 다른 잠재적 범인과 협조해 한정된 보상을 나눠 가져야 할까? 아니면 혼자 가능한 한 많이 가짐으로써 다른 공범을 배신해야 할까?

말할 것도 없이, 딜레마를 더 복잡하게 만드는 문제는 꼬리에 꼬리를 물고 이어진다. 그러나 이 사회과학 실험의 기본적인 전제는 애초에 발단부터가 조작된 것이다. 개인의 이기심과 합리적 계산에 대한 그러한 가정과 맥락의 부재(실험 대상은 공통의 사회적 역사나 문화를 공유하지 않는다)가 이 "게임"의 설계 자체에 내포되어 있다. 실험 대상은 서로 소통하거나, 신뢰의 유대관계를 구축하거나 지식을 공유하는 것이 허락되지 않는다. 그들이 서로 협조할 수 있는 시간과 기회도 제한적이다. 단일 실험을 위한 실험실 환경에 고립되어 있으며, 공통의 역사나 미래를 공유하지도 않는다. 루이스 하이드는 경제학 연구자들의 프레첼[1]같이 꼬이고 꼬인 논리를 보고 할 말을 잃고는 "비극" 논문의 제목을 "소통 없고 이기적인 개인이 쉽게 접근할 수 있는 관리되지 않는 자유방임주의적 공유자원의 비극"[2]이라고 불러야 한다고 꼬집었다.

많은 죄수의 딜레마 실험이 숨기고 있는 꺼림칙한 비밀은 "합리

---

1. [옮긴이] 밀가루 반죽을 길게 늘여 꼬아 만든 빵.
2. [옮긴이] 원문은 다음과 같다. "The Tragedy of Unmanaged, Laissez-Faire, Common-Pool Resources with Easy Access for Noncommunicating, Self-Interested Individuals"

적" 개인들의 시장 문화를 교묘히 상정하고 있다는 점이다. 대부분은 사람들이 협력과 공유를 통해 자원을 관리하는 실생활의 방법들은 거의 고려하지 않는다. 그러나 더 많은 게임 이론 실험들이 행동경제학, 복잡도 이론, 진화과학의 시각을 실험 설계에 반영하면서, 이러한 상황에도 현재 변화가 일어나고 있다.

그러나 대다수의 경제 이론과 정책이 인간에 대한 원색적인 구식 모델을 가정하고 있다는 사실에는 여전히 변함이 없다. 합리적 계산을 통해 개인의 "효용 함수"를 적극적으로 극대화하는 가상의 관념적 개인을 뜻하는 호모 에코노미쿠스homo economicus는 비현실적인 모델임이 너무나 당연함에도 불구하고 우리가 "경제"라고 부르는 문화적 통일체 안의 인간 주체를 설명하는 이상적 모델로서 여전히 지배적 지위를 인정받고 있다.

역설적이게도, 이기적 사익만을 추구하는 태도(물론 "합리적으로" 추구하지만 집단의 이익에 대해서는 무관심한 태도)는 공유[재]보다는 전통적 시장 경제를 더 잘 설명하는 개념이다. 2008년 금융 위기 직전 그런 사고방식이 팽배하면서, 월가의 전문가들이 시스템 전체에 일으킬 위험이나 지역적 영향을 고려하지 않은 채 사적 이익의 극대화만을 꾀하는 결과로 이어졌다. "합리적" 개인주의로 인해 촉발되는 진짜 비극은 공유[재]의 비극이 아니라 시장의 비극인 셈이다.

다행스럽게도 현대 학계가 주류 경제학이 만들어 놓은 이러한 기억의 구멍memory hole에서 공유[재]를 구해 내는 데 많은 기여를 하고 있다. 미국 정치학자인 고故 엘리노어 오스트롬 전 인디애나 대학 교수는 경제 활동에 대한 분석틀을 확장하는 데 큰 공로를 세웠다. 1970년대 경제학자들은 일종의 종교적 근본주의에 빠져 있었다. 이들은 합리적 개인주의, 사유재산권, 자유시장에 기초한 지극히 관념적인, 양적 모델을 찬양했다. 대공황 세대인 오스트롬은 늘 시장 밖에서 작동하는 협력 체제에 관심이 많았다. 1960년대 젊은 정치학자로서 그는 경제학의 핵심 가정들, 특히 사람들이 안정적이고 지속가능한 방식으로 협력할 수 없다는 생각에 대해 의문을 품기 시작했다. 남편인 정치학자 빈센트 오스트롬과 공동 연구를 하기도 하면서 그는 "공유자원"common pool resources을 관리하는 제도적 체계에 대해 여러 화제를 아우르는 새로운 종류의 연구를 시작했다.

공유자원은 어자원, 목초지, 지하수 등 아무도 사유재산권이나 독점적 통제권을 갖지 않는 집단적 자원이다. 이러한 자원은 모두 과잉이용에 매우 취약한데, 사람들이 쓰지 못하게 막기가 어렵기 때문이다. 우리는 이를 "오픈 액세스의 비극"tragedy of open access이라고 부를 수 있을 것이다. (하딘 자신도 나중에 자신의 에세이의 제목을 "관리되지 않는 공유지의 비극"The Tragedy of an Unmanaged Commons — 이 말 자체가 모순이지만, 신경 쓰지 말자 — 이라고 했어야 했다고 인정했다.)

오스트롬의 연구가 그토록 많은 경제학자들의 연구와 구별되는 점은 그가 현장에 기반한 실증적 연구를 하는 데 공을 들였다는 점이다. 그는 에티오피아의 공동 지주, 아마존의 고무 채취자, 필리핀의 어부를 직접 찾아가 그들이 어떻게 협력 방식을 협의하는지, 그들의 사회 체계를 지역의 생태계와 어떻게 조화시키는지를 조사했다. 애머스트 매사추세츠 대학의 경제학자 낸시 폴브레는 다음과 같이 설명했다. "오스트롬은 인도네시아 어부나 메인주의 바닷가재 어부들에게 가서 실제로 이야기를 나누고 "이런 어획량 제한을 어떻게 설정하게 되셨나요? 사람들이 제한을 지키지 않으려고 할 수도 있다는 점에 대해 어떻게 대처하셨나요?"하고 질문했다."

그런 실증적 조사 결과를 통해, 오스트롬은 무엇이 성공적인 공유[제]를 만드는지를 밝혀내고자 했다. 한 공동체가 어떻게 집합행동의 문제를 극복할까? 상호의존적인 상황에서 개인들이 거듭 직면하는 문제는 "모든 사람이 무임승차, 태만, 혹은 기회주의적으로 행동하고 싶은 유혹에 직면하는 상황에서 스스로를 어떻게 조직하고 통제해 지속적인 공동의 이익을 달성할 수 있을까"하는 것이라고 오스트롬은 지적했다. 또, (1) 처음에 자기조직self-organization이 발생할 가능성을 높이거나 (2) 시간이 지나도 자기조직적 노력을 계속해 나갈 수 있는 개인들의 능력을 향상시키거나 (3) 어떠한 형태의 지속적인 지원 없이도 자기조직 능력을 통해 공유자원의 문제를 해결할 수 있게 해 주는 변수들을 파악해, 그 변수들을 다양하게 조합하여 위와 비슷한 질문들을 계속 던져 볼 수 있을 것이다.

그러한 질문에 대한 답으로 오스트롬은 1990년 기념비적 저서 『공유의 비극을 넘어』[3]를 출간하였고, 효과적이고 지속가능한 공

---

3. [한국어판] 엘리너 오스트롬, 『공유의 비극을 넘어』, 윤홍근 옮김, 랜덤하우스코리아, 2010.

유[재]의 기본적인 "설계 원칙" 몇 가지를 제시했다. 이 원칙들이 이후 후배 학자들에 의해 변형되고 정교화되기는 했지만, 오스트롬의 분석은 여전히 자연자원 공유[재]를 평가하는 기본적인 분석틀로 인정되고 있다. 오스트롬, 그리고 현재 공유[재]를 연구하는 학자들의 연구 초점은 자원의 이용자들로 구성된 공동체들이 한정된 자원을 장기적으로 지속가능하게 이용하기 위한 사회적 규범(때로는 공식적인 법 규율)을 어떻게 만드는지에 대한 것이다. 표준 경제학은 결국 인간은 무한한 욕구를 가진 이기적 개인이라고 선언한다. 우리가 사람들의 이타심과 협력에 의존할 수 있다는 생각, 경제학자들이 부정하는 이러한 생각은 순진하고 비현실적이라는 것이다. 그렇다면 공유[재]가 자원의 이용에 한계를 설정하고 실제로 제한할 수 있다는 생각 역시 가능하지 않아 보인다. 인간이 무한한 욕구를 갖는다는 경제학자들의 생각을 부정하는 것이기 때문이다.

그럼에도 불구하고 오스트롬은 수백 가지 사례들을 통해 어떻게 공유인들이 실제로 그들의 욕구와 이익을 집단적·협력적 방식으로 충족하는지를 보여 주었다. 스위스 퇴르벨Törbel 마을 주민은 1224년 이래 마을의 높은 알프스 삼림과 목초지, 관개용수를 관리해 왔다. 스페인 사람들은 수 세기 동안 우에르따huerta라는 사회적 제도를 통해 관개용수를 공유해 왔으며, 더 최근 사례로 로스앤젤레스의 여러 수자원 관리 당국은 부족한 지하수 공급량 관리를 적절히 조절하는 방법을 찾았다. 많은 공유[재]가 수백 년 동안 번영해 왔고 가뭄이나 위기의 시기도 예외는 아니었다. 공유[재]의 성공의 비결은 공동체가 자원을 관리하고, 자원에 대한 접근권과 이용권을 관리하고, 규칙을 어기는 사람은 효과적으로 처벌하는 독자적이고 유연한, 진화하는 규칙을 만들 수 있었다는 점에서 찾을 수 있다.

오스트롬은 공유[재]에 분명하게 정해진 경계를 두어 공유인들이 누가 자원을 이용할 권리를 갖고 있는지를 알 수 있어야 한다는 점을 밝혀냈다. 공유[재]에 기여하지 않는 외부 사람은 당연히 공유 자원에 접근하거나 이용할 권리가 전혀 없다. 그는 또 자원 전용에 대한 규칙은 반드시 지역의 여건을 고려해야 하며 어떤 자원을 어떻게 취할 수 있는지에 대한 제한도 포함해야 한다는 것을 발견했다. 예를 들어 산딸기는 특정 시기에만 수확할 수 있다거나, 숲속에서 땔감은 땅에 떨어진 것만 주울 수 있고 시장에 팔 용도가 아닌 가계에서 사용할 목적으로만 사용할 수 있다는 것 등이다.

공유인들은 반드시 공유[재]를 관리하는 규칙을 만들거나 만들어진 규칙에 영향력을 행사할 수 있어야 한다고 오스트롬은 지적한다. "외부의 정부 관료들이 규칙을 정할 권한은 정부만 가진다고 가정하면, 장기적으로 규칙에 따라 운용되는 공유[재]를 지역 사용자들이 유지하기가 매우 어려워질 것이다." 공유인들은 반드시 그들의 자원이 어떻게 사용되는지 (혹은 남용되는지) 적극 감시해야 하며, 규칙을 위반하는 사람을 처벌하기 위한 제재 시스템을 마련해야 한다. 점차적으로 제재의 강도를 높이는 단계적 방식이 좋을 것이다. 분쟁이 발생하는 경우에는 공유인들이 쉽게 이용할 수 있는 갈등 해소 메커니즘이 있어야 한다.

마지막으로 오스트롬은 거대한 거버넌스의 일부로서 공유[재]

는 "여러 층위로 이루어진 중첩된 기업 구조에 의해 조직"되어야만 한다고 선언했다. 그는 자원을 이용하고 그 이용을 감시하고 집행하고, 갈등을 해소하고 그 밖의 다른 거버넌스 관련 활동을 수행할 권한은 반드시 여러 단계, 즉 마을·지역·국가·국제에 이르기까지 여러 차원에서 공유되어야 한다는 의미로 "다중심polycentric 거버넌스"라는 개념을 제안했다.

오스트롬은 여덟 가지 설계 원칙을 제시했는데, 그가 이를 성공적 공유[재]를 만들기 위한 엄격한 청사진으로 여기기보다는 일반적인 지침으로 간주했다는 점도 주목해야 할 것이다. 또 그가 주로 소규모의 자연자원 공유[재]에 초점을 두었다는 점도 짚고 넘어가야 할 것이다. 그는 말년에는 지역 또는 전세계적 차원의 대규모 공유[재]와 디지털 공유[재](아주 쉽게 큰 규모로 확대될 수 있는 공유[재])의 문제들도 탐구하기는 했다. 그러나 이러한 것들은 그의 연구 업적 전체로 보면 부차적 관심사였다.

공유[재]가 어떻게 구성되고 관리되어야 하는가에 영향을 미치는 요소들을 다음과 같은 또 다른 방법으로 살펴볼 수도 있을 것이다.

·자원의 성격은 자원이 어떻게 관리되어야 하는가에 영향을 미친다. 광산같이 한정적인, 고갈될 수 있는 자원은 어자원이나 삼림같이 시간이 지나면 저절로 다시 채워지는 자원들과는 다른 성격을 갖는다. (실질적으로 발생하는 비용 없이 재생산이 가능한) 지식 전통과 인터넷 자원 등 "무한한" 공유[재]는 무임승차자나 파괴자에 대해 걱정할 필요가 없다.

·자원의 지리적 위치와 규모에 따라 별도의 관리를 적용할 필요가 있다. 마을 우물에는 지역의 강이나 대양 같은 글로벌 자원과는 다른 관리 규칙이 필요하다. 규모가 작은 공유[재]는 규모가 크거나 전지구적 수준의 공유자원에 비해 관리가 쉽다.

·공유인의 경험과 참여는 중요하다. 수 세기에 걸친 오랜 문화적 전통과 관습을 가지는 토착민 공동체는 외부 사람들에 비해 현지의 자원에 대해 훨씬 더 잘 알 것이다. 자유 소프트웨어 네트워크에 오랫동안 참여한 활동가들은 신규 진입자들에 비해 프로그램을 설계하고 버그를 수정하는 데 더 전문성을 가질 것이다.

·역사적, 문화적, 자연환경적 여건도 공유[재]의 작동 방식에 영향을 미칠 수 있다. 활발한 시민 문화를 갖고 있는 국가는 시민사회가 거의 기능하지 못하고 불신이 만연한 국가에 비해 건강한 공유[재] 제도를 가질 가능성이 더 크다.

·투명하고 공유인이 쉽게 접근할 수 있는 **신뢰할 만한 제도**도 중요하다. 가장 책임 있는 제도는 규모가 작고 비공식적인 자율조직적인 공유[재] 방식인 경우가 많지만, 공유인을 위한 양심적인 신탁 관리자로서 국가가 통제하는 제도가 공유[재] 관리자의 역할을 하는 경우도 가능하다.

오스트롬의 인상적인 탁월한 연구 성과는 2009년 그에게 노벨 경제학상을 안겨 주었다(올리버 윌리엄슨과 공동 수상했다). 나는 이 결과에 대해 노벨상 위원회가 2008년 금융위기로 충격을 받아 시장 체제를 대체할 대안들(비시장적 형태이지만 그럼에도 불구하고 생산적이고 안정적이며 지속가능한 방식들)이 많다는 점을 강조하고자 한 결과라고 생각한다.

공유[재]를 좀 더 진지하게 연구하기 위한 강력한 분석 플랫폼을 제공한 것 외에도, 오스트롬이 일군 가장 지속적인 영향력을 미치는 성과는 전세계적인 공유[재] 학자 네트워크를 만드는 데 있어 큰 역할을 했다는 점일 것이다. 오스트롬 이래 전세계에서 수백 명의 학자들이 많은 사회과학 연구를 내놓았고, 대부분은 아시아·남미·아프리카의 자연자원에 대한 연구들이었다. 공유[재]에 관한 중대한 견해들 중 상당수는 오스트롬이 1973년 남편과 공동 창립한 행사인 인디애나 대학 정치 이론 및 정책 연구 워크샵에서 논리적 발전과 토의, 이론적 확립의 과정을 거친 결과였다. 오스트롬은 또한 〈공유[재] 디지털 도서관〉과 수백 명의 학자와 실천가들로 구성된 학계 네트워크인 〈공유자원 연구를 위한 국제 협회〉International Association for the Study of Common-Pool Resources(원래 "공유[재]"Commons였으나 이후 "공유자원"CPR으로 변경되었다)도 설립했다.

지금에 와서 보면 경제활동 연구에 있어 오스트롬이 가진 큰 강점은 그가 경제학계로부터 거리를 두었다는 점이었음을 쉽게 알 수 있다. 경제학계의 아웃사이더였던 그는 사람들이 의외로 협력과 집단 내의 공평성을 추구하는 것에 관심이 많다는 점 등 경제학적으로 중요한 많은 사실들을 자유시장 이론이 설명해 주지 못한다는 것을 남들보다 더 쉽게 알아볼 수 있었다. 남성 지배적인 분야에서(1960년대와 1970년대는 학계에 성차별이 만연했던 때였다) 여성으로서 그는 경제활동의 관계적 측면, 즉 규칙과 사회적 이해를 만들기 위해 사람들이 어떻게 타인과 상호작용하고 협상하는지에 좀 더 주의를 기울일 수 있었다. 그리고 그럼으로써, 신고전주의 경제학의 전제들을 부정하지 않으면서도 분석의 범위를 넓혀, 숫자만 따지는 콧대 높은 경제학계 학자들은 괄시했던 많은 인문적·사회적 역학 관계까지 포함될 수 있도록 했다.

흥미롭게도, 경제학 분야에서 오스트롬이 명성을 얻게 된 것은 거의 2009년 노벨상 수상 이후라 할 수 있다. 그 전에는 공유자원과 공유재산common property에 대한 연구는 확실히 "진지한" 경제학자들의 관심의 영역 밖에 있었다. 사실 당시 저명한 경제학자들 중에는 노벨상 수상 소식을 듣고서 그의 이름을 처음 알게 된 사람들도 있었다. 아웃사이더들과 시장지향적인 경제학자들에게는 아마 공유[재]는 거의 관심 없는 주제였을 텐데, 공유[재]가 중시하는 건 "자급"subsistence으로, 이들 경제학자들은 이 개념을 간신히 생존하는 상태로 해석하기 때문이다. 하지만 자급이라는 것이 꼭 생존만을 뜻하지는 않는다. 한 가계의 필요의 충족을 뜻하는 것이다. 시장에서의 이익을 최대화하고 돈을 축적하는 것이 아니라 한 가계가 충분한 생활수준을 영위하도록 하는 것이 목표다. 공유[재]는 올바르게 이해하면 "충분함"sufficiency의 실천과 윤리에 대한 것이다.

나는 2012년 6월 오스트롬이 타계하기 전에 운 좋게도 그를 몇 번 만날 기회가 있었다. 가장 기억에 남는 점은 그가 얼마나 자애롭고, 열린 자세를 가진, 현실적인 사람이었나 하는 점이다. 이런 평가는 그저 사적인 인상에 그치지 않는다. 나는 이것이 그를 그토록 풍요로운 사상가로 만드는 요소였다고 생각한다. 그는 열린 마음으로 사람들이나 현상에 대해 각자의 방식에 맞춰 다가가고자 하는 태도를 갖고 있었고, 경제 이론의 깊은 편견으로부터 자유로운 사람이었다. 하지만 오스트롬은 표준 경제 분석틀, 즉, 공유[재]의 생성 또한 "합리적 행위자"와 "합리적 설계"에 의해 결정된다고 가정하는 기존의 틀을 벗어나지는 못했다. 거시경제적 역학 관계에 대해서는 간략히만 다루었고 정치나 권력에 대한 고려도 거의 없었다. 또 공유[재]를 기능적·행동주의적 방식에서 접근하는 경향이 있었고 공유[재]에 생명력을 불어넣을 수도 있는 상호주관적·심리적 작용력에는 관심이 별로 없었다. 그럼에도 불구하고, 공유[재] 연구의 "블루밍튼 학파"[4]는 "비극"이라는 잘못된 통념의 횡포로부터 공유[재]를 구해 냈다는 점에서 세운 혁혁한 공로를 인정받아 마땅하다.

흥미로운 것은 학계 밖에서도 이와 나란히 발전이 이루어졌다는 점이다. 다방면의 초국가적 활동가들과 프로젝트 리더들이 사회 변화 운동을 위한 구성 원리로서 공유[재]를 받아들였던 것이다. 이것이 확실히 오늘날 공유[재]가 정치·경제·문화에 영향을 끼치는 중요한 힘이 되고 있는 이유일 것이다. 전세계 시민들이 새로운 움직임에 동참하고 있으며, 그 결과 공유[재] 패러다임이, 개인의 삶이 타인이나 자원과 맺고 있는 관계를 어떻게 설명하는지 확인되기 시작하고 있다. 소프트웨어 프로그래머, 도시 정원 활동가, 토착민, 학술 연구자, 영속농가, 인도 직물공, 이스탄불 게지 공원Gezi Park을

---

4. [옮긴이] 공공선택이론을 연구한 학자들은 크게 버지니아 학파, 로체스터 학파, 블루밍튼 학파(Bloomington School)의 세 가지 학파로 분류되며, 이 중 오스트롬이 중심이 된 블루밍튼 학파는 행정학적 관점에 주목한다.

지키는 시민들, 공공 도서관과 공원을 이용하는 이용자들, 슬로푸드 활동가들에 이르기까지, 이러한 사람들이 공유[재]에 대해 갖는 친밀감은 꼭 지적이거나 과학적인 측면만이 아니라 개인적이고 열정에 관한 측면이기도 하다. 이러한 공유인들 중 많은 이들에게 공유[재]는 "관리 체계"나 "거버넌스"가 아니다. 문화적 정체성이자, 개인적 생활이자, 삶의 방식이다. 민주주의 실천을 되살리기 위한 하나의 방법이며, 보다 만족스러운 삶을 살아가기 위한 방법이다.

책의 뒷부분에서 더 많은 이러한 공유인들을 만나게 될 것이다. 여기에서는 갈수록 전세계적으로 사유재산과 시장에 의해 지배되고 있는 세상에서, 그러한 흐름으로부터 보호된 비시장적 공간을 얻어 내기 위해 많은 공유인들이 애쓰고 있다는 점을 지적하는 것으로 충분할 것이다. 공유인들은 제각기 여러 다양한 자기만의 목표와 접근방식을 갖고 있지만, 그들 대부분은 공유[재]를 하나의 독립된 영역으로서 구축하거나 공유[재]와 시장을 좀 더 인간적이고 책임 있는 방식으로 조화시킬 새로운 자원 공급의 질서를 구축할 수 있기를 열망한다. 어떤 공유인들은 협동조합 은행이든, 공동체 삼림이든, 온라인 위키든, 자신에게 해당되는 특정 공유[재]에 주로 중점을 둔다. 또 어떤 이들은 어떻게 하면 공유[재]가 스스로 형성되어 유지될 수 있도록 법과 공공 정책이 뒷받침할 수 있는지, 국가가 어떻게 도움이 되거나 우호적인 역할을 할 수 있는지에 집중한다. 반면 또 어떤 이들은 공유[재]를 반자본주의적 경제 분석과 사회 분석을 진전시키고 신자유주의 국가에 도전을 제기하기 위한 매력적인 수단으로 보기도 한다.

요컨대 한때는 연구가 거의 학계에만 국한되었던 흔치 않은 주제인 공유[재]에 대한 관심이 이제 온갖 종류의 다양한 분야로 확장되었다. 좀 더 정확히 말하자면 지금까지는 안으로나 밖으로나 주목받지 못했던 이 주제를 설명하는 언어와 연구가 이제 문화적으로도 가시화되고 있다. 공유[재]는 운동가들과 프로젝트들, 이론화 작업이 활발히 뒤섞여 일어나는, 풍요롭게 피어오르는 초국가적 생태계가 되어 가고 있다. 공유[재]에 대한 논의에 다양한 실천 공동체들이 관여되어 있다는 점에서, 이러한 논의는 여러 가지 생각과 협력관계들, 그리고 공유화 자체에 대한 새로운 이해들이 서로 교차하면서 혼합되는 흥미로운 현상을 촉발하고 있다.

나는 이를 단순한 정치적 운동이나 이념적 관점을 뛰어넘는, **토착 흐름**vernacular movement으로 인식한다. "토착"이라는 용어는 인습 타파적 사회 비평가 이반 일리히가 1981년 쓴 『그림자 노동』5에서 언급하면서 특별한 의미를 갖게 됐다. 제도가 갖는 비인간화 경향을 비판한 그는 토착 공간을 사람들이 자연스레 그들만의 독자적인 도덕적 판단에 다다르고 각자 고유한 자주적 인간성에 따라 행동하는 비공식적인 문화 영역으로 보았다. 토착은 가계 활동과 자급, 가정생활과 육아의 영역에서 자라난다. 토착은 사람들이 공동체 고유의 집단적인 도덕적 가치와 정치적 이해관계를 국가나 기업, 그 밖의 제도적 권력이 정한 도덕관념이나 정치적 이해에 우선하는 것으로 주장하는 공동의 공간에서 존재한다. 일리히의 제자였던

---

5. [한국어판] 이반 일리히, 『그림자 노동』, 박홍규 지음, 미토, 2005.

트렌트 슈로이어는 토착 영역은 "자급과 공동체를 지향하는 공동체들 중 상당수에서 역사상 대부분, 그리고 심지어 오늘날까지도 지역민이 삶을 영위하는 바탕이 되어 온 감성과 뿌리에 대한 인식"을 떠올린다고 표현했다. 토착은 "사람들이 경제 세계화의 힘에 대항해 재생과 사회 재건을 이룩하기 위해 분투하는 장소와 공간들"로 이루어져 있다고 그는 지적한다.

토착과 관련하여 어떤 영원성과 신비로움이 존재하기도 하며, 아마 짐작할 수 있듯 이는 공유[재]와 큰 관련이 있다. 공유[재]는 연약한 사회 제도이자, 마치 생명력에 의해 생겨나듯 토착 문화로부터 자연스럽게 발생되는 감성이다. 공유[재]는 다른 우선순위와 이해관계를 갖는 강력한 체제들에 맞서 스스로를 내세우고 유지하기 위해 언제나 노력한다. 때로는 공유인들은 그런 체제들과 화해에 도달하기도 하고, 공유화를 위한 보호 구역을 세우기도 한다. 예를 들어 뉴욕 시의 도시 정원은 개발 압력 속에서 정원을 지켜 내기 위해 분투해야 했다. 연안 어자원 공유[재]는 지역 내의 소비가 아닌 세계 시장에 판매하기 위해 심해에서 어업을 하는 대규모 산업 트롤선들과 종종 맞서 싸워야 한다. 디지털 공유인들은 공유를 범죄 행위("해적행위")와 동일시하는 저작권법과 기업의 선동 행위와 씨름해야 한다.

역사는 시장 인클로저의 힘이 잔인하고 무자비하게 공유[재]를 해체하고 파괴한다는 것을 보여 주었다. 시장 인클로저의 힘은 공유[재]라는 대안과 경쟁하기를 원치 않기 때문이다. 성공적인 공유[재]는 더 나은 현실적 대안들이 있음을 입증해 주기 때문에 그들에게는 "나쁜 사례"일 뿐이다. 공유 sharing 역시 사유재산권 이념에 대한 모욕이기 때문에 못마땅하기는 마찬가지다. (구글이나 페이스북같이 비즈니스 모델이 사회적 공유를 수익화하는 것에 기초하는 기술 기업들은 예외다). 정부와 관료체제 입장에서는 종종 공유[재]를 독립적이고 잠재적인 위협이 될 수 있는 세력 기반으로 여겨 경계하며, 대신 그들과 우호적 관계에 있는 시장 기반 주체들이 주는 확실성과 보상을 선호한다. 정부는 일반적으로 엄격한 표준화된 통제 시스템을 통해 자원을 관리하는 것을 선호한다. 그들에게 공유화는 무조건 너무 비공식적이고 불규칙하며 불확실한 것으로 보일 뿐이다. 설사 공유[재]의 실제 성공 사례들이 그런 편견을 부정하더라도 말이다.

공유[재]에 대한 기초적인 이해를 위해서는 먼저 인클로저의 역학과 의미에 대한 고려가 필수적이다. 이제 이 주제로 넘어가 보겠다.

3장

자연의 인클로저

영국 인클로저 운동의 간략한 역사
대대적인 국제적 토지 수탈
물의 사유화
식량의 기업화

시장의 힘이 너무 강해져서 자연 생태계를 무너뜨리고, 사람들이 삶을 영위하는 방식을 뒤흔들고, 생명체에 대한 소유권을 주장한다면 어떻게 될까? 우리가 속한 문화 밖으로 한 발 물러나 거리를 두고 시장의 실질적인 힘과 광범위한 영향을 가늠하는 것이 때로는 어렵다. 그러나 일단 공유[재]를 파악하고 그 역학 관계를 이해하게 되면, 인류 공동의 부의 사유화, 상품화가 이 시대의 심각하고 추악한 문제임에도 제대로 인식되지 못하고 있음이 꽤나 명확해진다. 그 치명적인 결과가 이미 도처에 나타나고 있다.

이 과정을 종종 공유[재]의 인클로저라고 부른다. 이는 기업들이 가치 있는 자원을 그 자원이 속한 환경에서 분리해 시장 가격을 매김으로써 비로소 자원이 가치를 갖게 되었다고 선언하는 과정이다. 종종 정부 지원이나 제재가 이를 돕기도 한다. 요는, 많은 이들이 공유하고 사용하던 자원을 사적으로 소유하고 통제하는 자원으로 바꾸어 버린 다음 이를 거래 가능한 상품으로 취급하는 것이다.

인클로저에 대해 이야기하려면 표준 경제학에서는 좀처럼 다루지 않는 측면, 바로 시장의 힘이 공동자원을 장악함에 따라 공유인들이 통제력을 박탈당한 현상을 이야기하지 않을 수 없다. 이 과정에는 종종 정부와의 적극적인 결탁이 수반되기도 한다. 반면 "사유화 대 국가관리"라는 익숙한 논쟁은 이 과정을 설명하는 논리로는 그다지 적합하지 않은데, 사유화에 대한 해결책의 역할을 해야 할 국가관리가 사실 그다지 해결책이 되지 못하기 때문이다. 많은 경우 국가는 "사적인" (즉 기업의) 이용을 위해 공동자원을 장악하려는 산업들과 결탁하는 데만 열심이다. 규제는 시장의 남용을 근절하기보다는 오히려 합법화를 위한 구실로 삼기 위한 가식에 그치는 경우가 너무도 많다.

그렇다면 인클로저에 대해 이야기하는 것이 공유[재]에 대한 이야기를 시작하고 논의를 재구성할 수 있는 한 가지 방법일 것이다. 인클로저와 관련된 개념을 통해 "자유시장"의 반사회적·반환경적 영향을 조명하고, 적절하고 때로는 효과적인 대안으로서 공유화의 가치를 확인할 수 있다

몇 년 전, 나는 중세 시대 토지 인클로저 양상과 소름 끼치도록 똑같은 현대판 인클로저에 대해 알게 되었다. 호주 뉴사우스웨일즈주의 비옥한 헌터 밸리Hunter Valley 지역에 위치한 캠버웰 마을은 한 세기가 넘게 글레니스 크릭Glennies Creek 주변의 탁 트인 범람원의 일부를 공유[재]로 이용했었다. 이곳은 주민들이 말과 젖소를 키우고, 아이들이 낚시를 하고 헤엄을 치고 말을 타는 곳이었다. 2005년 4월, 『시드니 모닝 헤럴드』에 따르면 "토지부 관료 몇 명이 도착해 〈캠버웰 공동 신탁〉 회원들을 소집하고는 이 지대가 국토로 즉시 반환될 것이며, 그 소유권은 개울 건너편에 움푹 파인 언덕 모양으로 어퍼 헌터Upper Hunter 마을을 굽어보고 있는 애슈톤 광산으로 넘어갈 것이라고 말했다."

이 조치는 정부가 권력을 이용해 기업 이익을 위해 공유지를 압수한 흔한 사례 중 하나일 뿐이다. 〈캠버웰 공동 신탁〉의 대표는 기자에게 이렇게 말했다. "탄광회사와 마을 회의를 하면 그들은 늘 승인을 "받은 다음" 어떻게 하겠다고 말합니다. 절대 승인을 "받는다면"이라고 이야기하지 않아요." 탄광회사와 정부 모두 인클로저

로 상당한 이익을 본다. 탄광회사는 싼값에 채굴권과 느슨한 환경 규제를 얻었고, 호주 정부는 캠버웰 인클로저 때 약 15억 달러를 로열티와 사용료로 벌어들였다.

반면 정작 공유의 당사자인 공유인들은 보통 그렇게 운이 좋지 못하다. 『모닝 헤럴드』에 따르면 캠버웰 채굴 과정에서 일어난 폭발로 마을 주변 언덕이 움푹 파여 버렸고 그 결과 공유[재]가 일부 파괴됐다. 결국, 마을 주민의 거의 3분의 2가 탄광업체들과의 싸움을 포기하고 마을을 떠났다.

캠버웰의 사례는 정부와 결탁한 시장 인클로저의 전형적인 예다. 미국의 경우 1872년 광산법에 따라 정부가 탄광회사들이 공공지에서 광물자원을 채굴할 수 있게 허용했다. 140년이 넘도록 유지된 이 법에 따라 탄광회사들은 에이커당 단 5달러에 금, 은, 철을 채굴할 수 있다. 미국이 이 법으로 인해 그 기간 동안 본 세입 손실은 2,450억 달러가 넘는 것으로 추정되며, 동시에 폐석과 그 밖의 폐기물로 아름다운 강산이 훼손됐다.

전세계에서 비슷한 이야기들을 들을 수 있다. 목재 회사들이 공유림을 훼손하고, 정유 회사들이 원시 황야에서 시추를 하고, 대규모 트롤선이 연안 어자원의 씨를 말리고, 다국적 생수 기업들이 지하수를 고갈시키고 있다.

남미에서는 다국적 기업들이 신자유주의 정권과 손을 잡고 공격적인 "신자원개발주의"neo-neextractivist 정책을 추진하고 있다. 아르헨티나의 마리스텔라 스밤파 교수의 설명에 따르면 이는 남미 대륙의 광물·금속·탄화수소·옥수수·콩·그 밖의 원자재를 효율적으로 채굴해 선진국에 수출할 수 있는 초대형 프로젝트를 구축하자는 것이다. 진보와 "개발"을 향한 유일한 현실적인 길이라는 미명하에 수십 개의 댐·광산·고속도로 건설과 그 밖의 신자원개발주의 사업들이 전체 생태계·공동체·토착 문화를 파괴하고 있다. 더 잘 알려진 악명 높은 인클로저 사례로는 페루 콩가 Conga 초대형 채굴, 브라질 벨로 몬테Belo Monte 수력발전 댐 건설, 볼리비아 TIPNIS 토착민 거주지를 통과하는 도로 건설 등이 있다.

인클로저는 거의 이목을 끌지 않는 특별한 형태의 절도 행위다. 부분적으로 정부들이 종종 그런 행위를 합법화하는 데 중요한 역할을 하기 때문이다. 하지만 그 모든 경우에 해당하는 공통점은, 우리 모두에게 속한, 혹은 특정 공동체에 속한 자원이 기업 소유 자산으로, 혹은 처리비용 한 푼 안 내고 버려지는 폐기물로 탈바꿈되고 있다는 점이다. 토지, 수자원, 인체 조직, 공공 공간, 대기 등 모든 것이 시장을 위한 원료가 된다. 이런 자원이 수익을 내는 데 쓰이고는 다시 공유[재]로 버려진 뒤에 남는 폐기물은 정부와 시민에게 더 많은 위험과 비용을 안겨 준다.

인클로저는 겉으로야 진보·효율·개발이라는 보기 좋은 말로 포장되어 있을지 모르지만, 사실은 악랄한 전용appropriation 행위이자 때로는 폭력적 강압까지도 수반되는 원초적인 권력 싸움이다. 인클로저에 의존하는 거대 기업 세력들의 욕구는 끝이 없어 보인다. 대양 밑바닥을 파헤쳐 광물을 캐고, 제3세계의 식물군의 유전적 비밀을 이윤화하고, 악보의 짧은 구절에 대해서까지 저작권을 따내 악보를 공유하는 사람들을 "해적"pirate이라 내몬다.

인클로저가 꼭 자원의 전용만을 의미하는 건 아니다. 인클로저는 공동체와 그들이 실천하는 공유화 관습에 대한 공격이기도 하다. 인클로저의 주된 목표는 자원의 장악이지만 동시에 사람들에게 "체제 변화"를 압박하는 것도 목표로 삼는다. 인클로저는 공동 관리와 사회적 상호주의의 시스템을 사유화, 가격, 시장 관계, 소비주의를 우선시하는 시장 질서로 바꿔 버린다. 목표는 사람들을 공유된, 장기적이고 비시장적인 이해관계를 갖는 공동체로서가 아닌 철저히 개인으로, 소비자로서 취급하는 것이다.

그토록 많은 인클로저가 궁극적으로 초래하는 결과는 오직 글로벌 시장에만 충성하는 외부 기업들에 대한 과도한 의존이다. 마이크로소프트 제품 사용자는 컴퓨터가 계속 말썽 없이 작동하길 바란다면 끊임없이 다음 소프트웨어 업그레이드를 구매해야 한다. 유전자변형작물에 의존하는 농가는 매년 새로운 종자를 구매하고 계약서상의 제약을 따라야 한다. 전통적인 삶의 방식을 지키려는 사람들은 부자가 되고 싶어 하는, "개발"에 대한 서구식 이상을 추구하는 사람들과의 원치 않는 싸움에 휘말린다. 공유[재] 학자 맛시모 데 안젤리스는 이렇게 말한다. "욕구를 충족하고 욕망을 좇기 위해 돈과 시장에 의존하면 할수록, 사람들의 생계가 서로 대립하게 되는 악순환에 빠질 위험이 커진다."

당연히, 인클로저는 사람들이 공동체를 스스로 조직하고 거버넌스 방식을 결정할 수 있는 능력, 필요한 바를 충족할 수 있는 능력, 고유한 문화와 생활 방식을 지킬 수 있는 능력을 저해한다. 부재absentee 투자자나 기업의 도움을 받은 마을은 순식간에 시민 자주권을 잃어버리고 "기업 도시"로 전락한다.

인클로저는 또 그 사회가 소중히 여기는 풍경, 역사적 건물, 문화유산 등과 밀접하게 엮여 있는 전통과 정체성을 약화시킨다. 호주 원주민의 디자인, 마다가스카 주민이 경작하는 특별한 작물 같은 소중한 보물들을 그 역사적·자연적 맥락에서 분리해서 가격을 붙이는 행위는, 그것을 지키는 양심적인 수호자로서 역할을 다하고 그 안에 의미와 목적을 불어넣은 공유인들에 대한 공격이나 마찬가지다. 인클로저로 인해 이런 보물들은 독특한 향토적 개성과 정서적 의미를 주는 특징들을 잃어버리고, 좋건 싫건 생명력 없는 상품에 지나지 않게 되어 버린다.

영국 인클로저 운동의 간략한 역사

"인클로저"라는 용어는 보통 영국 인클로저 운동과 연관되는 용어로, 중세 여러 시기와 19세기에 일어났던 현상이다. 간단히 말하면, 왕, 귀족, 지주들이 서민들commoner에 의해 이용되던 목초지·삼림·야생동물, 물을 훔쳐 사유재산으로 선포했다. 이들은 때로는 의회의 공식 승인으로 토지를 몰수하기도 하고, 때로는 무력으로 빼앗기도 했다. 서민들이 들어오지 못하도록 쫓아내고 울타리나 담장을 세우는 것이 관행이었다. 치안관과 폭력배를 동원해 왕실 소유지에서 수렵을 못 하도록 지켰다.

인클로저는 중세 영국 상위 1퍼센트의 상류층에게는 거부할 수 없는 유혹이었다. 법의 철저한 보호 아래 더 많은 부와 권력을 거머쥘 수 있는 쉬운 방법이었기 때문이다. 세력을 쥐려고 고군분투하는 귀족과 신분 상승을 꿈꾸는 상류층들이 그들의 정치적 권세를 공고히 하고 토지·물·사냥감 등의 재산을 불리는 데 도움이 될 수 있었다. 18세기 작자 미상의 저항시가 이를 잘 표현하고 있다.

공유지the common에서 거위를 훔쳐 가는 이들을
법이 잡아 가두네.
하지만 거위에게서 공유지를 훔쳐 가는
더 큰 악당은 잡아가지 않네.

우리 것이 아닌 것을 가져가면
보상해야 한다고 법이 요구하네.
하지만 우리 것을 가져가는
지주들은 괜찮다네.

가난하고 천한 자들이 공모해 법을 어기면
처벌을 면치 못하네.
그들은 그래야 하지만, 공모해 법을 만드는 자들은
버젓이 남아 있네.

공유지에서 거위를 훔쳐 가는 이들을
법이 잡아 가두네.

공유지를 다시 훔쳐 올 때까지

거위에겐 공유지가 없네.

인클로저가 영국의 마을들을 휩쓸면서, 서민들은 심각한 곤궁에 처했다. 그들은 숲에서 땔감과 지붕을 이을 짚을 구했고, 도토리를 주워 돼지 먹이를 주었다. 공유지를 이용해 채소를 길렀고, 개방된 목초지에서 야생 과일과 산딸기를 얻었다. 지역 경제 전체가 공유[재]에 대한 접근성에 기반한 것이었다. 그런데 공유[재]를 이용할 수 없게 되자 마을 주민은 도시로 이주했고, 이곳에서 이들은 당시 태동하던 산업혁명으로 인해 운이 좋으면 임금 노예, 운이 나쁘면 거지나 극빈자 신세가 되었다. 찰스 디킨스는 인클로저로 인한 사회적 분열과 불평등을 소재로 『올리버 트위스트』, 『위대한 유산』 등 런던의 곤궁한 최하층민의 삶에 대해 다룬 소설을 쓰기도 했다.

영국 인클로저의 한 가지 중요한 목표는 집단적 이해관계를 가진 서민들을 개인 소비자와 피고용인, 다시 말해 시장의 노예로 바꾸어 놓는 것이었다. 산업혁명기의 탐욕스러운 공장에는 절박한 처지에 처한 고분고분한 임금 노예가 필요했다. 인클로저의 여러 측면 중 잘 알려지지 않은 측면은 생산과 거버넌스의 분리였다. 공유[재]에서는 두 가지가 하나의 과정에 포함되어 있었고, 모든 사람이 양쪽에 모두 참여할 수 있었다. 인클로저 이후에는 시장이 생산을, 국가가 거버넌스를 나누어 담당하게 된다. 근대 자유 국가가 탄생한 것이다. 그리고 이 새로운 질서가 물질 생산에 있어 엄청난 향상을 가져온 반면, 그 이익을 위해서는 엄청난 대가를 치러야 했다. 바로 공동체의 해체, 심각한 경제적 불평등, 자율적 거버넌스의 약화와 사회적 연대감과 정체성의 상실이었다. 거버넌스는 **정부의** 문제가 되었고, 전문 정치인, 변호사, 관료, 부유한 특수 이익 단체들의 영역이 되었다. 민주주의 참여는 투표 외에는 거의 참여 방법이 없었고, 그마저도 남성에게만 허용된 권리였다(게다가 처음에는 재산이 있는 사람에게만 투표권이 있었다). 인클로저는 또 사람들이 자연계와 직접 접촉할 수 없도록 소외시키고 사회적·영적 삶을 무시했다.

1600년대 후반에서 1800년대 중반까지 150년 동안 영국 전체 공유지의 7분의 1이 분할되어 사유화되었다. 그 결과 사회에 심각한 불평등이 자리 잡았고 도시 빈곤이 급증했다. 근대 시장질서의 기반이 마련되었고, 이 새로운 세상의 주인들에게는 더 이상 공유[재]가 필요하지 않았다. 새로운 질서의 특징은 개인주의, 사유재산, "자유시장"이었다.

칼 폴라니는 공유[재]의 종말과 시장과 인클로저의 출현이라는 인간 역사상의 이 독특한 변화를 연구한 경제사학자였다. 그 중요성에 비해 상대적으로 인정을 덜 받은 고전인 1944년 작 『거대한 전환』[1]에서 폴라니는 수천 년 동안 사람들은 공동체·종교·친족 및 그 밖의 다양한 사회적·도덕적 유대 관계를 통해 서로 단결해 왔다고 지적했다. 모든 경제 체제는 호혜성이나 재분배, 가계 등의 체계에 기초했으며, 사람들이 물건을 생산하는 것은 "관습과 법, 주술과 종교"에 따른 것이었다.

---

1. [한국어판] 칼 폴라니, 『거대한 전환』, 홍기빈 옮김, 길, 2009.

그러다 17세기에서 19세기에 걸쳐 인클로저가 진행되면서 생산과 수익이 사회 구성의 중심 원칙이 되었다. 안정된 사회적 맥락 안에서의 가정 내 소비에 초점을 두는 대신, 생산의 초점은 사적 이익과 축적을 추구하는 쪽으로 이동했다. 그 결과 수많은 자원들, 특히 토지·노동력·돈이 상품으로 재정의되었다. 폴라니는 이를 "허구적 상품"fictional commodities이라고 불렀는데, 인간 생명과 자연 생태계는 대체 가능한 재화와 같은 단위로 쪼개질 수 없다는 의미에서였다. 그러나 자연의 선물·노동력·돈이 값이 매겨져 거래와 투기에 적합한 대상이 되려면 이러한 것들도 시장에서 상품으로 취급되어야 한다.

이러한 상품 논리는 다른 영역으로까지 빠르게 확대되었고 사실상 모든 것이 매매의 대상이 되었다. 식품·물·연료·땔감, 그 밖에 한때는 공유[재]를 통해 권리만 있으면 얻을 수 있었던 생활필수품들을 이제는 시장을 통해 돈을 주고 사야만 얻을 수 있게 되었다.

폴라니는 인클로저의 역사를 "빈곤층에 대한 부유층의 혁명"이라고 특징지어 묘사한다. "귀족들이 사회질서를 전복시키고 있다. 오랜 법과 관습을 때로는 무력으로, 그리고 종종 압력과 협박을 동원해 무너뜨리고 있다." 시장 경제가 주류로 자리 잡으면서, 시장경제의 상품 논리가 자연·노동력·사회생활에 이르기까지 모든 것에 적용되었고 모든 것에 가격이 매겨졌다.

물론 칼 맑스는 자본 축적의 역학 관계와 그것이 어떻게 우리의 일터를 형성하고, 사회생활을 식민화하고, 공공 자원을 남용하는지에 대해 할 말이 많았을 것이다. 그의 정치적·경제적 비판의 상당

부분은 공유[재]에 대한 대대적인 인클로저에 대한 것이다. 그러나 맑스는 저항의 근원으로서나 생산과 사회적 재생산을 발생시키는 원천으로서의 공유[재] 자체에 대해서는 상대적으로 거의 다루지 않았다. 이는 물론 그가 활동한 시기에 가장 중요한 발전이 자본주의 근대화의 막강한 힘이었기 때문이다. 그는 근대 노동자 단체들을 새로운 형태의 공유[재]를 만들어 낼 수 있는 가장 희망적인 수단으로 보았다.

대대적인 국제적 토지 수탈

많은 사람들은 인클로저가 과거의 유물이라고 생각한다. 중세 시대에나 벌어졌던 일이지, 지금은 해당되지 않는 얘기라는 것이다. 실은 그렇지 않다. 아프리카, 아시아, 남미의 많은 지역이 현재 맹렬한 국제 토지 수탈로 몸살을 앓고 있다. 토착민들이 대대손손 삶의 터전으로 이용해 온 수백만 에이커의 땅을 투자자들과 정부들이 집어삼키고 있다. 공유인들 중에 공식 부동산 권리증을 갖고 있는 경우는 거의 없으며, 법적으로 표현하자면 이들에게는 "관습적 이용권"만 있을 뿐이다. 집행 가능한 재산권은 정부가 가지며, 이론적으로는 정부는 국민을 위한 신탁 관리자로서 해야 할 역할을 한다. 그러나 실제로는 독재 부패 국가들 대부분이 공공신탁 의무를 저버리고 방대한 "주인 없는" 땅을 외국인에게 팔아넘기면 꽤 짭짤한 수익을 올릴 수 있다는 것을 안다. 거래를 중개하고 토지에 대한 권리를 합법화해 줌으로써 정부들은 새로운 세입을 올릴 수 있다. 연줄이 좋은 관료들은 뒤로 몰래 뇌물을 두둑이 챙길 수 있다. 이론적으로는 "개발"과 번영이 뒤따르게 된다.

하지만 실제로는 그렇지가 못하다. 일부 투자자들은 그 땅을 이용해 바이오 연료나 경제 작물을 생산해서 이를 세계 시장으로 수출한다. 다른 이들은 투기 세력으로, 땅값이 오르면 팔아 치울 생각만 하면서 땅을 놀린다. 사우디아라비아는 10억 달러를 투자해 아프리카에 70만 헥타르의 땅을 사들였으며, 한국과 중국도 활발히 부동산 투기에 나서고 있다.

관습토지customary land의 인클로저의 규모는 엄청난 수준이다. 그리고 공유인들의 이주 역시 대대적인 규모로 일어나고 있다. 아프리카 사하라 이남 지역 인구의 90퍼센트가량인 약 5백만 명이 땅에 대해 법적인 권리가 없어 쫓겨날 위험에 처한 상황이다. 콩고·북수단·에티오피아·마다가스카르 국민이 특히 이런 위험에 심하게 노출되어 있다. 전세계적으로 약 20억 명이 토지에 대해 관습적 이용권만을 갖고 있다. 이는 약 85억 4천만 헥타르(21억 1천만 에이커)[2]의 토지에 해당한다. 땅을 빼앗기면 공유인들은 더 이상 먹을 식량을 재배하고 수확하고, 물을 긷거나 사냥을 할 수가 없게 된다. 인클로저가 그들의 공동체와 문화를 산산조각 내고 있다.

자유시장 경제학의 관점에서 볼 때, 토지를 사유재산으로 바꿔 시장에서 거래하는 것은 토지의 생산성을 높이게 된다. 이 과정에

---

2. [옮긴이] 85조 4천억 평방미터(1헥타르=10,000제곱미터)

서 소유자는 더 많은 식량을 생산하고 토지를 개발하고 싶은 욕구를 갖게 되고 토지의 가치가 증가하게 된다는 것이다. 반면 재산권 없이 공동으로 이용되는 토지는 역사적으로 "황무지"라고 불려 왔는데, 법의 관점에서 보면 아무도 그 토지를 소유하거나 돌보지 않기 때문이다.

그러나 자유시장 우화의 이면을 들여다보면, 수백만 명의 사람들에게 기본적인 자급을 제공해 주는 수천 가지의 안정적이고 지속가능한 공유[재]의 존재를 확인하게 된다. 당연히 토지 수탈은 생태계 남용·공동체의 심각한 훼손·기아·불평등·일자리와 식량을 찾아 도시로 밀려나는 이주민 현상 등 인클로저와 관련이 있는 익숙한 병적 증상들을 발생시키고 있다. 쫓겨난 공유인들은 갈 곳을 잃고, 터전을 빼앗긴 채 화려한 현대 소비주의와 판자촌 생활의 세계로 내던져진다. 산업혁명 태동기 영국 서민들이 겪었던 상황이 비참하게 재현되고 있는 것이다.

"투자자들에게 할당된 토지 대부분이 최대 99년짜리 연장 가능한 중기 임대의 형태라는 사실을 고려할 때, 공유 재산의 손실은 최소 1세대, 잠재적으로 최대 4세대에 걸쳐 이런 토지들에 대한 접근과 이용, 생계상의 혜택을 사실상 없애 버리는 결과를 가져올 것으로 예상된다." 토지 보유권 전문가인 리즈 알덴 와일리는 지적한다.

이는 수십 년간 기근·빈곤·정치적 혼란을 야기할 뿐이다. 한때 제국주의 국가들은 국민과 자원을 착취하기 위해 국민과 자원에 대한 직접적인 군사 통제를 주장했었다. 그동안 신식민주의neocolonial의 과정은 더 정교해졌다. 법의 인가 덕분에, 외국인 투자자와 투기자본도 자기내부거래를 일삼으며 자국 토지를 약탈해 가라고 제 손으로 내주는 우호적인 정부와 쉽게 거래할 수 있다. 공공의 부동산을 사적 거래를 통해 헐값에 팔아넘기는 것보다 더 수익성 좋은 사업이 어디 있겠는가?

물의 사유화

물도 많은 다국적 기업들이 인클로저의 대상으로 삼아 온 자원이다. 많은 사람들은 식수가 정부에 의해 제공되거나 최소한 공동체가 관리하는 공공 서비스일 거라고 예상한다. 하지만 많은 다국적 기업은 물을 짭짤한 수익원이 되어 줄 가치 있는 상품으로 본다. 이로 인해 많은 기업과 투자자가 지하수 대수층을 사들이고, 최소한의 비용만 지불하거나 혹은 돈 한 푼 내지 않고 공유지에서 많은 양의 담수를 뽑아내고, 도시 용수 시스템을 민영화해 왔다.

때로는 물에 대한 인클로저는 간접적으로 이뤄지기도 한다. 예를 들어 보존과 예방적 규제가 더 적은 비용으로 더 믿을 만한 결과를 낼 수 있는 상황(하지만 안타깝게도 민간 투자자들에게는 아무런 투자 수익을 주지 못한다)에서도 기업들은 값비싼 정수, 수질 관리, 담수화 시스템을 짓는 쪽을 택한다. 현재 진행 중인 격렬한 국제 토지 수탈은 종종 "수자원 수탈"과 표현만 다를 뿐 사실 같은 말인 경우도 많다.

지금도 계속되고 있는 "물 전쟁"의 포문을 연 사태는 2000년 시작됐다. 〈세계은행〉이 다국적 엔지니어링/건설 회사인 벡텔Bechtel 이 이끄는 국제 컨소시엄과 협력해 당시 볼리비아에서 세 번째 큰 도시였던 코차밤바Cochabamba의 상하수도 시스템을 민영화하라고 당국을 압박했던 것이다. 공식적인 정책 논거는 민간 기업에게 동기를 부여함으로써 상하수도 인프라를 개선하고 그 결과 시민의 물에 대한 접근권을 개선한다는 것이었다. 그러나 그런 "시장적 해결책"은 접근권을 제공하는 것보다는 수익을 높이는 것에 초점이 있다. 코차밤바 수자원을 장악한 벡텔은 수돗물 가격을 50퍼센트 이상 올렸고 지붕에 떨어진 빗물을 받는 것마저 금지해 버렸다. 코차밤비의 물은 벡텔의 통제하에 사유재산으로 엄격히 관리되었다.

그러자 하룻밤 새 민중 봉기가 일어났다. 수천 명의 시민이 거리로 쏟아져 나와 "물은 생명이다!"Water is life를 외쳤다. 〈물과 생명의 수호를 위한 연합〉은 벡텔과 맺은 40년짜리 계약을 백지화하고 수자원을 다시 시 당국이 관리할 것을 정부에 촉구했다. 시위대는 또한 "사회적 부의 재전유"social re-appropriation of wealth, 즉 상하수도 체계에 대한 주권과 수자원 사용자에 의한 공동 관리를 촉구했다. 1999년 시애틀 반세계화 시위가 일어난 지 채 몇 달이 안 되어 벌어진 코차밤바 민중 봉기는 상업의 세계화가 인간과 환경의 기본적인 욕구를 공평하고 지속가능하게 충족하는 것보다는 기업의 배만 불리는 것과 더 관련이 있다는 점을 여실히 확인시켜 준 사건이었다.

코차밤바에서는 시위대가 결국 승리해 벡텔 계약 무효화를 이끌어 냈고 남미 전역에 자기결정권과 공유[재] 기반 통제에 대한 새로운 요구를 촉발시켰다. 10년이 더 지난 지금도 코차밤바 시위는 여전히 수자원 민영화에 대해 거둔 최초의 중요한 승리 중 하나로 기억되고 있다. 그러나 물 전쟁은 가까운 미래에 끝나기는 어려울 것이다. 억만장자인 분 피켄스는 수억 달러가 넘는 돈을 투자해 텍사스 고평원 지역의 지하수 대수층을 사들였다. 이렇게 되면 수자원이 소유권이 있는 상품이 되어 이곳에 거주하는 많은 공동체들의 생존을 위한 비용이 급증하는 결과를 낳을 수 있다. 공공 상수도 시스템이 브랜드 생수 한 병과 동일한 가격에 1천 갤런[3]의 수돗물을 공급할 수 있는데도, 다국적 수자원 기업들은 계속 생수를 만들어 팔기 위해 전세계에서 지하수를 퍼내고 있다.

식량의 기업화

때때로 인클로저는 자연의 생물다양성처럼 공동체가 도덕적 의미에서만 소유하거나 물려받은 것들에 대해서까지도 손을 뻗친다. 이들은 실제 공유[재]가 아닌, 공유자원이다(왜냐하면, 그 자원을 관리할 사회적 시스템이 아직 실제로는 존재하지 않고 가능성만 있는 상태이기 때문이다). 공유자원은 그것을 장악하려는 시도에 저항할 조직화된 공동체가 없어 "갖는 사람이 임자"인 자원처럼 인식되기 때문에 인클로저에 특히나 취약하다. 이때 시장이 자연을

---

3. [옮긴이] 1갤런 = 3.785리터

재설계할 수 있는 구조적인 힘이 된다.

좋은 예로 미국에서의 사과 인클로저 사례를 들 수 있다. 한 세기 전만 해도 미국인이 먹는 사과 품종은 6천5백여 종이었다. 사람들은 스칼럽 질리플라워Scollop Gillyflower, 레드 윈터 페어메인Red Winter Pearmain, 캔자스 키퍼Kansas Keeper 등 다양한 이국적인 품종들 중에 선택할 수 있었다. 요리하고 먹을 용도로 사람들은 저마다 좋아하는 품종이 있었고, 보통은 토산품을 좋아했다. 파이나 주스나 소스를 만들 때에도 각각 다른 품종을 사용했다.

그 모든 것이 급격히 변했다. 미국 식품 기업들이 20세기 들어 전국 단위의 시장을 만들어 지역 생산과 유통을 약화시키면서, 사과의 자연적 다양성은 실질적으로 사라져 버렸다. 어떤 품종들은 껍질이 얇고 멍이 쉽게 들어 배송에 적합하지 않다는 이유로 내쳐졌다. 또 어떤 품종은 알이 너무 작거나 소규모 틈새시장에만 공급된다는 이유로 버려졌다. 레드 딜리셔스라는 품종이 시장에서 대중화된 것은 알이 크고 껍질이 유난히 반짝여서였을 것이다(물론 부분적으로는 왁스 코팅 덕분이다).

요는, 사과 품종의 다양성의 감소는 전국적·국제적 시장을 만드는 데 몰두한 상업적 농업 시스템에 의해 설계된 작품이었다는 것이다. 규모화에 따른 효율성과 기업 합병에 따라, 이런 시스템은 특이하거나 다양한 과일에 대한 관심은 전혀 없었다. 그리고 판매를 늘리기 위해 단조로운 동질적인 사과를 생산하도록 의도적으로 설계됐다. 오늘날, 영농인이자 저널리스트인 베를린 클린켄보크에 따르면 "단 11개 품종이 미국에서 판매되는 모든 사과의 90퍼센트를 이루며, 레드 딜리셔스가 그중 거의 절반을 차지한다."

자연이 선사한 사과 품종의 눈부신 다양성은 이처럼 도태되고 감소하였다. 남은 품종 대부분은 기르기 쉽고, 대량 유통과 판매에 비용이 적게 드는 품종들이다. 나이 든 사람들만 사과가 예전에는 놀랄 만큼 다양했고 현지에서 길러 더 맛도 좋았었다는 것을 깨닫는다. 나머지는 몇 안 되는 선택지에 이제 익숙해져서 "원래 그런 것"으로 받아들이게 되었다. 인기 있는 과일인 사과가 엄격하게 관리되는, 고도로 상품화된 시장에 맞춰지게 된 것이다.

다행히 지역먹거리 운동이 여러 측면에서 진행되면서 ─ 슬로푸드, 공동체에 기반한 농업, 유기농법, 영속농업 등 ─ 그동안 내버려뒀던 많은 토착 종자[4]들이 다시 세상 밖으로 나오기 시작하고 있다. 이러한 노력의 동기는 단지 지역 환경에 적응된 종자의 맛이 독특하거나 경작이 더 쉬워서가 아니라, 유전적 생물다양성이 중요한 형태의 생태적 "보호 수단"임을 깨닫게 되었기 때문이다. 예를 들어 전 세계적으로 1천여 종의 바나나 품종이 있음에도 과일 산업에서는 수출 시장의 99퍼센트에 캐번디시 품종을 공급해 왔다. 이런 단일 재배 농법으로 인해, 캐번디시 바나나가 토양 전염성 곰팡이 균에 걸리자 세계 바나나 공급이 위기에 처했다.

사과와 바나나의 운명은 나아가 미국 식품 환경의 운명을 비춰 준다. 마크 쿨란스키가 『대량유통 시대 이전의 음식』에서 지적했

---

4. [옮긴이] 토착 종자(heirloom seed)는 여러 세대에 걸쳐 개인 사이에 전해져 내려온 종자를 말한다.

듯, 미국의 요리법은 대형 식료품점과 국도 체계, 패스트푸드 식당이 출현하기 전에는 훨씬 다양했다. 체인 음식점은 획일적이고 질 낮은 음식으로 신선한 제철의 지역 토산 전통 식품을 대체했다. 음식이 지역 문화에 뿌리를 두었을 때는 음식이 사람들의 성격·태도·정체성을 형성했다. 쿨란스키는 미국의 식습관이 전국적인 시장에 의해 획일화되기 전에는 "뉴잉글랜드 남부 5월식 아침 식사, 앨라배마 세족식, 조지아 코카콜라 파티, 노스캐롤라이나 돼지 곱창 축제, 네브래스카 탈곡 요리, 촉토 족 장례식, 퓨젓 사운드 아메리카 원주민 연어 축제 같은 음식 전통이 있었다. 또 로드아일랜드 조니케이크, 뉴욕 굴 스튜, 조지아의 주머니쥐와 감자를 이용한 요리, 켄터키의 데친 상추 요리, 버지니아 브런즈윅 스튜, 루이지애나의 송아지 머리 고기를 이용한 요리 같은 오래된 전통 요리법도 있었다"고 지적한다.

전후 시기에 미국 기업들의 전세계적 영향력이 커지면서, 전세계의 수없이 많은 음식 전통에 대한 인클로저도 심화되고 있다. 서구 브랜드와 패스트푸드 체인점이 방콕에서 보고타, 뭄바이에서 모스크바까지 퍼져 나가면서, 과도한 현대적 마케팅을 등에 업고 팔리는 음식들이 "뒤떨어진" 전통 요리를 대체하고 있다. 매일 먹는 식단은 균질화되고 영양가는 줄었다. 당뇨, 비만, 심장질환 같은 서구식 식단과 관련된 질병이 급증했다는 사실도 놀랍지 않다.

토지, 물, 사과, 지역먹거리. 이런 것들은 지난 몇 세대에 걸쳐 자행된 자연에 대한 심각한 인클로저의 몇 가지 사례일 뿐이다. 자연의 부를 훔치는 행위는 너무 서서히 점진적으로 자행되어 왔기 때문에, 그리고 보통 경제적·기술적 진보를 보여 주는 징후로만 묘사되는 까닭에 우리가 눈치채지 못하는 사이에 진행되고 있다.

자연의 인클로저의 범위는 실로 방대하다. 전지구적 차원(대기·해양·우주공간)에서 지역적 차원(지하수 대수층·어족·삼림), 지방 차원(향토 음식·고향의 전통·자영업)에 이르기까지 폭이 넓다. 인클로저의 대상으로는 살아 있는 유기체(세포계·유전자·유전자 조작 포유류)와 미세 물질(미생물·인공 나노 대체 물질)도 포함된다.

자연에 대한 새로운 인클로저 중 가장 대담한 시도 중 하나로는 자연자원의 금융화가 있다. 토지·물·지역 생태계를 자연의 중요한 원칙에 따라야 하는 자원으로서 다루는 대신, 헤지펀드와 투자자 들은 물줄기, 수확 가능한 수목과 어자원 등 재생 가능한 자연 시스템에 의해 만들어질 수 있는 대상들까지 "증권상품화"하는 영리한 금융상품을 개발하기 시작하고 있다.

이탈리아의 〈리커먼〉Re:Common 그룹의 안또니오 뜨리카리꼬는 금융 산업이 이제 수자원에 대해서도 원유 상품과 비슷한 선물시장과 파생상품 시장을 만들려 하고 있다고 지적했다. 그 결과 정부들은 수자원, 삼림, 어자원을 상품화하거나 판매해야 하는 금융자산으로서 다루어야 한다는 한층 큰 압박을 받게 될 것이다. 금융의 시각에서 보면 활용하지 않고 두는 자연자원은 추가적인 금융 차입이 가능한 자산일 뿐이다. 모든 것이 수익을 만들어 내야 한다고 전제하기 때문이다.

말할 것도 없이 자연의 금융화는 많은 자연스러운 흐름을 끊거나 고갈시키는 압박을 심화하며, 생태계 시스템이 감당할 수 있는 능력을 넘는 부담을 가한다. 예를 들어 수자원이 전세계 통합 시장에서 거래되는 금융상품이 될 경우 지역 생태계가 황폐해지고 많은 사람이 생존에 꼭 필요한 수자원을 구하지 못하게 될 수 있다.

트리카리코는 자연의 금융화가 앞으로 진전될 것이 분명하다며, 금융산업이 민간투자자들의 이익 창출을 위해 공공재정을 밀어내고 대신 자체적으로 거대 인프라와 수익성 있는 프로젝트를 구축하려 하기 때문이라고 분석한다. 금융산업은 식품, 토지, 전기, 금속, 삼림, 그 밖의 다양한 자원을 상품으로 삼을 뿐만 아니라, 글로벌 거래와 투기에 적합한 금융자산으로서 그런 자원들의 다양한 측면들을 대상으로 한 더욱 다양한 금융시장을 개발하고 싶어 한다. 이런 인클로저가 몰고 올 생태적 파괴는 물론이거니와, 거시경제적, 거시금융적으로 그것이 어떤 결과를 가져올지에 대해 우리가 거의 아는 바가 없다는 점을 감안하면, 이런 계획이 재앙을 불러올 것은 불을 보듯 뻔하다.

그 밖에도 다른 종류의 인클로저를 수십 가지는 더 들 수 있다. 하지만 이번 책에서는 우리의 궁금증을 인클로저가 어떻게 작동하는지에 대해 좀 더 면밀히 살펴보는 것으로 제한하려고 한다. 이제 그다지 관심을 받지 못하고 있는 두 가지 유형의 인클로저에 관해 이야기해 보겠다. 바로 도시 공간과 기반시설의 사적인 장악(4장)과 지식과 문화의 다양한 전용 사례(5장)이다. 기업이 단어, 색깔, 냄새에 대해서까지 소유권을 주장하는 날이 와야 비로소 인클로저가 얼마나 심각한, 극단적인 지경에 이르렀는지 깨닫게 될까?

4장

공공 공간과 기반시설의 인클로저

기반시설의 인클로저

도시는 시장 인클로저가 가장 격렬하게 벌어지는 각축장 가운데 하나다. 광장·공원·보도·경기장을 기업·정치인·개발자·건축가·도시계획 전문가들이 유착 관계를 맺고 장악하고 있으며, 도시의 겉모습 자체와 정체성까지도 그러한 관계에 따라 결정되고 있다. "개발"과 "진보"는 그 무엇보다도 기업 수요와 시장 성장이 최우선임을 나타내는 표어, 좀 더 정확히 말하면 홍보 문구나 마찬가지다.

많은 대도시에서 기업 브랜드화가 파고들면서 과거에는 우리 문화에서 "유료화로부터 안전한" 청정 지역이었던 공공장소들까지 접수하고 있다. 가장 악명 높은 사례는 스포츠 경기장의 이름에 대한 권리를 판매하는 것이다. 중국 시안의 코카콜라 스타디움, 이탈리아 볼로냐의 랜드로버 아레나Land Rover Arena, 남아공 더반의 킹 파크 스타디움Mr. Price King Park Stadium 등이 그 예다. 샌프란시스코 캔들스틱 파크Candlestick Park나 덴버의 마일 하이 스타디움Mile High Stadium 등 매력적이고 소중한 역사를 간직한, 주민들의 사랑을 받던 경기장은 이제 아름답고 서정적인 스포츠 설화는 절대 떠오르지 않을 차가운 기업 이름을 갖고 있다. 때로는 기업이 망하거나(쓰리콤3Com) 추문에 휘말리는 바람에(엔론Enron) 경기장 이름을 바꿔야 하는 경우도 생긴다.

작명권을 판매하는 것이나 경기장에 디지털 로고를 박는 것이 어떤 사람들에게는 사소한 문제로 보일 수도 있겠지만, 이는 우리의 사회적 정체성이 "제거되고 있다는" 좀 더 걱정스러운 흐름을 보여 주는 징후다. 시간이 지날수록 도시에 영혼을 불어넣는 공유된 경험도 한낱 사고팔 상품으로 간주된다. 전국 프랜차이즈나 브랜드도 교묘하게 우리가 고유한 문화를 경험하는 방식에 마찬가지 영향을 미친다. 독특하고, 색다르고, 매력적인 것은 모조리 조용히 제거한다. 어떤 특정 장소와 그 장소의 공공성에서 도드라지는 특징이 있으면 획일화하고 잘 팔리도록 상업적 매력을 극대화한다.

미국의 카페 경험을 사유화한 스타벅스의 사례가 대표적이다. 스타벅스 회장인 하워드 슐츠는 원래 이탈리아의 활기 넘치는 카페 문화에 감명을 받아 스타벅스를 설립했지만, 2007년 스타벅스가 "고객의 경험을 브랜드화"하는 데 성공한 결과 오히려 1만 3천 개 스타벅스 매장이 매력적인 사교적 분위기와 유쾌함을 잃게 되었음을 보면서 괴로워했다. "스타벅스 경험의 상품화"라는 제목의 기업 내부 문건에서 그는 스타벅스의 공격적인 확장과 효율성 증진을 위한 조치들이 "스타벅스 경험이 희석되고 어떤 이들이 지칭하듯 스타벅스 브랜드가 상품화되는 결과로 이어졌다"고 탄식했다. 그는 스타벅스가 새로 도입한 자동 에스프레소 머신은 더 많은 고객에게 좀 더 신속한 서비스를 제공하기 위한 효율성 조치였지만, 이로 인해 고객이 바리스타가 직접 손으로 커피를 내리는 모습을 더 이상 볼 수 없게 되는 결과를 낳았다는 점을 언급했다. 슐츠는 이것이 스타벅스 경험에서 "낭만과 극적 효과를 상당 부분 없애 버렸다"고 불만을 표했다. 또 점원들은 "더 이상 용기에 담긴 신선한 원두를 퍼서 고객이 보는 앞에서 바로 갈지 않는데," 이제는 커피가 밀폐 포장된 상태로 배달되기 때문이다. 고객은 더 이상 원두에서 나는 향긋한 커피 향을 맡을 수도 없다.

슐츠는 속상해했다. "물론 우리는 규모의 효율성을 위해, 그리고 투자 대비 매출 비율에서의 투자 수익률을 사업 재정상 목표치에 맞추기 위해 매장 디자인을 간결하게 개선했어야 했다. 하지만 그로 인해 매장들은 과거의 영혼을 잃어버리고, 동네 가게의 따뜻한 분위기와는 대비되는 체인점의 분위기를 갖게 되어 버렸다. 일부 사람들은 우리 매장에 대해 무미건조하고 획일적으로 찍어 내는, 매장주들이 커피에 대해 느끼는 열정을 더 이상 반영하지 못하는 매장이라고 말한다. 사실 나는 요즘 사람들이 우리가 원두를 볶는다는 걸 아는지도 잘 모르겠다. 우리 매장 안에 들어와 있어도 그런 인상을 받을 수 없다는 건 확실하다."

이를 사유화의 비에리 부를 수 있을 것이다. 애당초 동네 커피숍이 그렇게 매력적이었던 이유는 그 느긋함과 그 동네만의 색깔이었는데, 브랜드를 키우려는 열망이 이런 개성을 없애 버린다는 것을 슐츠는 좀처럼 인정하지 못한다. 그는 브랜드화가 사실상 획일적인 문화를 만들어 내는 것임을, 경험의 상품화를 뜻하는 것임을 깨끗하게 시인하지 못한다. 이는 공유[재]가 주는 것과는 정반대의 결과다.

공공장소와 사람들의 의식까지도 시장이 장악해 버리는 시장 식민지화가 너무도 극심해지면서, 이제는 많은 주유소와 호텔 엘리베이터에까지 모니터가 달려 있어 광고를 피하기가 어려울 지경이다. 공립학교와 대학들이 예산 삭감으로 허덕임에 따라 종종 기업들이 통학 버스, 고속도로 톨게이트, 심지어 공공 교통수단의 광고 지면을 구매함으로써 "도와주겠다고" 나서기도 한다. 많은 도시에서는 이제 건물 위의 빈 공간조차도 법적 재산으로 재정의되어 특별한 종류의 사유지로 인정되며, 이 공간에 고층건물을 지을 권리, 즉 "공중권"을 사고팔 수가 있다.

물론 공유인들은 도시가 어떤 모습이어야 하는가에 대해 좀 더 포괄적이고 평등주의적인 생각을 갖고 있다. 크로아티아 풀라 출신 건축가 겸 도시계획가 그룹인 〈풀스카 그루파〉는 그들이 만든 〈공동 도시화 사회 헌장〉에서 다음과 같이 말한다. "우리가 상상하는 도시는 그 안에 살아가는 모든 사람이 다 같이 소유하는 공동의 공간이다. 시민은 그곳에서 자신의 정치적·사회적·경제적·생태적으로 성취를 이루기 위한 조건을 찾을 권리를 가지며, 동시에 공동체로서의 연대 의무를 갖는다. 이러한 도시 개념은 공익과 사익 간의 균열에 기초한 자본주의적 변증법에 의해 가로막힌다. 이 두 가지 극단에서 국가와 시장이 유일한 두 주체로서 등장한다. 우리는 이러한 변증법에서 벗어나, 결국은 "제삼자"인 "대상"에 초점을 맞추는 것이 아니라, 집단적 주체들, 그리고 그 주체들이 생산하는 공유[재]에 초점을 맞추고자 한다."

〈풀스카 그루파〉는 공유[재]의 논리를 가져다가 공공장소에 대한 도덕적 권리를 되찾고자 한다. 특히 기본 인권과 사회적 욕구를 무시하는 관료체제 앞에서, 사람들이 공공장소에 대한 접근권과 이용권을 회복하고 각자의 도구와 상상력을 동원해 새로운 공간을 창조할 수 있도록 하는 데 공유[재]의 논리가 도움이 된다. 아주 근본적인 관점에서 보면 점거 운동[1]의 핵심도 이것이었다. 공유

---

1. [옮긴이] 2011년 9월 뉴욕에서 발발한 "월가 점거 운동"(Occupy Wall Street)은 세계

인들이 기본권과 존엄을 부정하는 강압적인 사유화에 맞선 물리적 저항으로서 공공장소를 점거한 것이다. 또 도시 설계와 운영이 개발업자들, 산업, 소수의 부유층에 의해 장악된 도시를 다시 시민의 손으로 되돌려 주기 위해 분투하고 있는 전세계의 많은 "라이트 투 더 시티"[2] 운동의 목표도 이와 같다.

개방되고 통제되지 않는 공공장소에 대한 접근은 민주적인 문화의 생명력과 직접적인 관련이 있다는 점을 기억해야 할 것이다. 스페인의 프랑코 총통이 사망한 후 바르셀로나 시가 온갖 다양한 종류의 광장을 새로 지은 것은 결코 우연이 아니었다. 이런 장소들은 시민이 공개적으로 집단 의사 表현을 하고 정부의 권력 남용에 이의를 제기할 수 있는 능력을 보장하는 데 중대한 역할을 한다. 카이로 타흐리르 광장의 존재가 무바라크 대통령의 축출을 이끈 공개 항의 집회에서 어떤 결정적인 역할을 했는지를 생각해 보자. 이것이 분명 2013년 타이이프 에르도안 터키 대통령이 이스탄불 탁심 광장의 게지 공원에 쇼핑몰 건설을 시도하고 무력을 사용해 평화 시위자들을 추방한 주된 이유이기도 했다. 공공의 물리적 공간

금융위기 발발 이후 세계 금융에 대한 부정적 인식과 일반 대중의 항거가 시위로 이어진 사건으로, 이후 많은 나라와 도시들에서 유사한 "점거 운동"들이 발발하였다. 전지구적 점거 운동에 대한 자세한 내용은 안또니오 네그리·마이클 하트, 『선언』, 조정환 옮김, 갈무리, 2012를 참조하라.

2. [옮긴이] 1968년 프랑스의 철학자이자 도시학자 앙리 르페브르(Henry Lefebvre)가 도시 생활자들이 스스로 도시를 통제하고 만들어 가며 자기들의 공간으로 재전유할 권리를 지칭하는 개념으로 "도시에 대한 권리"(le droit à la ville, the right to the city)라는 개념을 처음 제시한 이래, 1968년 프랑스 전역을 휩쓴 시위에서 널리 구호로 사용되었으며, 이후 세계 여러 도시에서 발생한 도시 사회운동의 지향점이 되었다.

은 민주주의의 집행에 있어 중요한 역할을 한다.

공공장소의 사유화는 본질적으로 반민주적인 행위다. 쇼핑몰이 광장 자리에 들어서고 기업 브랜드가 공원과 산책로를 장악해 버릴 때, 우리는 서로를 국민으로서 볼 수 있는 능력을 잃게 된다. 우리는 서로 어울릴 수도, 공개적으로 발언할 수도 없게 되고, 개인으로서 서로 알아보고 서로 공감하기가 어려워진다. 공공장소가 사라진다는 것은 공유인으로서 사는 것이 훨씬 어려워진다는 것을 의미한다. 이런 공간이 없다면, 우리는 시장과 국가가 시키는 역할, 즉 탐욕스러운 소비자와 침묵하는 시민의 역할만을 고분고분 수행할 것을 강요받을 뿐이다.

기반시설의 인클로저

많은 돈을 가장 쉽게 버는 방법 중 하나는 어떻게든 기반시설 자원을 장악하는 것이다. 고속도로, 교량, 공항, 이동통신 시스템, 인터넷이 그런 기업들이 탐내는 먹잇감이다. 그런 기반시설에 대한 통제력을 갖게 되면 경쟁할 필요 없이 독점 혹은 과점 가격 정책을 마음대로 휘둘러 위험 없이 수익을 거둘 수 있기 때문이다. 또 기반시설에 대한 통제력을 활용해 사람들의 습관을 결정하고, 사람들이 자사와 이해관계가 있는 관련 제품을 사용하도록 유도할 수 있다.

마이크로소프트는 컴퓨터 운영체제의 90퍼센트 이상을 장악하고 있는(윈도우즈) 지배력을 이용해, 컴퓨터에 깔려 판매되는 윈도

우즈에 오피스 프로그램을 번들^{bundle}로 끼워 넣도록 PC제조업체들을 압박함으로써 자사 데스크톱 응용 프로그램(MS 워드, 엑셀, 파워포인트 등의 오피스 제품군)의 판매를 촉진했다. 이러한 전략으로 마이크로소프트는 막대한 수익을 올리고, 경쟁을 저해하고, 미래의 시장 지형도를 결정할 수 있었다. 중요한 기반시설 자원인 컴퓨터 기술 표준이라는 공유[재]를 사유화함으로써, 마이크로소프트는 자사의 사업 이익에 맞추기 위해 혁신을 둔화시키고 소프트웨어 응용 프로그램의 다양성을 감소시켰다. 예를 들어 시장에서 경쟁하던 십여 개의 워드 프로세싱 프로그램은 단 몇 개로 줄어들었다. 오늘날 MS 워드는 모든 컴퓨터 데스크톱의 90퍼센트 이상에서 사용된다. 그리고 국가나 지역 정부가 이 상황을 바꾸려고 시도할 수 없도록, 마이크로소프트는 정부 조달 사업에서 오픈 소프트웨어 표준이 도입되는 것을 막기 위한 공격적인 로비도 서슴지 않고 있다.

모두에게 열려 있고 누구나 접근 가능한 기반시설은 시장에서 경쟁과 혁신이 이뤄지도록 보장할 수 있게 해 준다. 이는 기반시설(예를 들어 도로, 수로, 인터넷 등)에 대한 보편적 접근권을 보장하고 다음 세대의 필요를 보호하는 것과 같이 온갖 종류의 비시장적인 사회적 문제들을 보호하는 데도 도움이 될 수 있다.

인터넷이야말로 오늘날 위기에 놓인 기반시설 중에서 가장 중요할 것이다. 전세계 많은 곳에서 케이블 회사와 전화 회사들이 그들의 과점적 지배력을 인터넷 분야로 진출하기 위한 "진입로"로 이용하려 하고 있다. 그들은 더 빠르고 우수한 네트워크 서비스와 업로

드와 다운로드를 위한 더 많은 광대역을 제공하는 대신 더 비싼 가격을 붙일 수 있기를 원한다. 그런 "서비스 등급"과 차별 가격 정책이 자리 잡게 된다면, 인터넷의 발칸화[3]로 이어질 수 있다. 대기업들은 더 빠르고 안정적인 서비스를 즐기는 반면 일반 사용자와 비영리 단체들은 상대적으로 더 느리고 열악한 네트워크 접근성을 꼼짝없이 감내할 수밖에 없을 것이다.

케이블과 전화 사업자들은 데이터 전송 방식의 측면에서 인터넷을 개방된, 비차별적인 공유[제로 유지하는 것을 반대하고 자사의 기업 이익에 경쟁이 될지도 모르는 네트워크 트래픽의 종류를 검열하거나 전송 속도를 떨어뜨리고 싶어 한다. 그러니까 예를 들어 케이블과 전화 사업자가, 인터넷 전화 서비스인 스카이프나 동영상 스트리밍 서비스들이 자사 서비스(혹은 협력사의 서비스)와 경쟁하는 것을 원치 않는 경우, 그런 서비스들을 차단하거나 속도를 제한할 수 있게 되는 것이다.

이런 까닭에 전세계의 그토록 많은 공익 활동가들이 소위 망중립성[4] 정책을 요구하고 있는 것이다. 구글이 15년 전 스타트업[5]이었

---

3. [옮긴이] 발칸화, 또는 소국분화화는 어떤 나라나 지역이 서로 적대적이거나 비협조적인 여러 개의 작은 나라나 지역으로 쪼개지는 현상을 일컫는 지정학적 용어로 인터넷 이용과 관련해서는 인터넷을 사용할수록 자기와 다른 문화에 대한 이해를 키우기보다 상대를 적대하는 소국들로 분열되는 현상이 나타나는 것을 일컫는다.

4. [옮긴이] 망중립성(net neutrality)은 2003년 콜롬비아 대학의 팀 우(Tim Wu)가 만든 용어로, 네트워크 사업자와 정부가 인터넷상의 모든 데이터를 동등하게 취급하고, 사용자, 내용, 플랫폼, 장비, 전송 방식에 따른 어떠한 차별도 하지 않아야 한다는 원칙이다. 비차별, 상호 접속, 접근성 등 세 가지 원칙이 동일하게 적용되는 것을 조건으로 한다.

5. [옮긴이] 혁신적인 기술과 아이디어를 보유한, 설립한 지 얼마 되지 않은 신생 기업을

을 때 당시 시장을 지배하던 이통사들이 구글을 차단할 수 있었다고 상상해 보자. 절대 시작조차 못했을 것이다. 케이블사들이 유튜브가 막 서비스를 시작했을 때 케이블사들이 유튜브 동영상을 차단하거나 속도를 제한할 수 있었다고 상상해 보자. 인터넷 서비스 공급자들이 어떤 종류의 웹 트래픽이 "그들의" 망을 이용할 수 있는지를 마음대로 정할 수 있었다면, 지금까지의 모든 혁신적 경쟁이 불가능했을 것이다. 그들이 우리가 앞으로 즐길 수 있는 미래의 기술이나 서비스도 거부할 수 있다.

역사적으로 "공중 통신"[6]이라고 알려진 규제 정책이 전화선에 대해 개방적·비차별적 접근성과 가격 정책을 보장하는 역할을 해 왔다. 그런 규제들은 지배적인 사업자들이 경쟁을 가로막지 못하도록 하는 것을 명확한 목적으로 한다. 망중립성은 그런 전통을 따르는 원칙이다. 망중립성은 인터넷 기반시설이 기업의 독점적 자산이 아니라 접근 가능한, 비차별적 공유[제]로 취급되도록 보장하기 위한 중요한 도구다. 그런 규제가 없다면 인터넷 사용자는 가장 기본적인 온라인의 자유를 잃어버릴 수 있다.

이러한 인터넷 인클로저 시도는 많은 나라에서 방송 전파와 관련해 발생한 상황과 매우 비슷하다. 미국의 경우 방송 송신에 사용

뜻하며, 주로 새로운 비즈니스 모델을 갖고 있는 회사를 가리킨다. 미국 실리콘밸리에서 닷컴 버블 시기에 등장했기 때문에 닷컴 회사들을 지칭하는 말로 쓰이기 시작했지만, 아직 명확한 정의는 내려지지 않은 신조어다. 창업, 벤처 기업 등과 유사한 의미로 혼용되어 사용되기도 한다.

6. [옮긴이] 공중통신(common carriage)은 불특정 다수의 공중에게 차별 없이 전기 통신 서비스를 제공하는 것을 일컬으며 기간통신이라고도 한다.

되는 주파수 스펙트럼의 소유권은 공중에게 있다. 기본 공공 기반 시설인 방송 전파를 무료로 이용하는 대신, 방송 사업자들은 원래는 방송 전파의 "수탁 관리자"로서의 역할을 담당하여 "공공의 이익, 편의, 필요"를 제공해야 할 법적 의무를 갖고 있었다.

수십 년간 방송 사업자들은 지역 뉴스, 아동 프로그램, 교육 프로그램 방송 송출을 위한 얼마 안 되는 사소한 규제 요건을 따르는 것으로 주파수 스펙트럼을 사용하는 "값을 지불했었다." 그런데 1980년대 로널드 레이건 대통령과 1990년대 빌 클린턴 대통령 정부 들어서 대대적인 규제 완화 조치가 단행됨에 따라 이 규제들이 폐지된다. 자유시장 규제철폐자들이 방송 산업이 그나마 지키기로 한 의무를 없애 주고는 시장 주도적 방송이 곧 공익이라고 버젓이 선언했다. 방송사업자들로서는 달콤한 거래가 아닐 수 없었다. 돈 한 푼 들이지 않고 수십억 달러에 달하는 귀한 공공 자산에 대한 독점적인 법적 지배력을 갖게 된 것이다.

전파 기반시설을 기업이 장악(자유주의 진영의 도움이 있었음을 잊지 말자)했다는 것은 시장 가치가 방송되는 프로그램의 종류와 질을 좌우하게 되었다는 뜻이다. 이것이 미국에서 텔레비전만 틀면 리얼리티 쇼나 선정적이거나 음란하거나 폭력적인 프로그램들만 끝도 없이 나오는 이유다. 게다가 시간당 많게는 20분씩 광고가 들어가고 프로그램 중간에는 "제품 간접 광고"가 끼어든다.

기반시설 인클로저의 새로운 미개척지로는 수세대에 걸쳐 국민의 세금으로 운영되어 온 도로, 교량, 공항을 사들이려는 월가의 시도가 있다. 투자자들은 공공 기반시설의 소유 지분이나 장기 임대권을 얻음으로써 저위험 고수익의 보장을 노린다.

예를 들어 미국 인디애나주에서는 투자자들이 90번 주간 고속도로와 시카고 스카이웨이 도로에 대해 99년 동안 임대권을 따내고는 두 도로를 모두 유료화했다. 시카고 시는 시 당국이 관리하던 3만 6천 개의 주차 미터기 관리를 모건 스탠리가 일부 지분을 소유한 한 민간 기업에게 맡겼고, 그 결과 주차료는 세 배로 뛰고 미터기가 없던 곳에도 미터기가 설치됐으며 서비스의 질은 저하됐다. 나중에 시의 감사관은 이 11억 5천만 달러 규모의 민영화 거래가 9억 7천4백만 달러가량 싸게 평가되었음을 밝혀냈다. 그리고 이제 시민과 정부는 이 시스템의 운영 방식에 대해 예전만큼의 공적인 영향력을 갖지 못하게 됐다.

정치 지도자들은 종종 이런 식의 거래를 선호하는데, 기반시설 비용을 마련하기 위해 세금을 올리거나 공적 지출 공약을 하는 부담에서 벗어날 수 있기 때문이다. 그러나 민영화는 이미 수십억 달러의 세금이 들어간 기반시설에 대해 그 세금을 낸 납세자가 통제력을 잃게 됨을 뜻한다. 공공 기반시설 운영을 맡은 민간 기업들은 제 잇속만 차리느라 품질을 저하시키고, 임금을 삭감하고, 비용을 다음 세대에게 떠넘긴다.

이런 익숙한 역학 관계가 "공공/민간 협력"이 종종 납세자들 모르게 벌어지는 은밀한 뒷거래로 이어지곤 하는 이유다. 정부는 사업이 실패할 위험을 가정하고 그 사업이 어떻게 되든 많은 수익을 기업에 보장한다. 수익은 민영화하고 위험은 사회적으로 나누는 형태인 기업사회주의가 다양하게 변주된 형태를 물, 에너지, 고속도로 건설, 금융 산업과 관련한 정부 거래에서 찾아볼 수 있다. 때로는 이런 숨은 정부 지원은 대출 담보의 형태로 나타나기도 하여, 기업이 파산할 경우 정부가 부채에 대해 지불보증을 한다. 또는 규제 제도의 형태로 나타나, 전기와 물 공급업자에게 수익을 보장해 주고 그들의 기반시설 비용, 법적 책임, 운영상의 리스크를 조용히 줄여 준다. 미국의 경우 주 정부들이 지난 10년간 총 650억 달러가 넘는 산업 면세부채권을 발행해 민간 투자자들의 금융 리스크를 줄여 줬다. 노스캐롤라이나의 한 와인 양조장, 푸에르토리코의 골프 리조트, 켄터키주의 자동차 박물관 등이 그 수혜를 입었고, 골드만 삭스와 뱅크 오브 아메리카는 사무실 건물에 대해 정부 지원을 받았다.

소설가 윌리엄 포크너는 "과거는 절대 죽지 않는다. 심지어 아직 지나가지도 않았다"The past is never dead. It's not even past고 말했다. 인클로저도 그렇다. 먼 옛날의, 역사 속의 잊힌 에피소드가 아니다. 인클로저의 사례들, 그리고 그 사회적·생태적 피해는 계속되고 있다. 현대 자본주의 경제의 매우 긴요한 요소로 여전히 자리 잡고 있다. 시장/국가의 유착("자유시장"이 아니라)이 오늘날의 풍조다. 이러한 야합이 얼마나 심각한 것인지, 또 얼마나 허위로 가득 찬 것인지는 연방정부가 은행과 금융기관 들을 구제해 주고 수백만 명의 미국 국민을 길거리로 나앉게 한 2008년 금융위기의 여파를 통해 여실히 드러났다.

물론 중세 이래 인클로저의 방법에는 많은 변화가 있었다. 돌담과 울타리 대신, 현대판 인클로저는 국제 통상 조약, 재산법, 느슨한 규제, 기업의 자산 매입을 통해 달성된다. 그러나 인클로저를 거드는 행태들, 즉 슬쩍 몰래 하는 것, 복잡함, 그럴듯한 구실 같은 것은 모두 너무나 익숙한 것들이다. 소수의 귀족이 여전히 서민의 것을 탈취하고, 인클로저가 야기하는 파괴적 불평등으로부터 사람들의 눈을 돌리기 위해 온 힘을 다한다.

5장

지식과 문화의 인클로저

대학과 연구의 시장화

인클로저의 많은 비용

식당이나 공원에서 〈생일 축하합니다〉Happy Birthday 노래를 부른 적이 있는가? 그렇다면 당신은 엔터테인먼트 산업에서 말하는 "해적행위"를 한 것이다. 왜냐하면 워너 뮤직 그룹이 이 노래의 저작권을 갖고 있기 때문이다.[1] 이 노래는 1858년 밀드레드와 패티 힐 자매가 흑인 민요와 〈굿모닝 투 올〉Good Morning to All이라는 노래에서 영감을 받아 쓴 곡이다. 놀랍게도, 19세기 중반 초등학생들을 위해 만들어진 이 곡은 "원작"이 만들어진 지 172년 후인 2030년 저작권이 만료되어 퍼블릭 도메인[2]이 되기 전까지는 계속 사유재산으로 보호된다.

그 전까지 워너 뮤직 그룹은 이 노래의 로열티로 매일 약 5천 달러, 연간 거의 2백만 달러를 벌어들이게 된다. 이 곡이 상업적 가치를 갖는 유일한 이유는 그것이 수세대에 걸쳐 사람들 사이에서, 각 가정에서 자유롭게 공유되어 왔기 때문이라는 걸 저작권 전문 변호사들은 깨닫지 못하는 것 같다. 이런 각 가정들이 시장 "바깥에" 존재하는 민속 문화를 끈질기게 수호해 주고 있는 덕분인데도 말이다.[3]

---

1. [옮긴이] 이 노래가 1920년 이후로 퍼블릭 도메인이 되었는데 워너사가 이를 숨기고 계속 저작권을 행사해 온 것으로 최근 밝혀졌다.
2. [옮긴이] 퍼블릭 도메인(public domain)은 저작권이 소멸된 저작물을 말한다. 〈베른 협약〉 제7조 제1항에 의하면 "저작권 보호 기간은 저작자의 생존 기간과 그의 사망 후 50년"이다. 미국은 70년으로 이보다 엄격하다.
3. 법학자 로버트 브로네이스(Robert Brauneis)에 따르면 이 노래의 저작권 자체가 성립하지 않을 수도 있다. 그는 "법원이 〈생일 축하합니다〉 노래를 여전히 저작권이 적용된다고 볼지에 대해 심각한 의구심이 있다. 그 노래의 저자를 입증하기 어렵기 때문으로, 처음 출판되었을 당시 부적절한 저작권 표시가 이루어졌을 가능성이 있고, 저작권 보호기간 연장 신청도 원곡 자체보다는 편곡된 특정 작품에 대해서만 적용

〈생일 축하합니다〉 노래 사례는 안타깝게도 예외적인 독특한 경우가 아니다. 문화 공유[재]가 사유화되는 현대판 인클로저의 수많은 사례 중 하나에 불과할 뿐이다. 2000년대 초 그런 사례들에 대해 질리도록 들은 나는 저작권과 인터넷 정책이 대중에게 갖는 중요성을 강조하고자 워싱턴 DC에 〈공공 지식〉Public Knowledge이라는 시민 단체를 공동 설립했다. 그 경험을 바탕으로 쓴 책『유명 브랜드라는 문화 깡패』에서는 기득권을 가진 미디어 산업들이 저작권과 상표권을 이용해 모든 종류의 창작과 문화에 대해 독점적 통제력을 주장하다 도를 넘은 최악의 사례 몇 가지를 기록했다.

〈미국 작곡가, 작가, 출판인 협회〉(이하 〈ASCAP〉)의 탐욕 속에서도 사악한 의도를 찾을 수 있다. 〈ASCAP〉는 1996년 수십 명의 아이들이 참가한 여름캠프에 법적 조치를 취하겠다며 위협한 음악 라이선스 단체다. 이 여름캠프가 저지른 중대 범죄라 함은 저작권이 있는 노래를 불렀다는 것이었다. 〈ASCAP〉의 판단에 따르면 아이들이 모닥불에 둘러앉아 노래를 부르고 연회장에서 춤을 추는 것은 상업적 여름캠프에 해당하므로 저작권자에게 사용료를 지불해야 한다. 〈ASCAP〉는 캠프당 계절별로 1,200달러를 서비스 시작가opening offer로 요청했다고 한다. 〈ASCAP〉의 최고 운영 책임자는

되는 것으로 보이기 때문이다"라고 지적한다. 그러나 아무도 법원에 저작권 이의 신청을 낼 만큼 큰 금전적 동기가 없기 때문에, 그리고 저작권법이 의심스러운 저작권을 무효화할 수 있는 쉬운 방법을 제공하지 않기 때문에 이 〈생일 축하합니다〉라는 노래는 여전히 사유재산인 상태다. 2013년 6월 현재 영화감독 제니퍼 넬슨은 이 노래에 대한 영화를 찍고 있으며, 그녀는 워너 셰펠에게 〈생일 축하합니다〉 노래에 대한 저작권이 무효임을 주장하는 소송을 제기하였다.

당시 한 기자에게 "캠프는 종이, 끈, 풀 등 캠프 물품을 돈을 주고 산다. 노래에도 사용료를 지불할 수 있다"고 말했다.

대중과 언론에 이런 터무니없는 요구가 알려지자, 엄청난 비난의 여론이 빗발치면서 〈ASCAP〉는 결국 한발 물러서지 않을 수 없었다. 다행히 아이들은 이제 여름캠프에서 〈마법의 용 퍼프〉Puff the Magic Dragon와 〈노를 저어라〉Row, Row, Row Your Boat 노래에 맞춰 춤을 출 수 있게 되었다. 하지만 캠프에서 저작권이 있는 노래를 부를 수 있게 된 것은 〈ASCAP〉가 관용을 베푼 것일 뿐, 여전히 법적으로 허용된 것은 아니라는 점을 기억해야 한다.

이 사례들이 극단적인 경우 같아 보이겠지만, 사실은 지난 세기 동안 문화에 일어난 거대한 변화 가운데 하나를 나타낸다. 우리는 음악·영화·사진을 한 사회를 결속시키는 아교라고 생각할 수 있다. 하지만 실은 이는 부수적인 결과일 뿐이다. 법적 관점에서 보면 그런 창작물은 시장에서 판매가 가능한 "지적재산"의 하나에 지나지 않는다. 영화사·음반사·출판사에게 문화는 곧 상품이고, 창작물은 사유재산일 뿐이다.

이는 인류 문화의 역사로 보면 상당히 급격한 반전이다. 태곳적부터 인간은 창의성을 서로 자유롭게 나눠 왔다. 문화는 늘 이전에 만들어진 창작물을 모방하고, 발전시키고, 변형하는 것에 기반했다. 예술은 언제나 공동체 안에서, 세대 간에 일어나는 빌려옴의 행위였다. 그리스 신화 피그말리온은 조지 버나드 쇼가 쓴 동명의 희곡의 모태가 되었고, 이는 이후 뮤지컬 〈마이 페어 레이디〉의 원작이 되었다. 뮤지컬 〈웨스트 사이드 스토리〉는 셰익스피어의 『로미

오와 줄리엣』을 원작으로 한 작품이고, 셰익스피어 자신도 오비드
와 그 밖의 고전을 가져다 변용을 한 경우가 상당히 많다. 마크 트
웨인의 『허클베리 핀』은 호머의 『오디세이』에 큰 빚을 지고 있으며,
사실 『오디세이』도 구전 설화에서 상당한 영향을 받았다. 문화는
공유된 창작성이라는 공유[재] 없이는 번영할 수 없는 것이다.

음악가들이 자유롭게 서로의 음악을 가져다 쓸 수 없었다면
재즈, 블루스, 힙합의 발전을 상상하기란 불가능할 것이다. 미국
포크 가수 우디 거스리는 자신의 포크 음악은 옛 블루스 거장, 힐
빌리[4] 가수, 카우보이 음악에서 조금씩 따다 꿰어 맞춘 것이라고 당
당하게 인정했다. 당대 음악을 이미 지배하기 시작하고 있었던 상도
덕에 대해, 거스리는 이렇게 말했다. "이 노래는 미국에서 28년 동안
저작권으로 보호된다. 누구든 허락 없이 노래를 부르다 걸리면, 우
리로서는 아주 좋은 친구라며 얼씨구나 할 것이다. 우린 그런 것 따
위는 전혀 신경 쓰지 않기 때문이다. 마음대로 해도 좋다. 공개하든,
쓰든, 노래를 부르든, 가락에 맞춰 몸을 흔들든, 요들송으로 부르
든, 뭐든 마음대로 하라."

거스리 때 28년이었던 저작권 보호기간은 그 이후로 몇 차례 연
장되어 현재는 작가 사후 70년이다. 이는 표면상으로는 작가가 창작
을 위한 동기를 부여받는 데 필요로 하는 독점적 통제의 기간이다.
저작권법의 논리에 따르자면, 내가 2100년 정도까지 저작권을 보호
받지 못하면 이 책을 쓸 충분한 동기 부여를 받지 못한다는 것이다.

---

4. [옮긴이] 컨트리 음악의 시초

지난 한 세기 동안 저작권법에는 저작자의 권리를 확장하는 방향으로 많은 변화가 알지 못하는 사이에 이루어졌다. 1976년 미국 저작권법 개정이 대표적인 예다. 이 개정법으로 종잇조각에 끄적인 글에서부터 테이프 레코더에 녹음한 가락 등 모든 창작물이 자동으로 저작권법의 보호를 받게 된 것이다. 예술가나 출판업자가 저작권법의 보호를 받기 위해 창작물을 등록할 필요가 없어졌다. 1976년 법 이후에 만들어진 모든 창작물은 자동으로 사유재산권으로 보호를 받게 된다. 2012년 현재 전세계 165개국이 〈베른협약〉을 체결하여 이 표준을 적용하고 있다. 〈베른협약〉은 저작권법 보호를 위한 공식적 등록 요건을 금지한 국제 저작권 조약이다.

저작권법의 보호 대상에 이러한 엄청난 변화가 이루어진 후, 엔터테인먼트 산업은 강도 높은 홍보 활동을 펼치면서 음악, 영화, 책도 집이나 자동차만큼이나 신성불가침한 "지적재산"으로 보아야만 한다는 내용을 설파해 왔다. 그렇게 문화를 사유재산에 비유하는 것은 암암리에 잘못된 인식을 퍼뜨리는 효과를 가져왔다. 창작물을 허가 없이 사용하는 행위는 절도에 해당한다는 주장을 산업계가 펼칠 수 있게 된 것이다. 그 결과 모방하고 공유하고자 하는 인간으로서의 자연스러운 욕구는 문화의 정수임에도 불구하고 범죄시되고 있다.

한마디로, 이것이 오늘날 우리가 직면하고 있는 문제다. 저작권과 상표법은 DVD와 전자책을 암호화하는 새로운 종류의 "기술적 자물쇠"를 이용해 우리가 공유하는 문화의 더욱더 많은 부분을 사유화하고 있으며, 그 결과 대기업들은 더 많은 돈을 짜낼 수 있게 되었다. 앞으로 살펴보겠지만, 이것이 모든 매체에서 창작자의 자유를 제한하고 있다. 또 문화를 획일화하고 새로운 창작, 과학 연구, 표현의 자유를 억압하는 법적 장애물을 만들고 있다.

저작권 연구가 제임스 보일은 유명한 에세이에서 현재 "2차 인클로저 운동"이 한창 진행되고 있다고 선언했다. 물론 1차 인클로저 운동은 영국의 인클로저 운동으로, 다음 장에서 좀 더 설명할 것이다. 현재 진행되고 있는 두 번째 인클로저 운동은 창작물, 정보, 지식의 과도한 사유화 over-privatization, 즉 민영화다.

이는 몇십 년 전부터 계속되어 온 추세이지만, 비디오 녹화기·위성TV와 케이블 TV·개인컴퓨터·인터넷·스마트폰·전자책 단말기, 그 밖에 무수히 많은 새로운 전자 기술의 등장으로 더욱 가속화되고 있다. 이런 기기들이 등장하기 전에는 글자를 종이 위에 적고, 필름 영상은 셀룰로이드 필름 위에 얼리고, 음악은 레코드판에 넣었다. 그때는 "콘텐츠"를 매체에서 추출하는 것이 기술적으로 어려웠고, 일반인이 종이나 셀룰로이드 필름, 레코드판에 고정된 저작물을 복제해 공유하는 것은 비용이 많이 들고 복잡한 일이었다. 그러나 매체가 하나둘씩 디지털화되고 인터넷이 보편적인 커뮤니케이션 수단이 되어 감에 따라 창작물을 복제하고 공유하기가 훨씬 더 쉬워졌다. 산업 입장에서야 안타까운 일이겠지만, 창작물을 사유재산으로 통제하기도 갈수록 어려워졌다. 디지털 비트는 너무 유동적이고 이동이 자유로운 형태이기 때문이다. 문화 미래학자 스튜어트 브랜드는 이를 두고 "정보는 자유로워지기를 원한다" information wants to be free라는 유명한 말을 남기기도 했다.

진짜 문제는 이러한 새로운 기술들이 할리우드, 음반사, 출판사들이 거의 한 세기 동안 의존해 온 깊이 확립된, 수익성 높은 비즈니스 모델들을 약화시키고 있다는 점이다. 이들 거대 기업에게는 신규 시장진입자들이 이러한 신기술을 이용해 "콘텐츠"를 새롭고 더 저렴한 방법으로 판매함으로써 구식 비즈니스 모델과의 경쟁에서 이길 수 있게 된 상황이 반가울 리 없다. 한때 할리우드가 텔레비전, 케이블 TV, 비디오카세트 녹화기의 출현을 자신들의 주력 사업인 영화관 사업에 대한 심각한 위협으로 여긴 적도 있었다. 하지만 사실 그런 신기술의 발명은 각각 새로운 수익성 있는 시장의 탄생으로 이어졌다. 이런 과거를 갖고 있는 영화사들은 이제 사람들이 영화와 텔레비전 프로그램들을 일부 비영리 목적으로, 허가 없이 사용하는 경우가 있다고 분노한다. 그러나 사실 비영리 목적의 사용은 저작권법에서도 정한 "공정이용"[5] 원칙에 따라 명백히 보호되는 권리다.

엔터테인먼트 산업에게 문제는 단순히 문화 작품의 복제, 배포, 변용을 더 쉽게 만들어 주는 신기술들이 끊임없이 등장하고 있다는 점이 아니다. 문제는 사람들이 이제는 자신만의 창작물을 만들고 공유할 수 있다는 것이다. 사람들은 이제 무언가를 얻기 위해 꼭 "사야 할" 필요가 없어졌다. 어떤 의미에서, 시장 바깥에서 디지털 공유[재]를 통해 탄생하는 창작물이 시장 기반 문화에 대항하는

---

5. [옮긴이] 공정이용(fair use)은 기본적으로 저작권으로 보호되는 저작물을 저작권자의 허가를 구하지 않고 제한적으로 이용할 수 있도록 허용하는 법적 원칙으로, 대한민국 저작권법에서도 저작재산권의 제한(제2관)에서 공정이용을 명시해 두고 있다.

강력한, 새로운 종류의 경쟁 상대가 되고 있다.

그 때문에 영화사와 음반사들은 전세계 각국의 의회에 특별 법적 보호 장치를 마련해 달라는 압력을 가해 왔다. 동시에 다른 미디어 산업들과 손을 잡고 그들의 권리를 확대하고 "해적들"(매우 넓은 정의로 해석할 때)을 처벌하는 내용의 더욱 강력한 국제 협약을 추진해 왔다. 이들의 주된 무기는 더 강력한 저작권법, 저작물을 허락 없이 사용하는 행위에 대한 엄중한 법적 처벌, 음악 CD나 극장 개봉 영화의 DVD에 대한 "디지털권리관리"DRM 6 기술 등의 새로운 기술적 제한 조치 등이다.

가장 터무니없는 사례 중 하나로 월트 디즈니가 저작권법 보호 기간을 20년 연장하도록 대대적으로 로비를 벌였던 것을 들 수 있다. 1990년대 중반, 디즈니는 대표 캐릭터인 미키 마우스가 2004년이 되면 퍼블릭 도메인이 된다는 걸 우려하고 있었다. 미키 마우스는 1928년 단편 만화 영화인 〈증기선 윌리〉Steamboat Willie에 처음 등장한 캐릭터다. 플루토, 구피, 도널드도 5년 뒤에 퍼블릭 도메인이 될 운명이었다. 이런 만화 캐릭터들이 저작권 보호에서 자유롭게 풀려나는 것을 막기 위해, 디즈니는 〈저작권 보호기간 연장 법안〉 제정을 위해 공격적으로 로비를 벌였다. 디즈니는 법안을 지지하는 의원들 대다수에게 정치자금을 퍼 주면서 정치적 압력을 행사했다.

1998년 디즈니는 마침내 저작권 보호기간을 20년 연장하는 데

---

6. [옮긴이] 디지털권리관리(Digital rights management, DRM)는 출판자 또는 저작권자가 그들이 배포한 디지털 자료나 하드웨어의 사용을 제어하고 이를 의도한 용도로만 사용하도록 제한하는 데 사용되는 모든 기술들을 지칭하는 용어이다.

성공한다. 그 결과 퍼블릭 도메인에 들어갈 예정이었던 약 40만 개의 책, 영화, 음악이 최소 2018년까지는 사적 소유권과 통제를 벗어나지 못하게 되었다. 그리고 저작권자들은 가만히 앉아 있다가 100억 달러 정도를 더 벌게 됐다.

아이러니한 것은 저작권의 원래 목적은 창작자에게 보상을 해줌으로써 새로운 창작을 위한 동기를 부여하는 것이라는 점이다. 그러나 이런 저작권법이 조지 거슈윈, 조셉 콘래드, 로버트 프로스트, 루이스 캐롤, 스콧 피츠제럴드 같은 작가들에게 더 많은 작품을 창작할 동기를 부여한다는 것은, 말 그대로 불가능하다. 모두 이미 죽은 사람들이니 말이다. 저작권 보호기간의 연장은 기업 보호주의에서 나온 상스러운 정치적 주장일 뿐이었다. 1920년대와 1930년대 사이에 제작된 그들 소유의 저작물 중에 상업적 가치가 아직 남아 있는 저작물은 이 시기에 제작된 전체 저작물의 3퍼센트에 불과하지만, 그 3퍼센트를 보호하겠다고 디즈니와 그 일당은 그 시기에 만들어진 **모든** 저작물을 울타리 안에 가두는 데 성공했다. 나머지 97퍼센트는 어차피 원래 상업적으로 사용할 수가 없는 저작물이다.

상표법도 저작권법과 마찬가지로 문화 공유[제]를 가두고 시장을 보호하기 위해 남용되고 있는 도구다. 상표법은 한 회사와 브랜드 상품을 다른 회사나 브랜드와 구별하기 위해 사용하는 이름과 로고를 대상으로 한다. 이 법은 소비자 사기와 시장에서의 혼란을 막는다는 정당한 목표를 가진다. 그러나 거대 기업들은 갈수록 상표법을 자신들의 기업 이미지를 통제하고 일반인이 자사 상품을 비판하거나 조롱하지 못하게 막는 목적으로 이용하고 있다.

예를 들어 마텔^{Mattel}사는 바비 인형의 이미지나 바비라는 이름을 허락 없이 사용할 경우, 심지어 사회적 비평이나 패러디 목적이라 하더라도 가차 없이 고소하는 정책을 고수해 왔다. 몇 년 전에는 우스꽝스럽거나 성적인 모습으로 다양한 자세의 바비 인형을 찍어 사진전을 열었던 한 사진작가를 추적하기도 했다. 마텔사는 또 거식증과 식이장애에 대한 책의 부제에 "바비"라는 단어를 사용한 한 작은 출판사에게 그 책의 부제를 바꾸라고 압박한 적도 있었다.

맥도날드는 "맥비건"McVegan, "맥스시"McSushi, "맥머핀"McMuffin 같은 이름을 사용한 많은 음식점에 대해 법적 조치를 취하겠다고 엄포를 놓기도 했다. 맥도날드는 또 "맥슬립"McSleep이라고 알려진 모텔 체인에 대한 상표법 위반 소송에서 승리한 바 있기도 하다. 백여 개 국가에 약 3천 개 점포를 둔 맥도날드는 사실상 음식점과 관련 사업에 붙는 "맥"Mc이라는 접두사에 대해 자사가 전세계에서 소유권을 갖고 있노라고 주장하고 있다.

이러한 상표권 남용은 흔하게 볼 수 있다. 뉴욕시의 『빌리지 보이스』라는 신문은 한때 『케이프 코드 보이스』와 그 밖의 신문이 "보이스"voice라는 단어를 사용하지 못하도록 막으려고 했다. "테니스공에 붙은 갓 잘린 풀의 냄새" 등 냄새에 대한 상표도 있다. NBC 방송은 "딩, 동, 댕!" 하는 벨 소리를 나타내는 세 개의 음에 대한 상표를 갖고 있다. 오늘날의 상표법이 50년 전에도 적용되었더라면 앤디 워홀이 캠벨 수프 실크스크린 작품을 탄생시킬 수 있었을까 하는 생각도 든다.

대학과 연구의 시장화

명백한 경우로 보이지 않을 수도 있겠지만, 마이클 매디슨, 브렛 프리쉬먼, 캐서린 스트랜드버그 등의 교수들이 지적하듯, 대학은 "시스템화된 문화 공유[재]"다. 대학 시스템은 공유[재] 패러다임을 이용해 많은 서로 다른 사람들이 협력해 새로운 지식을 만들어 낼 수 있게 해 준다. 대학은 살아 있는 시스템으로서 지식의 흐름을 관리하고, 지식을 저장하는 방법을 고안하고, 이를 개선하고 다음 세대에 소개한다. 대학은 더 작은 규모의 많은 공유[재]들, 즉 대학원·학부·단과대학·학과·도서관·아카이브·강의실·세미나실 등으로 이루어진 복잡한 생태계다.

학계에 종사하는 사람이라면 누구나 재산권과 시장 거래와 관련된 언어는 학계의 정신과는 상당히 이질적이라는 것을 알 것이다. 대학은 지식을 사고파는 곳이 아니다. 신뢰와 호혜의 지속적 관계를 키워 나가며, 지식을 발전시켜 나가는 과정에서 공유와 협력을 증진한다. 존경받는 교수들은 예를 들어 동료 평가peer-review라는 방식으로 경쟁자의 논문을 서로 검토해 주면서도 그런 작업에 대해 돈을 받아야 한다는 생각은 전혀 하지 않는다. 자신도 수차례 그러한 방식으로 다른 연구자들로부터 도움을 받기 때문이다. 학계도 물론 경쟁의 장이지만, 학계에서는 지식은 독점적 상품이 되어서는 안 된다는 암묵적 합의가 있다. 지식은 공개적으로 공유되고 보존되어야 하는 대상인 것이다.

사실 이런 방법, 즉 철저한 공개 검증과 토론을 통해 학계는 연구의 신뢰성을 확보한다. 공동체는 지식을 지키는 올바른 수호자다. 지식을 사적 소유물로 울타리 안에 가두는 행위는 공동체에 적대적일 뿐만 아니라 학문의 가치 명제에 위배되는 처사다. 학문의 목표는 이익을 최대화하는 것이 아니라 진리 탐구를 추구하고 오류를 제거하는 것이다. 사람들은 연구 조작이나 표절로 진리를 훼손할 수도 있는 사람을 색출하기 위해 학문적 공유[재]의 울타리를 잘 감시하고 수호해야 한다는 책임을 느낀다. 윤리적인 학문 발전을 위해서는 공유[재]가 효과적이라는 점, 이것이 학계에서 공유[재]가 갖는 진짜 가치다. 이런 인식이 있었기에 학계에서는 언제든 엉터리이거나 기만적인 연구자를 파악해 처벌할 준비가 되어 있었고, 역사적으로도 사적 이익을 위해 연구물을 특허화함으로써 사유화하는 기업가에 대해서는 경멸하는 입장을 취해 왔다.

그러나 지난 30년간 학계에서는 이런 윤리가 약화되는 심각한 변화가 나타나고 있다. 학문적 지식과 학계의 사유화와 상업화는 현재 이미 상당히 진전된 상황이다. 1980년은 적어도 미국에서는 근대 대학 역사상의 대전환기로, 로널드 레이건과 마가렛 대처가 당선되어 공격적 시장 근본주의에 기초한 새로운 정책 체제를 도입한 해였다. 또 미국 대법원이 그 유명한 "차크라바티"Chakrabarty 판결을 내린 해이기도 하다. 차크라바티 판결은 박테리아, 유전자, 세포, 유전자 조작 생물 특허의 문을 연 역사적 판결이다.

하버드대는 현재 암 연구를 위해 실험실에서 사용되는 소위 유전자 조작 실험용 쥐에 대한 특허를 보유하고 있다. 또 주기율표의 원소를 대체할 수 있는 23개의 나노 크기 인공물질에 대한 특허도 갖고 있다. 에이즈 바이러스 치료제에도 특허가 적용되면서, 치료제 개발에 종종 공공기금이 들어가는 경우가 많음에도 불구하고 개발된 치료제가 결국 나중에는 민간 소유가 되어 값비싸게 팔린다. 결국, 대형 제약회사들은 더 배를 불리고 빈곤한 에이즈 환자들이 죽어 갈 위험은 커진다.

그 어떤 분야에서보다 생의학 연구 분야에서 이러한 새로운 시장윤리를 몰고 오는 데 가장 핵심적인 역할을 한 것 중 하나는 〈바이-돌 Bayh-Dole 법안〉으로, 1980년 미국에서 통과된 후 전세계적으로 여러 모방 법안을 낳은 법안이다. 대형 제약, 화학, 생명공학 회사들의 압력으로 제정된 이 법은 대학이 공적 자금으로 진행한 연구에 대해 때로는 기업 투자자들과 영합해 특허를 출원해 사유화하는 것을 승인한다. 이 법안이 통과된 후, 기업들의 눈에 대학은 그들의 시장의 단기적 필요를 충족하기 위해 통제하고 조작할 수 있는 (값싼, 그리고 공공기금의 지원을 받은) 연구개발을 공급해 줄 공급원일 뿐이다. 이 법은 또 자연스럽게 많은 학문적 프로토콜과 윤리 규범에도 변화를 가져왔다. 대학 당국은 학술 및 과학 연구를 수익화할 방법을 찾기 위한 노력을 강화하면서, 주요 연구기관에 거대 기업 자금을 끌어들이기 위한 "기술 이전" 사무소를 열고 있다.

이 정도로 그친다면야 그나마 다행이겠다. 하지만 이런 행태는 나아가 부패와 심각한 윤리적 이해관계의 충돌을 발생시킬 가능성까지 열었다. 대학과 기업들은 공공자금 지원 연구에 대한 특허를 주장하고 그 수익을 사유화하려고 노력해 왔다. 의약품 개발에 있어 가장 중요한 획기적 혁신을 위한 연구는 국민의 세금으로 추진되나, 특허는 종종 기업과 대학이 가져가고 의약품은 높은 가격에 판매된다. 미국의 경우 유전질환·우울증·당뇨병 치료제 개발 연구가 국민 세금에서 나온 자금으로 진행됐고, 항고혈압제인 바소텍과 카포텐, 항바이러스제인 조비락스, 항우울제인 프로작과 잔탁, 항암제인 탁솔, 녹내장 치료제인 잘라탄 연구에도 세금이 들어갔다. 그러나 이러한 약물의 특허는 국민이 아닌 기업과 그 주주들이 갖고 있다.

대학들과 기업의 협력관계는 대학 연구의 우선순위에 영향력을 끼칠 수 있고, 이는 종종 공공에 이익을 가져다줄 장기적인 기초 연구에까지 해를 야기하기도 한다. 예를 들어 유기농법 연구와 병충해 종합 관리 연구 대신, 기업 자금 확보에 혈안이 된 대학 생물학부는 몬산토에서 자금을 지원 받아 유전자조작작물 연구를 하는 쪽에 더 구미가 당길 것이다. 소외된 국가들에 도움이 될 수 있는(그리고 대학 입장에서도 학문적 소프트웨어 사용 비용을 줄여 줄 수 있는) 도구로서 GNU/리눅스와 오픈 소스 소프트웨어를 연구하는 대신, 자금 많은 마이크로소프트 연구 파트너십에 의존하고 있는 대학은 마이크로소프트의 특허 소프트웨어 프로젝트로 학생들을 유도하는 것에 더 끌릴 것이다. 그러나 이는 마이크로소프트의 고객층과 개발자층만 넓혀 주고 열린 혁신과 경쟁을 방해할 뿐이다.

하버드 의대의 마르시아 에인젤 박사가 수많은 논문에서 제기한 바와 같이, 거대 제약사들은 미국 의학 교육의 학문적 순수성을 체계적으로 타락시켜 왔다. 일류 의대 교수들은 제약사들이 챙겨주는 온갖 달콤한 자문비와 출장경비를 받는다. 당연히, 미국 의료계는 더 값싸고 때로는 더 나은 대안보다 약물 치료의 장점을 강조한다. 미국에서는 의사들을 위한 모든 평생 교육의 거의 절반가량이 제약회사의 자금으로 이뤄진다. 그리고 이런 돈은 의학 연구와 임상 권고의 객관성에 당연히 영향을 끼쳐 왔다.

학술 공유[재]의 인클로저는 온갖 종류의 미묘하면서도 지속적인 영향을 끼치고 있다. 그중 하나는 협업과 공유 정신의 쇠퇴다. 대학이 기업과 협력 관계를 맺고 나면 많은 교수들에게 연구 공유가 "허락되지" 않는다. 연구가 소유물이 되기 때문이다. 기업 후원사들은 종종 자사의 사업적 이해관계에 껄끄러울 수도 있는 연구 결과가 나오면 결과 공개를 막을 권한을 주장하기도 한다. 과학 연구자들과 대학 당국은 사실상 거대 기업들의 지시를 받는 하급업자가 되는 길을 택한 것이기 때문에 결국 윤리적인 이해관계의 충돌 상황에 휘말릴 수 있다. 그들이 공익을 추구해야 할까, 아니면 연구 후원사의 사적 이익을 추구해야 할까? 개방과 공유라는 학문 규범이 기업 연구 계약의 독점 계약 조건보다 우선되어야 할까?

더 많은 학술 지식이 소유의 대상이 되면서, 이는 "특허 덤불"이라고 불리는 상황을 만들어 내고 있다. 특허권이 너무 빽빽하게 들어차 누가 특허권자인지, 누가 그 특허를 사용할 수 있는지 파악하기가 어렵다는 뜻이다. 마이클 헬러 법대 교수는 이 문제를 "반공유지의 비극"tragedy of the anti-commons이라고 부른다. 재산권의 파편화로 인해 연구자들이 소송의 위험 없이 특허권에 대한 승인을 얻고 협력을 하기가 점점 더 어려워진다는 것이다. 유방암 연구는 수년 간 기피되었는데, 유타주의 한 생명공학 기업이 갖고 있는 "유방암 을 일으키는 유전자"에 대한 특허권 때문이었다. 많은 과학 연구자 들은 이런 유전자 특허에 위배될 수도 있는 행위를 하는 것을 두려 워했다. 다행히 2013년 6월 미국 대법원에서 기념비적 판결이 나와 인간 유전자에 대한 특허는 불가능한 것으로 판결함으로써 그 특 허는 무효가 됐다. 하지만 특허 덤불은 여전히 발견과 혁신을 저해 하는 심각한 방해물이 되고 있다.

산학 협력은 그 밖에도 여러 바람직하지 않은 영향을 미친다. 연구 수단을 기밀로 취급해 공개하지 않을 수도 있고 연구 결과를 제때 발표하지 않고 지연시킬 수도 있다. 때로는 경쟁사가 그 연구 에 대해 알기 전에 후원 기업이 특허를 얻을 수 있게 하려고 새로운 연구 결과가 나오는 걸 지연하는 경우도 있다. 이 경우 다른 학자들 이 이중으로 동일한 연구를 하거나 불필요한 연구를 하게 되는 결 과를 낳을 수 있다. 연구 결과가 후원사에게 껄끄러운 결과라는 이 유로 일자리를 잃거나 연구 결과를 발표하지 못하게 된 연구자들 도 많다.

역사적으로 국가는 공공 대학을 세우고 중요한 연구에 대한 자 금을 지원하고 학문적 독립성을 존중함으로써 학술 연구를 공유 [재]로 다루어 왔다. 이러한 경험은 국가와 공유[재]는 건설적으로 함 께 갈 수 있다는 것을 보여 준다. 그러나 지난 세대 동안 이러한 윤 리가 크게 훼손됐다. 국가와 시장이 학술 공유[재]의 인클로저를 통 해 그 자원이 단기적인 경제 성장을 촉진하는 데 사용될 수 있게

했기 때문이다. 그러나 이는 시장 혁신과 경쟁을 저해할 뿐만 아니라 막대한 장기적·비시장적 비용을 초래한다.

인클로저의 많은 비용

인클로저에 대해 지금까지 간단히 살펴본 것은 시장 이익을 위해 자연·문화·사회적 관계를 도외시하는 것이 얼마나 위험한지를 강조하기 위함이었다. 다시 강조하지만, 시장과 공유[재]가 "함께 잘 지내는 것"은 절대 불가능하다. 그러나 시장 체제가 그 욕구를 너무 심하게 밀어붙이면, 가격을 매겨서는 안 되는 것들까지 시장화하기를 고집하면, 그리고 재산권의 범위를 너무 멀리까지 확대하면, 기업들이 모든 사람에게 필요한 기본적 자원에 대한 접근권까지 사유화하겠다고 고집을 부리면, 막대한 피해가 발생할 수 있다. 생태계가 해를 입는다. 공유인들은 필수적인 자원을 빼앗긴다. 사회 질서의 성격이 바뀐다. 후세대가 누려야 할 혜택이 낭비된다. 공유인들의 자유, 자치, 즐거움이 손상을 입는다. 포용성과 기본적 욕구의 충족을 중시하던 시스템은 각자의 지불 능력에 따라 작동되는 배제의 시스템으로 바뀐다. 허나 이런 시스템은 다른 누구보다 거대 기업에 특권을 주는 시스템이다. 계속 손을 쓰지 않고 내버려 두면, 이러한 인클로저들이 학술 공유[재]의 자생적 힘을 파괴할 것이다.

바로 이것이 공유[재]의 논리가 그토록 유용한 한 가지 이유다.

공유[재]의 논리는 사람들·공동체·자연을 시장 시스템의 "허구적 상품"으로 만들어 버리려는 시장의 그릇된 경향에 맞설 수 있게 해 준다. 또 어떻게 공유[재]가 사실 엄청난 가치를 생성하는 시스템인지를 이해할 수 있게 해 준다. 그런 가치 중 상당 부분은 만일 시장이나 국가가 자체적으로 그런 가치를 생성하려고 한다면 막대한 비용을 들여야만 가능한 것들이다. 리눅스, 혈액은행, 위키피디아가 가치 있는 자원을 만들어 내는 생산 과정을 어떻게 빠르고, 효율적이고, 믿을 만한 방식으로 관리하는지를 생각해 보자. 더 중요한 점은, 아마 경제학자와 정치인들 대부분은 이해하지 못하겠지만, 공유[재]에는 온갖 종류의 측정할 수 없는, 질적인, 고유한 가치가 풍부하게 있다는 것이다. 지금 우리에게 가장 시급한 과제는 공유[재]의 순수성integrity을 보호하기 위한, 그리고 공유[재]가 조용히 만들어 내는 가치를 보호하기 위한 더 나은 방법을 찾는 일이다.

6장

잊혀진 공유[재]의 역사

진화론이 협력에 대해 알려 주는 것
공유[재] 관련 법의 잊혀진 역사
공유[재] 법의 쇠퇴

인클로저와 관련해 가장 간과되고 있는 점은 인클로저가 어떻게 공유[재] 문화와 그에 대한 사람들의 기억을 없애 버리는가 하는 점이다. 한때 사람들을 결속시키는 역할을 했던 사회적 관습, 사람들을 주변 환경과 연결 지어 주던 문화적 전통, 안정적인 정체성을 제공한 윤리적 규범 등 예전 방식들은 모조리 밀려나고 전체주의적인 시장 문화가 그 자리에 들어선다. 집단 관습 대신 개인주의가 등장한다. 소중하게 지켜 오던 전통은 지금 바로 유용한 것, 오늘 당장 돈을 아낄 수 있는 것이면 무엇이든 우선시되는 풍토 속에 설자리를 잃는다. 개개인의 다채로운 개성과 공동체에 전해 내려오는 독특한 전설들도 사라지기 시작한다.

칼 맑스는 자본주의의 상품화 논리를 다음과 같은 인상적인 한 줄로 설명했다. "견고한 모든 것은 공기 속으로 녹아 사라진다."All that is solid melts into air. 인클로저는 공유[재]의 역사와 기억을 보이지 않게 가린다. 대신 시장 경제의 비인간적이고, 개인주의적이며, 거래 기반적인 윤리가 새로운 시대의 "정상"이 된다.

공유[재]를 이해하고자 한다면, 그동안 주목받지 못했던 풍요로운 공유[재]의 역사에 대해 더 알아보아야 할 것이다. 자본주의 문화는 사회는 늘 모든 가능한 미래의 경우의 수 가운데 최선의 상황인 현재의 순간을 향해 조금씩 전진하며, 그에 따라 역사의 모든 것은 완벽하지는 않더라도 이전 단계보다 더 큰 진전으로 나아간다고 여긴다. 반면 공유[재]의 간과되어 온 복잡한 역사는 그와는 다른 이야기를 들려준다. 공유[재]의 역사는 인류가 협력을 위한 새롭고도 기발한 방법을 어떻게 깨우쳐 왔는지에 관한 이야기이다. 봉건주의·전체주의·자본주의 등 지금까지 역사적으로 나타난 여러 권력 체계들은 공유[재]와는 다른 우선순위를 갖고 있었지만, 그럼에도 불구하고 공유[재]가 어떻게 공통의 목적을 위해 새로운 종류의 사회 제도를 구축해 왔는지에 관한 이야기이기도 하다.

공유[재]는 다른 권력 시스템과 제도적 관계 안에 내포되며, 따라서 온전히 독립적으로는 존재하지 않는 경향이 있다. 종종 공유[재]의 논리와 공유[재]가 둥지를 튼 환경(봉건 영주이든, 기술 시장이든, 국가의 법이든)에서 요구되는 요소들 사이에는 깊은 "창작적 긴장"이 존재한다. 그 때문에 많은 공유[재]가 권력의 틈새에서, 권력이 의도적으로 용인해 주거나 미처 간과한, 혹은 우연히 권력에서 멀리 떨어져 있는 "보호구역" 안에서 번성한다.

현실적으로 냉정하게 말해서, 공유[재]는 혼자서 오롯한 지배적인 제도는 될 수 없다. 공유[재]의 이러한 종속적 특징은 중세 봉건 제도하에서 융성한 공유지에서, 사회주의와 공산주의하에서의 상호 조합mutual association에서, 그리고 현대 자본주의하에서의 학계와 시민 연합들 같은 선물 경제를 통해서 확인할 수 있다.

그렇지만 인간의 호혜성과 협력은 수천 년 전부터 존재해 왔다. 문명이 태동하면서, 다수의 공통 이익, 그리고 후손의 공통 이익을 보호하기 위한 법적 전통이 만들어졌다. 협력하려는 인간의 본능이 순수하게 이타적인 형태로 발현되는 경우는 거의 없다. 그보다는 대개 개인주의와 권력 사이의 창작적 긴장 속에서 작동한다. 우리가 "개인주의"와 "집단주의"를 상반된 개념으로 대비시켜 생각하는 경우가 많기는 하지만, 공유[재]에 있어서는 이 둘은 구별이 모호하고 복잡하게 뒤섞이곤 한다. 이 둘은 서로 배타적인 것이 아니라 역동적인 음양의 보완 관계를 갖는다.

이 장에서는 수 세기 동안 공유[재]에 있어 좀 더 핵심적인 문제가 되어 온 주제 몇 가지를 살펴보고자 한다. 역사 속의 소규모 공유[재] 사례들은 인간은 본질적으로 무한한 욕구를 지닌 물질주의적 개인들이며 이러한 특성은 보편적이라는 현대 경제학자들의 주장이 거짓임을 보여 준다. 사실 그 반대다. 오히려 인류 역사 전체로 보면, 호모 에코노미쿠스와 지금처럼 전세계적으로 통합된 시장 사회야말로 특이한 경우다. 역사상 시장이 인간 사회의 그토록 많은 크고 작은 요소들을 결정한 적은 한 번도 없었다. 그 어느 때도 사회가 시장 경쟁과 자본 축적의 원리에 따라 구성된 적은 없었으며, 이런 원리는 극단적인 형태의 이기적 개인주의·부의 불균형·자연 생태계의 심각한 훼손 등을 조직적으로 발생시킨다.

이는 그 자체로도 염려스럽지만, 대규모의 시장 기반 시스템이 갖는 불안정성과 취약성까지 생각하면 더욱 우려를 자아낸다. 2008년 금융위기가 발생하고 6년이 지난 지금까지도, 거대 권력들은 여전히 많은 국내외 시장에 대해 신뢰와 신용과 사회적 안정성을 재구축하려고 안간힘을 쓰고 있다. 위기를 통해서든 선택을 통해서든, 인류가 (혹은 적어도 서구 산업사회가) 앞으로 인간 협력을 위한 제도를 재발견하고 재발명해야 한다는 것은 사실상 불가피한 숙제다.

진화론이 협력에 대해 알려 주는 것

개인이 사리사욕을 추구한다는 경제학자들의 전제를 감안하면, 경제학자들이 이 세상을 국가가 개입해 나쁜 놈들을 억누르고 처벌하지 않으면 무질서한 공황 상태로 타락해 버릴 추잡한 경쟁이 벌어지는 공간으로 여긴다는 것도 그리 놀랍지는 않다. 존 로크, 데이비드 흄, 토마스 홉스 등 기라성 같은 정치철학자들은 18세기에 이러한 세계관을 제시했다. 홉스의 말에 따르면, 삶은 "고독하고, 가난하고, 추잡하고, 야수 같고, 짧다." 보편적 이기심과 개인적 "합리성"이라는 이러한 세계관의 원칙에 따라 모든 법과 공공 정책 시스템이 세워졌다.

그러나 만일 이것이 거의 "그냥 그렇다더라"는 이야기일 뿐이라면 어떨까? 인간 본성의 완전한, 경험적 현실을 제대로 설명하지 못하는, 일부만 맞는 하나의 이야기에 불과하다면? 인간의 협동, 호혜성, 비합리적 행동이 "경쟁적 합리성"과 "실용성의 극대화"만큼이나 중요한 힘이라는 것이 확인될 수 있다면?

이것이 특히 뇌신경학, 유전학, 발달진화심리학, 생물학, 조직사회학, 비교인류학 등 진화과학계에서 이루어진 상당수 동시대 연구가 내린 충격적인 결론이다. 이러한 과학 분야들은 사회적 호혜성과 신뢰가 인간성에 깊이 배어 있는 원칙들임을 확인해 주고 있다. 그러한 원칙들은 심지어 생물학적으로 그렇게 설계되어 있는 것일지도 모른다.

이러한 가능성을 탐색하고자 했던 최초의 과학자로 1902년 저서 『상호부조론』[1]을 남긴 러시아 동물학자 표트르 크로포트킨이 있다. 그는 동물들의 세계를 조사하고 "인간을 포함해 종의 성공에 기여한 것은 다윈 진화론의 관점에서 경쟁이 아니라 협력을 강조하는 것이었다"는 결론을 내렸다. 동물은 서로 어울려 살아가며, 각 집단의 건강을 향상시키는 방법으로서 서로 도움을 주고받는다는 것이다.

그런데 20세기 주류 과학은 전혀 다른 방향으로 나아갔다. 일반적으로 합리적 이기심의 모델을 받아들여 생물이 어떻게 행동하고 진화하는가를 설명했다. 진화과학에서는 자연도태를 전통적으로 집단이 아닌 개인에게 일어나는 어떤 현상으로 보아 왔다. 왜냐하면, 개인은 자연의 생물학적 계층구조에서 특권적 구성단위로 여겨져 왔기 때문이다. 따라서 진화적 적응은 집단이나 종 전체가 아닌 개체 생물체 단계에서 일어나는 것으로 생각되었다. 과학자들은 "집단에 이로운" 생물학적 특성은 집단 수준으로 전달되고 진화할 수 있다는 생각을 일반적으로 무시했다.

그러나 지난 10년간, 마틴 노왁 Martin A. Nowak, E. O. 윌슨, 데이비드 슬론 윌슨 등의 저명한 과학자들에 의해 새로운 연구가 봇물 터지듯 쏟아져 나오고 있다. 이들은 집단 수준에서의 자연도태가 인간과 동물의 진화에 있어 중요한 힘이라고 주장한다. 경험적 증거들은, 진화적 적응이 집단을 포함해 생물학적 계층구조의 모든 단

---

1. [한국어판] 표트르 알렉세예비치 크로포트킨, 『만물은 서로 돕는다 ─ 크로포트킨의 상호부조론』, 김영범 옮김, 2005.

위에서 이루어질 수 있고 또 실제로 이루어지는 현상임을 보여 준 다. 기본적인 골자는 협동과 이타심이 개체 단위에는 "지엽적으로 는 불리할" 수 있지만, 집단에서 적응하는 데에는 매우 유리할 수 있다는 것이다. E. O. 윌슨과 데이비드 슬론 윌슨이 지적했듯, "집단 내에서는 이기심이 이타심을 이긴다. 이타적인 집단은 이기적인 집 단을 이긴다. 그 외의 모든 것은 부연 설명일 뿐이다." 한마디로, 호혜 적인 사회적 교환이 인간 정체성과 공동체, 문화의 밑바탕을 이룬다 는 것이다. 그것은 인류의 생존과 진화를 돕는 필수적인 뇌의 기능 이다.

물론 논란이 여전히 뜨겁기는 하지만, 인간은 공감하고 협력하 도록, 그리고 다른 인간과 감정적으로 교류하도록 신경학적으로 설 계되어 있는 것으로 보인다. 작가이자 수필가인 레베카 솔닛이 저서 『지옥 속에 지어진 낙원』[2]에서 보여 줬듯, 1907년 샌프란시스코 대 지진, 2차 세계대전 당시 독일의 런던 대공습, 9·11 테러 같은 재난 을 겪은 지역사회의 구성원들은 일반적으로 믿기 어려운 정도의 자 기희생, 환희, 의지, 서로에 대한 가슴 아픈 사랑을 보여 준다. 그런 재난으로 만들어지는 공동체는 진정으로 "지옥 속에 지어진 낙원" 이다. 그의 책은 세상이 고립된 이기적인 개인들, 전체주의와 공포 로 통치되어야만 하는 고립된 이기적 개인들로 구성되어 있다고 믿 는 경제학자와 정치 지도자들에게 하나의 답을 준다.

하버드 이론생물학자 마틴 노왁은 "아마 진화의 가장 놀라운

---

2. [한국어판] 리베카 솔닛, 『이 폐허를 응시하라』, 정해영 옮김, 펜타그램, 2012.

측면은 경쟁적인 세상에 협력을 만들어 낼 수 있다는 것"이라면서, "따라서 우리는 돌연변이와 자연도태 외에 "자연협력"natural coopera-tion을 세 번째 근본 원칙으로 추가해야 할지도 모르겠다."고 지적한다. 20세기 후반부 동안 "개체 선택 이론"이 인기를 얻었던 시기가 공교롭게 시장 문화와 시장 문화의 윤리인 경쟁적 개인주의의 전성기였던 시기와 맞물린다는 것도 짚고 넘어가지 않을 수 없다. 문화가 과학적 관찰에 영향을 미친 사례가 아닐까?

진화과학 분야의 좀 더 최근 발견에 대해 주목할 만한 점은 개별 생물체는 상호의존의 복잡한 시스템 안에서 기능한다는 인식이다. 즉, 개체의 자기 이익과 집단의 생존이 일치되는 경향이 있다는 것으로, 이는 이른바 "자기 이익"과 "이타심"으로 양분하는 이원론을 다소 인위적인 것으로 만든다. 유용한 온라인 커뮤니티에 참여하는 사람이라면 누구나 이런 느낌을 알 것이다. 개인과 집단의 이익이 의견 차와 외부의 힘에 의해 때때로 방해를 받는 경우, 개인과 집단의 이익이 거의 같아지고 저절로 강화된다.

사회과학자로서 엘리노어 오스트롬은 공동체들이 자체적으로 공유[재]에 기반한 거버넌스를 자율적으로 조직하고 협력 윤리를 만들어 내는 데 성공한 수백 가지 사례들을 연구했다. 그의 연구는 한 가지 민족지학적 측면의 현실을 밝혀냈다. 즉 공유[재]는 개인이 각자의 좁은 사리사욕을 억제하고 좀 더 폭넓은 공통의 어젠다를 지지하게끔 할 수 있다는 것이다. 마침 진화과학자들도 유전학, 생물학, 신경학, 진화심리학 등 좀 더 근본적인 단계에서 이러한 주장을 확인해 주고 있다.

공유[재] 관련 법의 잊혀진 역사

진화과학에서 공유[재]의 숨겨진 존재감이 이제야 막 주목받기 시작하고 있는 것과 마찬가지로, 공유[재]는 법적으로도 조명을 받지 못한 채 역사 속에 묻혀 있었다. 공유[재] 관련 법도 그동안 거의 무시되어 왔던 것이다. 하지만 사실 그 시초는 고대 이집트와 로마 제국 시대로 거슬러 올라가며, 유럽 중세 시기 전반에 걸쳐 수놓인 금실처럼 명맥을 유지해 왔다. 로마 법체계 속의 재산을 다룬 부분, 마그나카르타, 삼림 헌장 등, 공유[재]에 기반한 기념비적인 법들이 서구 법체계에 깊숙이 자리 잡고 있다.

그러나 현대 법이 시장 지향적임을 고려하면, 수 세기에 걸쳐 공유[재]에서 비롯되어 진화한 법적 원리들은 지금은 거의 퇴색되어 버렸다고 할 수 있다. 그 이유 중 하나는 서구 전통이 법을 의회, 법원, 대통령 같은 시민 제도에 의해 집행되는 성문화된 규칙과 제재 체계로서 보는 경향이 있기 때문이다. 근대 자유주의 정치형태는 집합적 이익을 인정하거나 강제하기가 어려운데(기업을 통해 투자자에게 발생하는 투자 이익은 예외다), 자유주의 국가는 개인의 권리에 초점을 두는 공식적인 체제, 정부가 관리하는 체제이기 때문이다.

공유[재]에 관한 법을 이해하려면, 먼저 법 자체에 대한 우리의 인식을 확장하는 것에서부터 출발해야 한다. 법은 꼭 공식적인 것, 문서화된 것, 제도적인 것만은 아니다. 비공식적이고, 구술적이고, 사회적이기도 하다. 공유[재]의 중요성과 정당성은 늘 변화하는 공동체의 사회적 관습에서 비롯되는 까닭에, 공유[제]의 법은 공식 법에 위협이 되는 것으로 인식되기도 한다. "공유화"가 종종 국가법보다 오히려 더 필요에 잘 부응하고 도덕적으로 더 정당한 것으로 느껴지는 경우도 많다. 특히 국가 자체가 엄격하거나, 부패하거나, 무능하거나, 기업의 입김에 꼼짝 못하는 경우에는 더욱 그렇다.

물론 국가법은 특히 기업 부정이나 인종차별, 성차별 등 반사회적 행동에 대처할 때처럼 많은 경우 다양한 건설적인 사회적·경제적 역할을 수행할 수 있다. 그리고 비공식적인 공동체들도 각기 고유한 불쾌한 태도나 범죄 성향을 갖고 있을 수 있다. 내가 하고 싶은 말은, 입법·사법·행정의 공식 시스템은 민중과 소통하지 못하면 압제의 원천이 될 거라는 것이다. 공식적인 법이 변화하는 민심을 반영할 수 있도록 적극적인 피드백 수렴 과정이 있어야 한다.

법학자 데이비드 존슨은 명쾌한 에세이 「온라인에서의 법의 일생」에서 법을 생물학적 유기체에 비유한다. 그는 기계보다 법이 생명을 더 많이 닮았다고 본다. 이런 점에서 보면 법에 일생과 고유한 역사가 있다는 것이다. "법은 우리가 정의에 대해, 그리고 서로 공유하는 사회적 가치에 대해 서로에게 들려주는 이야기다. 우리는 이 이야기를 매일 되풀이해서 말해야 한다. 법은 우리가 그렇게 할 때에만 되풀이되고 지속된다."

이것이 기본적으로 공유[제]의 법이 작동하는 방식이다. 어떤 특정 공동체가 공동체의 필요에 맞는 고유한 (비공식적, 사회적) 법을 만들고, 그것을 매일매일의 사회 활동에서 되풀이한다. 그리고 바로 이런 과정을 통해 고유한, 자율적으로 집행하는 규칙과 사회

윤리를 가진 자율조직적 공동체로서의 오픈 소스 소프트웨어, 위키미디어, 학술 분야에 관한 공유[재]가 생겨난다. 때로는 공유인들이 국가의 법(법령, 규제, 법원의 판결)에 의한 전통적 시스템을 통해 그들의 법을 공식화하는 데 성공할 수도 있지만, 이런 경우는 극히 드물다. 역사학자 피터 라인보우는 이렇게 말한다. "공유인은 먼저 토지권리 증서가 아니라 행위에 대한 규정을 생각한다. "이 토지는 어떻게 경작될 것인가? 거름이 필요한가? 무엇을 경작하나? 이런 질문들을 생각해 보기 시작한다. 그게 자연스러운 태도라고 할 수 있을 것이다."

따라서 관습은 공유[재]의 법에 있어 필수적인 요소다. 관습은 공동체에 통일된 사회적 윤리를 제공하는 문화 규정으로서 기능한다. 공동체를 선조와 이어 주고, 토착 자원과 그 자원을 가장 잘 관리할 수 있는 방법에 관한 지혜의 보고로 연결해 주는 공유된 이야기다. 재산권 연구 학자인 캐럴 로즈는 관습은 "조직화되지 않은" 것처럼 보이는 대중이 스스로 조직하고 행동하며, 어떤 면에서는 심지어 법의 효력과 '대화'할 수 있도록 해 주는 매개체"라고 말한다.

이는 법은 곧 그 법을 만든 사람들의 "자기지시적self-referential, 조직적organizational 정체성"이라는 데이비드 존슨의 주장과도 일맥상통한다. 그는 이렇게 말했다. "법에 생애가 있다면 그리고 법이 어떤 의미에서 고유한 형태의 질서와 지속성을 만들어 낸다면, 우리가 바깥에서 법의 메커니즘을 설계하고 개선할 수 있는 척할 것이 아니라, 내면에서 그 생애를 연구하고 있어야 할 것이다." 즉, 우리가 공유[재]의 주관적인, 사회적으로 내면적인 역학 관계를 이해하고, 이것이 법이 비롯되는 지점임을 인식해야만 한다는 것이다.

법을 이런 관점에서, 즉 공식적 헌법과 법령들로서가 아니라, 공동체와 공동체의 자원을 질서 있고 공정한 방식으로 관리하기 위해 공동체가 자율적으로 만들어 낸 자율조직적인 시스템으로서 바라보면, 공유[재] 자체가 법이 생생히 구현된 어떤 것임을 쉽게 알 수 있다. 공유[재]는 진화하는 사회적 계약이라 할 수 있다. 개인들이 모여 그들의 공동체를 거버넌스할 규칙과 규범을 협의를 통해 합의한다. 그 구성원이 공유된 자원에 어떻게 접근하고 이용할지를 정한다. 토지, 수자원, 어자원, 야생동물을 관리하고 사용량을 감시하고 파괴자들이나 무임승차자들을 처벌하기 위한 규칙을 만드는 일에 착수한다. 이러한 폭넓은 의미에서, 공유[재]의 법은 먼 옛날로 거슬러 올라가 수천 년 전에 쓰인 공식적인 성문법보다도 앞서는 역사를 가진다.

밖에서 보면, 토착문화에 내재된 공유[재]의 법은 정적이고 느리게 움직이는 듯, 심지어 거의 멈춰 버린 것처럼 보일 수 있다. 하지만 사실은 "공유[재] 법"은 끊임없이, 그러나 아주 조금씩 서서히 변화에 적응하고 있다. 공유[재] 법은 특히 지역적 현실을 깊이 의식하며, 이것이 공유[재] 법이 갖는 특화된 강점이다. 공식적인 성문법이 그런 "공유[재] 법"과 잘 일치되지 않고 공유화가 이뤄질 수 있는 여지를 열어 주지 않는 경우에 갈등이 발생한다. 국가의 공식적인 법이 너무 엄격하고 가혹한가? 아니면 비폭력적인 정치와 정당한 법적 절차를 통한 변화의 가능성을 열어 두고 있는가? 시장 관계나 규범을 너무 강요해 진정한 시민권의 존중이 불가능한가?

역사적으로, 국가법은 때로는 공유인들의 "토착법", 혹은 적어도 큰 공공의 필요에 대한 원칙을 국가의 법적 장치 내에 공식적으로 포함함으로써 인식하는 경우가 있었다. 가장 오래된 사례는 로마 제국 시기로, 재산법에 공유재산을 정의하는 명확한 항목을 포함시켰다. 535 AD 유스티아누스 황제는 『유스티니아누스 법전』에 공유물 res communes을 명시하였는데, 이것은 공유[재]에 대해 최초로 법적으로 인정한 사례로 기록되고 있다. "자연의 법에 따라 다음과 같은 것들은 인류 공동의 자산이다 ― 공기, 흐르는 물, 바다, 그 바다의 해안······ 또한 모든 강과 항구도 공공물이며 따라서 항구와 강에서 낚시를 할 권리는 모두에게 공통되는 권리다. 그리고 국가의 법에 따라, 해안의 이용도 공공의 권리이며 같은 식으로 바다 자체도 그러하다. 해변에서 바다낚시를 할 권리는 모든 인간에게 속한다."

국가·상업·시민 어느 누구도 모든 이에게 속한 자원에 대해 소유권을 주장할 수 없다는 이러한 법 원칙은 미국법에서는 "공공신탁원칙"이라고 알려진 원칙을 통해 지켜져 오고 있다. 공공신탁원칙은 국가가 현세대와 후세대를 위해 자연자원을 보호할 적극적 의무가 있음을 공식화한다. 국가는 토지, 물, 야생동물을 사적인 대상에게 팔거나 줄 수 없다. 공공신탁원칙은 전통적으로 강, 바다, 해안선에 적용되어 왔으며, 조직화되지 않은 공공 주체가 어업, 항해, 오락 목적으로 바다를 이용할 권리를 보호하도록 적용된다. 이러한 원칙은 전세계 대부분의 법률 체계와 세계 주요 종교에 표현을 달리하여 적용되어 있다. 공공신탁원칙은 특정 자원이 모두에게, 도덕적으로 그리고 법적으로 속하며 국가가 그러한 권리를 폐지할 수 없음을 나타낸다.

여기에서 공유물ʳᵉˢ ᶜᵒᵐᵐᵘⁿᵉˢ이 국가가 소유권을 갖는 공공 자산을 설명하는 법적 범주인 공공물ʳᵉˢ ᵖᵘᵇˡⁱᶜᵃᵉ과는 별도의 범주로 구분되어 있다는 점이 중요하다. 공유물은 단지 "국가가 소유한" 자산이 아니라, 국가의 힘을 넘어서는 재산군群이다. 어쩌면 당연하겠지만, 국가의 수장들은 보통 공유[재]를 국가의 통제를 넘는 도덕적 권위와 법적 보호를 보장받는 별개의 자원 영역으로서 인식해야 하는 상황을 달가워하지 않는다.

영국의 존 왕의 예를 들어 보자. 13세기 잉글랜드에서 여러 영주들이 앞다투어 점점 더 넓은 임야에 대해 사적인 오락 및 이용을 위한 권리를 주장하기 시작했고 그 희생은 고스란히 남작들과 시민들의 몫이었다. 숲에서 식량, 땔감, 집을 지을 목재를 얻던 서민들이 이러한 왕실의 공유[재] 침탈로 인해 기초적인 생계를 위협받게 되었고, 결국 오랫동안의 격렬한 사회적 갈등을 촉발했다. 가축을 숲에 풀어 놓을 수도, 돼지에게 도토리 사료를 먹일 수도 없었다. 서민들은 집을 고칠 목재를 모을 수도 없었다. 강에는 댐과 사유지로 만든 둑길이 지어져 배가 다닐 수 없었다.

거센 무력 충돌이 수년간 계속되다 마침내 1215년 존 왕은 왕의 절대권력을 법적으로 제한하는 것에 합의하고 서민을 포함한 다른 사회구성원들도 정당한 법 절차와 인권·자급권 등의 권리를 가짐을 명문화했다. 이것이 서구 문명의 토대 가운데 하나인 마그나카르타다. 인신보호영장$^{habeas corpus}$, 배심 재판, 고문 금지, 법치 등이 모두 마그나카르타에서 나왔다. 그 이래 이 모든 법적 원칙이 전세계의 근대 헌법에서 시민의 기본권으로 명시되었다. 또 많은 중요 인권 헌장에도 규정되어 있다.

거의 잊혀진 문서인 삼림헌장$^{Charter of the Forest}$도 여기서 언급할 가치가 있을 것이다. 마그나카르타 제정 후 2년 뒤 서명하고 이후 마그나카르타에 합쳐진 이 헌장은 서민이 왕실의 영토와 삼림을 이용할 수 있는 전통적 권리를 인정했다. 이에 따라 서민들은 왕실 영토에서 공식적으로 방목(돼지 방목), 에스토버^{estover}(땔감 줍기), 가축의 위탁 사육(방목), 토탄채굴(연료용 토탄 채취) 등을 할 수 있는 권리를 누리게 됐다. 실질적으로 삼림권은 서민들에게 자급을 위한 기본적 권리를 부여했다. 또 왕의 보안관들이 왕의 인클로저를 지키려고 국가 폭력을 가하는 경우에 이 헌장이 서민들을 보호해 주었다.

이러한 짧은 역사가 시사하듯, 공유[재] 법은 다른 **종류**의 법을 나타낸다. 즉 공유의 당사자인 서민들이 살아가면서 직접 겪은 경험에서 나오는 법이며, 고정된, 명문화된 법이라기보다는 비공식적이고 상황에 따라 다르게 진화한다. 또 상업적 목적이나 국가 권력보다 사회적 상호주의와 평등을 장려하는 법이다. 피터 라인보우는 다음과 같은 점에서 유익한 교훈을 들려준다. "공유화는 노동 과정 안에 내재되어 있다. 들판, 고지, 삼림, 습지, 해안을 활용하는 특정 활용 방식 안에 내재한다. 공유[재] 권리는 노동을 통해 실질적으로 발효된다. 이러한 권리는 학교 교육이 아니라 경험에 속하는 것이다. 국가로부터 독립적으로 존재하는 공유화는 법과 국가의 일시적 소유로부터도 독립적이다. 공유화가 훨씬 오래된 개념이다. 하지만 그렇다고 죽은, 전근대적인, 낙후된 것이라는 뜻은 아니다."[3]

공유화는 공식 법의 남용을 막기 위한 방어벽으로서 여전히 매우 중요한 의미가 있는데, 공식 법이 시민을 위한 장치로서의 책임을 성실히 수행하도록 감시할 수 있는 몇 안 되는 방법 중 하나이기 때문이다. 공식 법에서는 불만을 품은 사람이 비난의 화살을 돌릴 대상이 의회·법원·국가 원수 등으로 명확하기 때문에, 오히려 부패나 위반이 더 쉽게 발생할 수 있다. 반면 토착법은 사람들의 일상생활과 문화 속에 깊이 뿌리내리고 있기 때문에 조작이나 부패를 일으키기가 상대적으로 어렵다.

마그나카르타가 당시 서민들에게 반가운 것이었던 것만큼, 마그나카르타가 보장한 내용은 끊임없는 경계를 통해서만 지켜질 수 있는 것이었다. 당시 서민들은 회의적이었고, 저항해야 할 필요성을 알고 있었다. 이것이 왕들이 시간이 지나면서 마그나카르타를 재차 발행해 서민들의 기본적 인권이 정말로 수호되고 있다는 것을 의례적으로 확인하는 노력을 기울인 이유 중 하나다. 물론, 종이 한 장으로는 공권력의 남용을 막기에는 한계가 있다는 것은 이미 확인되고 있다. 실제로 현시대에도 미국 정부는 인신보호영장, 정당한 법 절차, 고문 금지 등의 권리와 및 그 밖에 마그나카르타에서 정한

---

3. [옮긴이] 마그나카르타 선언과 공유지에 대해서는 피터 라인보우, 『마그나카르타 선언』, 정남영 옮김, 갈무리, 2012를 참조하라.

원칙들을 테러와의 전쟁이라는 미명하에 아무런 처벌도 받지 않고 무시하고 있다.

마찬가지로, 16세기에서 19세기 사이에도 마그나카르타가 있었지만 방대한 새로운 토지 인클로저를 막는 데 거의 아무런 역할도 하지 못했다. 1536년 헨리 3세는 가톨릭 수도원을 없애고 귀족들에 의한 공격적인 인클로저를 촉발시켰다. 라인보우는 이를 "대대적인 국가 지원 사유화 행위"라고 일컫는다. 몇 세기에 걸쳐 의회에 의해 4천 개 법안을 통해 승인을 받은 후, 당시 부상하던 상류층 계급이 영국 전체 공유지의 약 15퍼센트를 그들의 사적인 목적으로 취했다. 이러한 인클로저는 많은 서민들이 토지에 대해 갖고 있던 사회적 관계를 파괴하고 그들의 사회적 정체성과 전통을 짓밟았고, 결국 프롤레타리아화를 향한 길을 여는 역할을 한다.

인클로저가 심화되면서, 공유화 외에는 먹고살 방법이 달리 없었기 때문에 공유[재]에 대한 그들의 권리를 주장하면서 오래된 공유화 방식을 유지하려고 애썼던 여성들은 종종 마녀라는 누명을 쓰기도 했다. 실비아 페데리치는 페미니즘 관점에서 중세 시대 자본주의로의 전환기 역사를 쓴 책 『캘리번과 마녀』4에서 이러한 주제를 탐구하고 있다. "공유[재]의 사회적 기능은 특히 여성에게 중요하다. 여성은 토지에 대한 권리와 사회적 권력이 남성에 비해 적고, 자급과 자치와 사회성을 위해 공유[재]에 대한 의존도가 더 높다."

---

4. [한국어판] 실비아 페데리치, 『캘리번과 마녀』, 황성원·김민철 옮김, 갈무리, 2011.

공유[재] 법의 쇠퇴

공유[재] 학자인 루이스 하이드는 "인클로저는 지역의 기억 안에 저장된 관습에 의해 좌우되는 삶에서 벗어나, 글로 저장된 국가법에 의해 좌우되는 삶으로의 변화를 뜻했다"고 분석했다. "인클로저가 한때는 의심스럽고 부패를 연상하는 것으로 여겨지던 것에서 이제는 찬사의 대상이 되고 성장을 의미하는 것처럼 여겨지는 쪽으로 변화 자체의 가치가 변했음을 뜻했다. 이는 또 시간을 계산하는 방식과 시간에 대한 인식에서의 변화를 의미하기도 했다."(공장들은 공정을 합리화하고 시간을 계산하여, 여기에 근거해 사람들의 작업을 지시하기 시작했다.)

토지에 대한 사람들의 접근권과 권리가 사회적 관습과 분리됨에 따라, 새로운 종류의 사람이 생겨났다. 바로 개인, 즉 꼭 집단의 구성원이 아닌, 개인적인 임금, 기술적 진보, 사회적 진보, 물질적 이득을 지향하는 세계관을 가진 사람을 의미했다. 칼 폴라니에 따르면 이 새로운 시장질서는 "여기저기 떠도는, 자존심과 절제력이 부족한 사람들, 잔인하고 냉혹한 존재"를 만들어 냈다. 이 모든 것은 새로운 산업 시장질서의 필요에 부응하기 위해 공유[재]를 구성하는 "묶음," 즉 자원·공유인·사회 관습이 해체되고 상품화된 후 나타난 현상이었다.

물론 인클로저가 주는 긍정적인 영향도 있기는 했다. 예를 들어 지주-농민 관계의 철폐, 봉신을 자유보유권자로 변형시킨 것 등이었다. 그러나 이러한 새로운 "자유"는 두 가지 상반된 결과를 가져

왔다. 사람들을 해방시켜 새로운 정체성과 사회적 자유를 추구할 수 있게 한 반면, 공유[재]의 사회적 결속, 개인 자급의 보장, 생태적 지속가능성, 정체성과 자원이용 간의 안정적 연결을 파괴한 것이다.

사회주의와 정치적 자유주의의 역사는 공유[재]의 해체에 따른 최악의 구조적 문제점들을 다소 개선하려는 시도로 인식될 수 있을 것이다. 19세기와 20세기 유럽 사회주의는 산업사회의 새로운 환경 속에서 기존 공유인들의 필요를 충족시키고자 새로운 사회적 상호주의와 관료제를 탄생시켰다. 소비자협동조합, 사회보장제도, 도시상수도공급 등 세부적인 것에서부터 혁신이 이뤄졌다. 시장/국가라는 전혀 다른 역사적 맥락에서 공유인들의 기본적 욕구를 충족시키고자 함이었다.

이러한 혁신은 확실히 자유방임질서에 비하면 개선된 것이었고, 실제로 초반의 사회주의적, 유토피아적인 프로젝트들 중 상당수는 거의 공유[재]로서의 기능을 했다. 아마도 그때의 프로젝트들이 전통적 공유[재]에 대해 아직은 생생한 기억을 갖고 있었기 때문이었을 것이다. 그러나 노동자 조합이 국가법, 관료제, 기업, 시장의 힘이 요구하는 바에 순응하기 시작하면서, **공유화의 실천, 그리고 공유[재]의 활력은 서서히 사라졌다.**

국가 규제는 "자유시장"에 의해 생겨난 문제점들, 즉 환경, 공동체, 인체에 가해지는 비용과 위험에 대해 보상하기 위한 또 다른 수단이다. 환경 관행의 규제, 그리고 식의약품·의료기기·화학 약품·자동차·소비재 등의 안전은 공식적인 법·과학·관료제라는 복잡한 장치를 이용해 공유인들이 따르는 사회적·윤리적 규범을 실천하려한 시도로 볼 수 있을 것이다. 상거래의 규모와 다국적 기업들의 거대한 힘을 감안하면 국가 규제는 절대적으로 필요하다. 전통적인 종래의 공유[제]는 너무 규모가 작고, 조직적이지 않고 자원 자체도 부족해 사회적으로 책임 있는 결과를 보장해 주기 어렵다.

그러나 규제의 효과는 그다지 발휘되지 못하고 있다. 법의 집중화와 형식화로 인해, 규제 대상 산업들이 규제 과정을 장악하고 부패를 저지르기가 더 쉬워진 것이다. 시장/국가의 힘, 그리고 시장/국가의 이해관계가 밀접하게 겹친다는 점을 생각하면 어쩌면 당연하다. 시장에 의해 야기되는 고질적인 사회적·환경적 악폐들을 억제하기 위해 거버넌스가 어떻게 개혁될 수 있을지가 여전히 해결을 요하는 문제로 남아 있다.

국가 규제가 들쑥날쑥 변덕스러운 모습을 보여 온 것만큼이나, 공유 자산의 신탁관리자로서의 국가의 역할도 들쑥날쑥하고 종종 형편없기까지 한 것은 매한가지다. 우리는 국가가 관리하는 많은 자원이 사실 국민에게 속한다는 사실을 쉽게 잊어버린다. 국가는 공기, 물, 공유지, 해안 지역, 야생생물을 "소유"하지 않으며, 그런 자원들을 마음대로 해서는 안 된다. 국가는 국민의 관리자, 수탁자로서만 역할을 하도록 승인받은 것뿐이다. 공공신탁이론에 따르면 국가는 이러한 자원을 퍼 주거나 그것의 파괴를 허가할 수 없다. 국가가 갖는 관리자로서의 의무를 강조하기 위해, 나는 국가가 중재하는 대규모 공유[제]를 **국가신탁공유[재]** state trustee commons라고 부르기로 했다(9장에서 자세히 다루겠다).

안타깝게도, 국가는 행여 경제 성장을 저해하거나 "자유시장"

원칙에 대해 사람들이 널리 믿는 환상을 훼손할까 봐 두려워 종종 시장에 "개입"할 책무를 소홀히 한다. 예를 들어 안전 규제와 공공 서비스 규정은 사회를 안정화하고, 심각한 해를 예방하고, 대체적인 사회적 형평성을 보장한다. 그러나 현대 신자유주의 시대에 대부분의 정부는 이런 목표들을 자본과 기업이 받아들이기 어려울 짐으로, 그리고 경제 성장을 방해하는 장애물로서 본다.

물론 많은 풀뿌리 운동들이 일어나면서 협동조합과 상호조합이라는 어느 정도 독립된 영역이 자리를 잡아가고 있다. 하지만 안타깝게도 대체로 이런 대안적 공급 시스템들은 의미 있을 정도의 규모로 발전되지는 못했다. 마찬가지로, 많은 중요한 규제 보호 조치들이 수년간 승리를 거두기는 했지만, 시장에 의해 쉼 없이 쏟아져 나오는 문제점들에 전부 때맞춰 대응하기에는 역부족이었다. 게다가 규제는 대체로 절차주의와 과학적 전문성에 의해 지배되며, 따라서 지역 주민이나 개인 소비자의 관점은 의사 결정에 있어 법률가, 자격증 있는 기술 전문가, 기업 간부들의 의견만큼 영향력을 갖지 못한다. 공유인들은 종종 거버넌스 과정에서 참여자로서 정당성을 충분히 인정받지 못하거나 참여 비용을 감당할 수 없는 경우가 많다.

실제로는, 의사 결정 과정의 제도화가 겉으로야 공정하고 공평하며 보편적인 참여를 보장하는 것을 추구하는 듯 보이지만 실은 공유인의 권리를 박탈하는 역할을 하기도 한다. 이는 사회민주주의 국가들이 국가사업들의 관리를 장악하는 경우(사회보장제도), 국가 공산주의가 집단적 이니셔티브들을 무시해 온 경우(조합제도)

에서 확인할 수 있다. 공유인들이 국가의 법적 시스템을 통해 스스로와 그들의 자원을 위한 적절한 보호책을 만드는 데 성공한 경우가 사실 극히 비정상적이고 제한적인 예외 사례였다는 것도 놀랍지 않다.

이러한 문제점들에 대해 가장 앞장서 날카로운 비판을 한 사상가 중에는 〈더 커머너〉The Commoner 웹사이트 편집장인 맛시모 데 안젤리스, 〈미드나잇 노츠 컬렉티브〉Midnight Notes Collective 창립자인 조지 카펜치스, 공유[재]의 페미니즘적 영향에 주목하는 역사가인 실비아 페데리치, 『마그나카르타 선언』과 그 밖에 영국 공유지의 역사를 집필한 피터 라인보우, 정치이론가로 『다중』, 『제국』, 『공통체』5시리즈의 공저자인 마이클 하트와 안또니오 네그리 등의 자율주의적 맑스주의자들이 있다. 각각 저마다 다양한 방식으로, 규제 없는 자본주의 시장의 중대한 문제는 사람들 사이의 진실한 사회적 관계를 약화시키고 사회와 개인 공유[재] 사이의 유기적 일관성을 없애 버리는 경향이라고 지적한다. 자본은 공유[재]를 노동·토지·자본·돈이라는 구성 요소로 쪼개고, 그 가치가 곧 가격과 동일한 상품으로서 취급한다.

이런 상황은 끊임없는 도덕적·정치적 위기를 초래하고 있다. 시장 자본주의는 다음과 같은 질문에 대한 답을 줄 수 없기 때문이다. 시장 교환에 참여하는 데 필요한 최소한의 사회적·시민적 유대

---

5. [한국어판] 안또니오 네그리와 마이클 하트가 쓴 제국 3부작의 한국어판 서지 사항은 다음과 같다. 『제국』(윤수종 옮김, 세종서적, 2001), 『다중』(조정환 외 옮김, 세종서적, 2008), 『공통체』(정남영 외 옮김, 사월의책, 2014).

관계 이상으로 사람들을 결속시킬 수 있는 것은 무엇일까? 시장 기반 사회는 공유[재] 없이 생존 가능한가?

7장

사유재산의 제국

양도 불가능한 공유인의 권리
존 로크의 재산권 이론
부의 측정
거버넌스로서의 공유[재]

항구에서 항구를 유람하는 유람선이 있다. 상갑판에는 갑판 의자가 놓여 있는데, 의자 개수보다 탑승객 수가 세 배 많다. 유람선이 출항한 지 처음 며칠 동안 갑판 의자에 앉은 사람은 계속 바뀐다. 의자에 앉아 있던 사람이 일어나면 그 의자는 빈자리가 된다. 자리를 맡아 놓으려고 의자에 손수건이나 물건을 올려놓을 생각은 누구도 하지 않는다. 이것이 한정된 수의 의자를 분배하기 위해 사람들 사이에 암묵적으로 합의된 임시 규칙이다.

그러나 배가 다음 항에 정박해 많은 수의 승객이 새로 탑승하자, 이 합의가 무너진다. 새로 승선한 사람들은 서로 아는 사이로, 다른 사회적 규범에 따라 갑판 의자를 사용한다. 그들은 의자를 자기들 쪽으로 끌어다 놓고 그때부터는 의자에 대해 독점적이고 지속적인 소유권을 주장한다. 그 결과 다른 승객들 대다수는 의자를 전혀 사용할 수 없게 된다. 부족^{scarcity}이 일반화되고, 다툼이 성행하며, 탑승객 대부분이 이전보다 더 불편함을 겪는다.

독일 사회학자 하인리히 포핏츠가 묘사한 이 "갑판 의자의 비유"(나는 이 비유를 실케 헬프리히를 통해 알게 되었다)는 재산이라는 개념이 얼마나 가변적인가를 보여 준다. 공식 법이 사람들이 어떤 상황에서 어떤 재산권을 갖는지를 정의하기는 하지만, **사회적 규범** 또한 그에 못지않게 중요한 힘을 가지며, 상황에 맞게 매우 유연하게 적용될 수 있다.

유람선 승객들은 두 가지 방법 중에 선택할 수 있다. 먼저 의자를 독점적인 사적 재산으로 취급하는 방법이 있을 수 있는데, 이 경우 많은 승객들이 의자를 사용할 수 없게 된다. 아니면 의자를 공유된 자원으로 취급함으로써 모든 사람의 필요를 일부분 충족시켜 줄 수도 있을 것이다. 이렇듯 재산권을 어떻게 정의하느냐 하는 것은 중요하다. 재산권은 우리가 누리는 개인적·사회적 자격의 종류에 영향을 미치고, 우리가 갖게 될 사회적 관계의 종류에도 영향을 주며, 우리가 느끼는 안녕(혹은 소외감)에 대한 인식에도 지대한 영향을 끼치기 때문이다.

자주 인용되는 재산권 정의로 18세기 법학자 윌리엄 블랙스톤의 정의가 있다. 그는 재산권을 "한 사람이 우주에 존재하는 다른 모든 사람의 권리를 완전히 배제한 채, 세상의 외부적 사물에 대해 단독으로, 독단적으로 주장하고 행사하는 소유권"이라고 설명했다. 재산권이 개인에게 온전히 귀속됨을 시사한 것이다. 그러나 물론 재산이 꼭 이렇게 정의되어야만 하는 것은 아니다. 유람선 승객들의 사례에서, 이들은 동일한 자원에 대해 배타적 소유권 대신 개별적으로 일시적 "사용권"을 행사하는 쪽을 택할 수도 있었다. (엄밀히 말하면 유람선의 소유주가 의자 "소유주"이지만, 승객들은 제한된 시간 동안 의자를 소유하며 이 경우 고유한 규칙을 세울 수 있다.)

어떤 재산권 제도를 적용하느냐에 따라 사람들의 필요가 어떻게 충족되는지(혹은 충족되지 않는지)에 대해 매우 다른 결과가 발생한다. 그런 선택은 사회 질서의 본질과 사람들 사이의 일반적인 태도에 영향을 준다. 어쩌면 이것이야말로 유람선 의자 비유의 진정한 의미일지도 모른다. 즉 재산권은 대부분의 사람들이 생각하는 것보다 더 가변적이라는 것, 그 방식은 바뀔 수 있다는 것, 그리고 그런 선택은 우리가 서로 어떻게 관계를 맺고 자원을 어떻게 사용하는지에 폭넓은 영향을 끼친다는 것이다.

사람들은 "재산"을 설명이 필요 없는, 꽤 자명한 분류로 생각하곤 한다. 기본적으로 재산을 토지·자동차·스마트폰 등 물리적 사물에 대해 배타적 통제력을 행사할 수 있는 **사적인 권리**로 보는 경향이 있다. 토지 소유주는 보통 자신의 토지를 고정된, 움직이지 않는 하나의 땅덩어리로 여기고 자신이 원하는 것은 무엇이든 할 수 있는 대상으로 본다. 그러나 "재산"이 사회적·생태적으로 어떠한 영향도 발생시키지 않는다는 자만심은 현대인의 삶이 만든 환상이다. 사실 하나의 토지는 살아 있는 생태계의 살아 있는 일부분이다. 상품으로 볼 때조차 토지의 가치는 그 주변의 대지와 생태계 전체의 성격에 따라 결정된다. 똑같은 집이어도 주변 풍광이 펼쳐져 보이는 위치에 지저귀는 새소리가 들리고 친근한 이웃들에 둘러싸인 전원주택이, 옆에 공장과 굴뚝이 있는 전원주택보다 더 가치가 높다.

이런 점에서, 토지는 앞서 살펴본 것처럼 사실 **허구적 상품**이다. 토지는 사유재산으로 취급될 수 있으며, 우리는 토지가 정말로 독립된, 대체 가능한 것이라는 환상에서 벗어나지 못한다. 그러나 토지는 맥락을 배제한 채 가격만으로 그 가치를 충분히 표현할 수 있는, 하나의 한정된 단위가 아니다. 재산은 일종의 사회적 허구다. 어떤 자원을 사용하거나 혹은 접근을 막을 수 있는 사람들의 권리를 분배하기 위한 합의된 시스템이다. 개인의 재산권이 자원을 관리하기 위한 유일한 방법은 결코 아니며, 최선의 방법이라 할 수도 없다. 토지는 공중과 미래 세대를 대신하여 맡은 신탁 재산으로도 잘 관리될 수 있다. 토착민들의 예에서 종종 볼 수 있듯, 토지를 자연이 준 신성한 선물로 다루는 문화적 관습과 전통을 통해 토지를 관리할 수도 있다. 또 집단 농장과 보전지역권[1]에서 종종 사용되는 방식처럼, 특정한 제한적인 권리를 사람들에게 다양한 방식으로 분배하는 것도 가능하다.

자유주의자와 자유시장주의 진영에서는 사유재산권이 신이 부여한 권리는 아닐지 몰라도 자연적 권리라고 주장하곤 한다. 그들은 자신들이 주장하는 체제가 유일하게 타당한 재산법 체계이며, 집체 재산권collective property rights은 경제적으로는 비현실적이고, 정치적으로 강압적이며, 도덕적으로는 의심스러운 방식이라고 주장한다. 사유재산법 제도가 보편적인 도덕적 의무로 여겨진다.

허나 이는 이론적인 허세다. 실제로는 재산권의 범위는 문화마다 완전히 다르고, 심지어 한 문화의 역사에서도 시기별로 달라지는 것이다(특정 시기의 한 문화 안에서도 당연히 마찬가지인데, 재산의 종류가 여러 가지이기 때문이다!). 또 "사유재산"이라는 용어 자체가 진보한다는 그럴듯한 말도 있음을 기억하자. 사유재산이라는 용어가 한 가구의 재산뿐만 아니라 그에 비해 훨씬 더 규모가 크고 강력하며 문제가 많은, 기업 재산을 돌려 말하기 위한 완곡한

---

1. [옮긴이] 보전지역권(Conservation Easements)이란 어떤 자연자원을 보호하거나 공지를 보존하기 위해 개인적으로 소유된 땅을 협상을 통해 계약으로 합의한 지역을 말한다.

표현일 때도 많은데, 사실 이는 음흉한 기만일 뿐이다.

양도 불가능한 공유인의 권리

디거스²의 지도적 인물인 제라드 윈스턴리가 1659년 말했듯, 재산권은 자연적으로 발생하지 않는다. 재산권은 정복의 결과물이다. "왜냐하면, 토지를 사유화하고 재산을 소유하는 권력은 선조에 의해, 무력을 통해 만들어졌기 때문이다." 괴테의 시 「요리문답」에서도 이를 선생님과 아이의 대화를 통해 분명하게 표현한다. "잘 생각해 보아라, 아가야! 그 선물들이 어디에서 왔느냐? 네 혼자로부터는 나올 수 없단다." 아이는 그것이 아빠에게서, 그리고 아빠는 그것을 할아버지에게서 받았다고 답한다. 그러나 선생님은 다시 할아버지는 그것을 어디서 얻었느냐고 묻는다. 아이는 대답한다. "할아버지가 다 빼앗았어요." 아이가 말한 것과 같은 그야말로 자원의 전용(물론 여기에는 아마도 그에 대한 정당성을 얻기 위해 복잡한 법적 원칙이 동원되었을 테지만)이 바로 많은 재산권의 진짜 유래인 것이다.

확실히, 때때로 사람들은 그것이 가져올 더 큰 사회적 파장을

---

2. [옮긴이] 디거스(Diggers)는 직역하면 "땅 파는 사람들"이란 뜻으로, 1649년에서 1650년 영국에서 작은 언덕에 함께 농사를 지으러 모인 한 무리의 사람들을 가리키는 말이다. 제라드 윈스턴리를 중심으로 이들은 대토지 소유에 반대하고 재산 공유제를 요구했으나, 이들의 시도는 결국 실패로 돌아갔다. 디거스를 비롯한 중세 반인클로저 운동에 대해서는 『캘리번과 마녀』(갈무리, 2011) 116쪽 이하를 참조하라.

충분히 알지 못한 채 사유재산 제도를 무비판적으로 선택한다. 예를 들어 한 세대 전에는 많은 알래스카주 원주민들이, 그들이 물려받은 토지와 자원을 "토착 기업"native corporations을 통해 관리한다는 개념을 받아들였다. 그러나 이러한 변화는 자원의 잘못된 관리·부패·불평등을 낳았고, 어떤 경우에는 외부 투자자들이 이제 더 이상 신성한 유산이 아니라 상품으로 취급되는 토지를 사들이면서 노골적 강탈로까지 이어졌다. 비슷한 사례로 마틴 루터 킹 주니어의 재산은 그의 자손들이 관리하는데, 그의 글·이미지·음성 녹음을 상업적 자산으로 취급해 높은 가격을 제시하는 투자자에게 매도한다. 표면적으로는 마틴 루터 킹의 유산의 보전을 위한 것이라면서 말이다. 심지어 그의 상징적 연설인 "나는 꿈이 있다"I Have a Dream 연설에 대한 저작권을 주장하고 한때는 텔레비전과 인쇄 광고물에 그 연설문을 사용할 수 있는 사용권을 한 이동통신사에 팔기도 했다.

사유재산권은 물론 온갖 유용한 목적을 위해 적용되며, 역사적으로 민중을 폭군·귀족·독재 정권에서 해방시키는 역할을 해 왔다. 하지만 또한 분명한 사실은 사유재산법 그 자체도 또 다른 끔찍한 형태의 압제와 강압일 수 있다는 점이다. 다른 도덕적·사회적·생태적 문제는 외면한 채 극단으로 흐르면, 사유재산권은 인클로저를 달성하기 위한 매우 유용한 도구가 된다.

많은 재산권 이론가들은 재산권의 실제 범위는 몇 세기가 흐르는 동안 새로운 경제적·기술적·사회적 환경 변화에 맞춰 상당히 변화해 왔다고 지적한다. 예를 들어 철도와 인터넷의 등장은 소유주의 권리와 의무의 범위가 어디까지인가에 대해 자리 잡혀 있던 인식을 뒤흔들었다. 새로 건설된 철로에 종종 불꽃이 일어 철로 주변 농장에 불이 옮겨붙는 경우가 발생했고, 이는 철로 사업자가 그 화재로 인해 토지 소유주에게 발생한 피해에 대해서 책임을 져야 하는지에 대한 의문을 불러일으켰다. (미국 법원은 이것이 경제발전으로 인한 불가피한 비용이라고 판결했다.) 비슷한 예로, 인터넷과 디지털 기술로 책·영화·기록물을 복사하고 공유하기가 더 쉬워지면서, 저작권법의 적절한 범위를 놓고 첨예한 정치적 논쟁이 벌어지고 있다.

이러한 사례들이 시사하듯, 개인이 절대적 사유재산권을 갖는다고 단언하는 근대의 경향은 어디까지나 자유주의적 관점이 만든 환상이다. 한 사람의 재산권은 예외 없이 결국 다른 사람의 재산권에 영향을 주게 된다. 모든 사람의 자유가 무한할 수는 없다. 토착민들의 사례들을 통해, 자연과 사회적 관계에 대해 깊숙이 자리 잡은 어떤 문화적 태도가 존재하며, 서구의 재산 개념들은 이를 반영하고 있음을 알 수 있다. 현대인은 인간이 물, 토지, 유전자, 그 밖에 자연을 구성하는 다른 요소들을 상업화할 수 있다고 가정한다. 마치 그런 요소들이, 그 요소들이 관계 맺고 있는 자연의 맥락에서부터 따로 분리되어 재산으로서 소유할 수 있는, 생명력 없는 사물인 것처럼 생각한다.

사유재산권이 공유[재]에 대해 꼭 적대적인 것은 아니다. 사실 나는 이 둘이 공존할 수 있으며, 나아가 밀접하게 도움을 주고받을 수도 있다고 본다. 그러한 예로 토지 신탁("밖에서 볼 때는 사유재산, 안에서 보면 공유[재]"), 디지털 텍스트와 음악(창작자가 저작권을 갖지만, 공정이용과 크리에이티브 커먼즈 라이선스를 통해 법적으로 합법적 공유가 가능한 형태), 협동조합(조합의 이익을 목적으로 조합원에 의해 공동으로 소유되고 관리되는 시장 기업) 등을 들 수 있다.

문제는, 시장에 기반한 지배적인 법 제도는 보통 개인의 권리에 특권을 주고 집단의 권리와 필요는 무시한다는 점이다. 법은 보통 공유[재]를 제도적 형태로 인식하지 않으며, 따라서 개인의 재산권이라는 테두리 안에서는 집단의 목적은 달성하기가 어려울 수 있다. 이 때문에 적어도 현대 자유주의 국가라는 맥락 속에서는 공유[재]를 인클로저로부터 보호하려면 대체로 법적 창의성이 요구되었던 것이다. 공유[재]는 딱히 부를 만한 용어도 정립되지 않은 채 존재하고 있고, 이러한 상황은 공유[재]를 마땅한 이름도 없는, 무엇인지 정확히 알 수 없는 존재로 만든다.

사유재산과 공유[재]가 서로 거울에 비친 정반대의 개념이 아님을 아는 것이 중요하다. 공유[재]는 일각에서 주장하듯 단순한 "비非재산"non-property이 아니다. "비非재산"은 개릿 하딘이 공유[재]라고 잘못 생각한 "공짜"free-for-all나 "임자 없는 땅"no-man's land에 해당한다. 하지만 공유[재]는 단순히 또 다른 종류의 재산이 아니다. 공유[재]는 상당히 다른 성격을 갖는다.

첫째, 공유[재]는 우리가 보통 공유[재]를 이해하는 것과 같은 소유ownership에 대한 것이라기보다는 관리stewardship에 대한 측면이 더 크다. 토착민들에게 그들이 토지를 "소유"하느냐고 물으면 토지가 그들을 소유한다고 답할 것이다. 소유에 관해 이야기하면 블랙스턴이 설명했던 자원에 대한 "단독적이고 독재적인 지배"가 떠오른다. 반면 공유[재]는 어떤 자원에 대해 좀 더 개인적인 관계 맺음, 더 장기적인 관점을 가짐을 내포한다. 또 사유재산에 보통 수반되는 것에 비해 좀 더 풍부하고 지속적인 윤리적·문화적 관계를 가짐을 뜻한다.

공유[재]는 많은 사람들에 의한 한 자원의 공동 관리에 관한 것이며, 공식적인 재산법에서 이를 추구하도록 할 수도, 꼭 그렇지 않을 수도 있다. 예를 들어 앞의 유람선 의자의 예에서 사람들이 의자를 어떻게 사용할 수 있는지를 정하는 "법적 시스템"은 순전히 사회적인 것이었다. 사람들은 암묵적 협상을 통해 어떤 규칙을 정하고 그 규칙을 따랐다. 승객이 어떻게 행동해야 하는가를 적은 어떠한 공식 규정이나 사적인 계약도 없었다. 그 시스템은 모두 사회적 이해에 기초했다는 점에서 앞서 설명했던 토착 법의 예라 할 수 있다. 카페나 술집은 사적 소유물일 수 있지만 그 사회적 성격과 분위기는 가게 주인이 아니라 대개 고객/공유인에 의해 정의된다.

사람들이 나름의 규칙을 비공식적으로 정해서 적용하거나, 명문화하지 않았더라도 에티켓을 관습으로서 따르는 것은 너무도 자연스러운 일이다. 미국인 대부분은 매표소에서 영화 표를 사거나 노점상에서 핫도그를 사려면 줄을 선다는 것을 암묵적으로 알고 있다. 그것이 어떤 한정된 자원을 이용하기 위한 공정하고 질서 있는 방법으로 간주된다. 일상의 상황을 위한 사회적 행동 규약으로 가장 기본적인 원칙인 "선착순" 방식은 그중에서도 특히 효과적인

데, 사람들 사이에서 저절로 형성되고 스스로 실행되는 규칙이기 때문이다.

그리고 만약 돈과 사유재산권이 사회적 협상을 통해 도달한 합의를 저해한다면 어떨까? 기본적으로 사람들이 북적대는 놀이공원에서 종종 벌어지는 상황이 바로 그렇다. 디즈니랜드는 사실상 부유한 사람들에게 표를 판매하면서 그들에게 줄 맨 앞에 설 수 있는 권리를 준다고 볼 수 있다. VIP 표를 살 수 없으면 줄을 서는 수밖에 없다. 그게 과연 공정한 걸까? 사회적 공정함에 대한 직관을 기준으로 판단하자면 답은 "아니올시다"이다. 하지만 이는 사유재산권이 개인에게 보장되는 기본적 권리로 인정될- 경우 어떤 상황이 벌어지는지를 보여 준다. 사유재산권의 가치가 그토록 높게 평가되는 이유 중 하나는 사유재산권을 사고팔 수 있기 때문이다. 돈이 많은 사람들은 자연스레 더 넓고 제한이 덜한 사유재산권을 선호하기 마련이다. 그래야 많은 종류의 줄에서 기다리지 않고 앞에 설 권리를 살 수 있기 때문이다.

공유[재]는 우리가 다른 사회적·도덕적 질서의 패러다임을 생각해 볼 것을 권한다. 더 협력적이고, 시민이 중심이 된, 포괄적인 일련의 가치·규범·관행들과 공존할 수 있는 사회적 규칙을 받아들일 것을 요청한다. 공유[재]는 호모 에코노미쿠스를 인간 행동의 기본적 이상으로 삼는 것을 거부할 것을 제안한다. 공유[재]를 받아들인다는 것은, 우리가 어떤 권리는 양도 불가능한 권리, 즉 사고팔 수 없는 권리가 되어야 한다는 생각을 인지하고, 특정 사회적 가치를 사유재산권보다 우위에 둔다는 것을 뜻한다.

많은 인권 운동가들이 직면하는 어려움 중 하나는 사회가 인간 존엄·존중·사회적 호혜성·사회적 정의를 법이 보호해야 하는, 기본적인 인간의 욕구로 인식하도록 하는 것이다. 전통적으로 인권은 추상적이고 보편적인 표준으로서 국가의 선택에 의해 (정치적 상황에 따라) 보호되기도 하고 그렇지 않기도 한 어떤 것으로 인식되어 왔기 때문이다. 그런데 공유[제]는 좀 더 지역적인, "현지의" 시각에서 인권 개념을 재정립할 것을 제안한다. 바로 인권을 공동체가 기본적 욕구를 좀 더 직접적으로, 그리고 가능하다면 좀 더 안정적으로 충족할 수 있는 하나의 방법으로 개념화하자는 것이다.

존 로크의 재산권 이론

모든 재산권 이론의 기저에 깊이 깔려 있는 것은 인간이 어떤 존재인가에 대한 인식이다. 그런 이론들은 사실 단순히 인간이 어떤 존재인가를 설명하는 것이 아니라, 미묘하게 어떤 존재여야 하는가를 규정한다. 17세기 정치 철학자 존 로크의 이론들은 그가 죽은 지 수 세기가 지난 지금까지도 여전히 우리의 상상력을 지배하고 있다. 그의 글은 개인의 재산권, 그리고 시장 인클로저에 대한 강력한 도덕적 논리와 법적 근거를 제공한다.

로크는 인간은 고독한 개인으로서 각자가 자원을 만드는 데 투자한 노동력에 따라 그 자원에 대해 다른 사적 자격을 갖는다는 생각에서 출발한다. 이것이 로크의 "노동가치론"이다. 민중을 왕권의 지배로부터 해방시키는 것, 그것이 그가 시도한 것이었다. 로크는 증가하는 상업 세력이 힘을 가져 상업과 시민 활동에 있어 더 큰 자유를 누리기를 원했다. 그의 생각은 영주와 귀족의 권력을 불법화하고, 개인이 "그들의" 소유물에 대해 절대적 통제권을 행사할 수 있는 권리를 시장을 통해 정당화하겠다는 것이었다.

로크의 사유 이론에 주목할 필요가 있는 이유는 그것이 지금도 우리가 재산권을 어떻게 보고 어떻게 정당화하는지와 관련한 인식의 틀을 규정하기 때문이다. 어떤 땅을 찾아서 개간하느라 노동을 들였다는 이유로 그 땅을 소유할 자격을 얻는다고 한다면, "개발되지 않은" 땅은 누구의 소유도 아닌 것이 되고, 따라서 누구나 먼저 갖는 사람이 임자가 된다. 이것은 신세계의 부를 차지하려고 달려들었던 18세기 유럽 탐험가들을 위한 편리한 생각이었다. 로크 철학의 논리에 따르자면 그런 토지는 테라 눌리우스terra nullius, 즉 빈 토지(때때로 레스 눌리우스res nullius, 즉 무효라는 말로 불리기도 한다)로 간주되어야 하는데, 토지는 개인이 노동과 재능을 적용(그 토지를 개간하고 시장성 있게 만드는 등)할 때만 가치 있는 것이 되기 때문이다.

자연은 그곳에 이미 살아가고 있는 토착민이나 더 큰 자연 생태계와 갖는 관계에 대한 고려 없이 사적으로 소유될 수 있는 무기력한 대상이라는 것이 로크의 거만한 생각이었다. 따라서 토착민과 소작농들이 공식적인 법적 권리는 없지만 토지, 물, 어자원, 삼림, 그 밖의 자연자원을 태곳적부터 공유[제로서 관리해 왔음에도 불구하고 서구 제국주의 세력은 "그 토지는 누구에게도 속해 있지 않으니까 우리가 당장이라도 들어가 가질 수 있다!'라고 하는 법적 허구를 들먹이며 스스로를 정당화해 왔다. 이런 식으로 로크의 사유재산 이론은 토착민들이 먼저 갖고 있던 이용권과 관습, 후세대의 권리, 그리고 자연 자체의 내재적 필요를 모두 의도적으로 무시한다. 로크의 논리에 근거해 해양, 우주공간, 생물다양성, 인터넷도 마치 누구에게도 속하지 않은 자원인 것처럼 이야기하는 것이 관례가 되어 버렸다. 레스 눌리우스res nullius라는 논리는 사리를 위해 공유[재]를 약탈하는 행위가 아무런 제재를 받지 않고 벌어지는 상황을 정당화한다.

강력하게도, 로크는 이러한 자신의 이론에 한 가지 짧은 단서를 달았다. "충분한 양의 동일한 품질의 자원이 다른 사람들을 위해 공유[재]로 남아 있는 경우"로 제한된다고 언급한 것이다. 그는 너무도 자명해서 무시할 수 없는 한 가지 난감한 문제를 제기하고 있다. 사유재산권의 행사가 모두에게 속하는 자원을 해치거나 심지어 파괴할수 있다는 문제다. 다시 말해, 사유재산과 공유[재] 사이에 해소되지 않는 갈등이 있다는 것이다.

종종 "로크의 단서"라고 부르는 이것은 그러나 대부분은 상징적인, 체면치레를 위한 제스처로 다뤄진다. 철학자나 법학자 들이야 그런 얘기를 언급해서 자신의 지적 완결성을 보여 줄 수도 있지만, 현실 세계의 정치가와 투자자는 로크의 단서를 지켜야겠다는 생각 따위는 안중에도 없다. 다국적 생수 기업들은 여전히 충분한 양의, 똑같이 좋은 자원을 공유[재]로 남겨 놓지 않은 채 지하수를 마구 퍼 올리고 있다. 농업-바이오기술 기업들도 지속가능한 종자 공유를 파괴하는 독점적 유전자변형작물을 마케팅하고 있다. 산업용 트롤어선들은 어족의 씨가 마를 때까지 어자원을 남획하고 작은 연안 어촌의 자원까지 쓸어 담는다. 로크의 단서를 어떻게 해석하든, 어쨌든 로크의 주된 의도는 사유재산을 정당화하는 것이지 공유[재]의 지속을 보장하는 것이 아니었다.

이러한 전통에 따라 오늘날의 사유재산법도 자원을 공동의 방식으로 이용하는 공유인들을 계속 무시하거나 범죄시하고 있다. 비시장적으로 자급을 공유하는 행위commoning는 로크의 시각에서 보면 "가치를 더하는" 것으로 인식되지 않는다. 로크의 논리에 따르면 누구도 재산권을 보호받을 수 없다. 아프리카 관습 토지에 대한 국제적인 토지 수탈에서 보듯, 이런 식으로 공유인에게서 자원을 빼앗고 그들의 권리를 침해하는 데 사유재산의 "자유"가 이용되고 있다.

로크의 분석이 근대 자본주의와 그에 기반한 인클로저를 정당화하는 핵심적인 도덕적 근거가 되어 왔다는 점에서, 로크의 분석을 이해하는 것이 중요하다. 볼프강 회셀과 로베르토 베르졸라 등 다수의 공유[재] 학자들이 지적한 바와 같이, 자본주의는 희소성 설계에 대한 것이다. 수익과 시장 점유율을 극대화하기 위해 기업들은 공급이나 자원에 대한 접근성을 제한할 수 있는 온갖 기발한 방법을 동원해 의도적으로 희소성을 발생시킨다. 예를 들어 저작권과 특허법은 정보와 지식처럼 값싸고 재생산이 쉬운 자원을 가져다가, 완벽하게 참신하고 독창적인 창작을 했다고 생각되는 작가와 발명가들에게 한정된 기간 동안 독점적 권리를 준다. 농업-바이오

기술 산업은 농가가 매년 종자를 새로 사들이지 않을 수 없도록 재배가 불가능한 종자를 만들어 냄으로써 자연의 풍요를 인위적 희소성으로 바꿔 버린다.

반면 공유인들은 의도적으로 **풍요의 시스템**을 설계하고자 한다. 여기서 회셸과 베르졸라가 말한 "풍요"는 시장 경제의 전제인 인간의 무한한 욕구를 충족하기 위한 무한한 공급을 의미하지 않는다. 그보다는 인간이 꼭 필요로 하는 것을 위한 충분한, 재생 가능한 공급을 뜻하는 것이다. 단적인 예가 영속농업으로, 서로 성장을 도우면서도 폐기물은 거의 발생시키지 않는 자가 재생 작물을 재배함으로써 생태계를 모방하는 방식이다.

루소의 유명한 글을 빌리면, "땅 한 마지기에 울타리를 친 다음 이건 내 것이라고 말할 생각을 맨 처음 하고, 사람들이 그의 말을 믿을 만큼 단순하다는 사실을 발견한 최초의 인간이 바로 시민사회의 진정한 창시자였다.……이 사기꾼의 말을 따르는 것에 주의하라. 만일 땅의 모든 결실이 모든 사람에게 속하며 땅 자체는 그 누구에게도 속하지 않는다는 사실을 한 번이라도 잊는다면 당신은 타락한 것이다." 로크의 단서는 이 부정할 수 없는 진실을 인정하지만, 로크의 재산권 이론은 사실상 이를 무시하고 있다. 이 단서는 치열한 철학적 논쟁의 범위를 넘어, 사실 실제 삶에서는 다른 이들을 위한 양질의 공동의 자원이 충분히 남아 있지 않을 것이라는 점을 뒷받침한다.

부의 측정

자원이 일단 재산으로서 법적 인정을 받으면 시장에서 가격이 매겨질 수 있는 문이 활짝 열린다. 이는 큰 발전으로 간주되는데, 시장은 가격을 가치를 나타내는 최고의 지표로, 그리고 시장에서의 가격을 물건의 진정한 가치를 파악하기 위한 가장 공정한 방법으로 여기기 때문이다. 사람들은 개인적·합리적 사리사욕을 가격 시스템과 시장 교환을 통해 극대화한다고들 한다. 그러면 집단의 이익이 보이지 않는 손을 통해 자연스럽게 구체화되어 나타난다. 시장은 정부보다 더 효율적이고 공정하게 부를 분배할 수 있다고 여겨지며, 따라서 경제적 통설에 따르면 자연자원 관리를 위한 최선의 전략은 자원을 사유화하고 시장화하는 것이라는 것이다.

그런데 사실 이러한 시장 기반 거버넌스는 현실 세계에서는 재앙이다. 가격 시스템은 보통 시장 외부에 있는 모든 종류의 가치를 다 고려하지 못한다. 예를 들어 가격은 미묘하고, 질적이며, 장기적이고 복잡한 유형의 가치, 엄밀히 말하면 자연의 속성들인 그런 가치들은 쉽게 나타내 주지 못한다. 대기의 시장 가치는? 깨끗한 강의 가치는? 공해로 유발된 선천적 장애가 없이 태어난 아기의 가치는? 이러한 것들에는 정확한 시장 가격이 없기 때문에 시장에서는 그런 질문에 답하는 데 어려움을 겪는다.

가격은 결국 교환 가치만을 측정할 뿐, **사용 가치**는 측정하지 못한다. 그래서 전통 경제학의 거대 담론은 모든 시장 활동의 가치의 총합을 구함으로써 국내총생산 GDP을 인류 진보의 정점으로서 찬양한다. 실제로 그 활동이 사회에 이로운지 아닌지에는 그다지 관심이 없다(사실 이 질문은 묻지도 않는다). 대신 돈이 교환되는지만 측정하며, 이것이 부의 창출에 대한 전통 경제학의 명청한 정의다. 이 계산법에 따르자면 멕시코만 석유 유출과 후쿠시마 원전 사고도 궁극적으로 경제 활동을 촉진했다는 점에서 좋은 것으로 간주된다.

아이다 쿠비스체프스키, 로버트 커스탄자 등의 경제학자들로 구성된 연구진은 2013년 전세계 인구의 53퍼센트를 대표하는 17개국의 경제활동의 순 사회적 이익에 대한 연구를 통해 GDP의 허점을 생생하게 부여 줬다. 새루운 지표인 참진부지수GPI 3를 사용해 그들은 GDP가 무시하는 수십 가지의 요소들을 명쾌하게 고려했다. 그 예로는 범죄·오염·사회적 문제 같은 부정적 활동과 자원활동·가사노동 등 긍정적인 비시장적 활동도 긍정적으로 고려했다. 결론은? 1978년 이래 전세계적인 경제 성장의 비용이 이익보다 큰 것으로 나타났다! 이 해는 또 인간 활동으로 인한 전세계적 생태발자국4이 전세계적 생태용량5을 넘어선 해이기도 했다. 1950년 이래 GDP가 전세계적으로 세 배 증가했음에도 불구하고 조사 대상 17

---

3. [옮긴이] 참진보지수(Genuine Progress Indicator)는 1995년 미국의 〈진보 재정의〉(Redefining Progress)라는 단체가 만든 지표로, 삶의 질을 측정한다.
4. [옮긴이] 생태발자국(Ecological Footprint)은 인간이 지구에서 살아가기 위해 남기는 흔적, 즉 영향을 말하며, 인간이 소비하는 자원을 생산하고 배출하는 데 드는 비용을 토지 면적으로 환산한 환경 지표이다.
5. [옮긴이] 생태용량(biocapacity)은 지속가능한 수준으로 자원을 생성하고 폐기물을 흡수하기 위한 토지와 수자원의 양을 의미한다. 생태발자국이 생태용량보다 크다는 것은 생산 가능한 자원의 용량을 넘어선 소비가 이루어지고 있음을 뜻한다.

개국 중 거의 모든 국가에서 삶의 만족도는 1975년 이래 크게 개선되지 않은 것으로 나타났다.

존 러스킨은 시장으로 인해 초래되는 측정할 수 없는, 의도하지 않은 피해를 병illth, 病이라고 불렀다. 사유재산에 기반한 가격 시스템의 문제는, 그것이 많은 부를 만들어 내는 것만큼 많은 병도 만들어 내지만 그런 병들이 거의 파악되지 않고 있다는 점이다. 측정에 포함되지 않고 있는 것이다. 외면되고 마는 것이다. 기업의 손익결산과 국가의 GDP는 시장에 의해 만들어진 현금화된 부만 반영하고 비시장적인 병은 의도적으로 배제한다. 그리고 시장이 자연에서 그 진정한 가치에 대한 인식 없이 공짜로 취할 수 있는 것은 **취하면서**(자연은 무주물로 여겨지기 때문에), 이러한 피해는 거의 공유[재]에서만 발생된다. 일단 수익을 취하고 사유화해 단물을 **빼먹고** 나면 시장은 껍데기와 찌꺼기들을 다시 공유[재]에 **갖다 버리고**, 결국 공유인과 정부는 그 뒤처리를 떠안는다.

앞서 언급한 것처럼, 이를 "시장의 비극"이라고 할 수도 있을 것이다. 즉, 겉으로 드러나지 않는 보조금과, 사유재산에 맞춰 기능하는 시장이 공유[재]에 가져오는 값비싼 "외부효과"를 말한다. 이런 상황은 우리 사회가 가격이 가치를 측정할 수 있는 최고의, 가장 신뢰할 만한 측정 방법으로 보고 있다는 점을 생각하면 그리 놀랍지 않다. 자원에 가격이나 재산권이 없다면, 자연스럽게 "가치 있지 않거나" "공짜로 가질 수 있는" 것으로 여겨질 것이다.

당연한 말이지만, 일반적인 시장 활동은 자주 생태적 가치들을 가차 없이 짓밟는다. 자연의 부에는 가격표가 붙어 있지 않다. 예를 들어 일반적으로 어자원이나 수목의 가격에는 하위 유기체와 자연 체계들이 갖는 실제 가치는 반영되지 않을 것이다. 하지만 자연의 그런 보이지 않는, 시장 거래가 불가능한 요소들은 어자원과 수목을 기르는 데 필수적이다. 시장의 외부효과 또한 넓은 지역에 걸쳐 많은 사람들 사이에 퍼져 나타나는 경향이 있기 때문에 무시하기가 쉽다. 개인이나 지역 차원만으로는 예를 들면 대기오염이라든가 음식의 잔류 농약 등에 효과적인 조치를 취할 수가 없다. 외부효과는 또 과학적 지식과의 경계선에 숨어 있는 경향이 있기도 한데(이 백신이 자폐를 일으키는 원인인가? 휴대폰이 뇌종양을 일으키는가?), 이는 부정적 외부효과를 파악하고 검증하는 것이 과학적으로 어려울 수 있다는 뜻이다. 그리고 산업들은 유해한 외부효과에 대한 과학적 검증을 실시했을 때 혹시 자신들에게 불리한 결과가 나와서 정치적으로 반감을 사고 값비싼 대가를 치르게 될까 봐두려워 그런 과학적 검증 자체를 절대 거부한다.

이런 모든 이유 때문에, 소유^{ownership}가 아닌 관리^{stewardship}의 시스템은 피해를 막기 위해 양심적인 예방 조치를 취할 가능성이 더 크다. 공유[재]에서는 돈을 벌어야 한다는 구조적 압력은 줄어들고 그보다는 미묘한, 장기적인 요소들을 고려할 동기가 커진다. 사회적 제도로서 공유[재]는 또한 투자자보다 자원의 장기적 지속가능성에 대해 신경을 쓸 가능성이 더 큰데, 공유인의 정체성과 문화 자체가 자원의 관리 안에 쌓여 있기 때문이다. 투자자들은 그들의 금전적 수익에 대해서만 주로 신경을 쓰고, 근로 여건·제품 안전·생태적 우려 등 그 밖의 다른 것들은 부차적인 것으로 보는 경향이 있다. 기본적인 문제는 가격을 통해 전달되는 신호들은 너무 원초적이고 비개인적이어서 관리의 관행을 바꾸기가 어렵다는 것이다.

거버넌스로서의 공유[재]

아직 답을 찾지 못한 문제는 공유[재]를 시장의 침탈로부터 보호하기 위한 적절한 시스템을 어떻게 설계하느냐 하는 것이다. 공유인들은 자신이 아끼는 것들을 보호하기 위해 어떤 조치를 취할 수 있을까? 이는 공공 정책에서 사유재산과 가격이 가치를 나타내는 기본적 정의로 남아 있는 한 시급한 문제다. 지금까지 살펴본 것처럼, 가격 시스템은 특정 맥락에서는 가치가 있다 하더라도 그 외의 대부분의 생태적, 사회적, 도덕적 가치를 무시해 버리기 때문이다.

공유인들이 사유재산권이 가져다 준 인간 존엄과 존중의 관념을 넘어 더 높은 수준의 인간 존엄과 존중을 보장하기 위해서는 어떻게 해야 할까? 근대 자유 정치에서는 거의 외면되는 비시장적 사회 교환, 즉 선물 경제, 비공식적 협업, 새로운 형태의 집합행동 등에 참여할 권리를 어떻게 확보할 수 있을까? 기업의 재산권을 억누를 수 있는, 무시할 수 없는 가치로서의 사회 정의와 인권을 어떻게 지킬 수 있을까?

이런 거대한 문제들이 현재 공유[재] 운동이 직면한 도전 과제의 핵심이다. 이 책에서 이런 문제들에 모두 답할 수는 없지만, 다만 그 답을 찾기 위한 노력에 조금이나마 도움이 될 방법들을 제안할 수 있기를 바란다. 그리고 재산법의 역할을 이해하는 것이 그 방정식의 중요한 한 부분이다. 그러나 무엇보다 공유[재]를 지키는 것은 재산권과 공식적인 법 규칙을 훨씬 넘어서는 문제라는 점을 이해하는 것이 중요할 것이다. 다음 장에서 살펴보겠지만, 가치·관습·규범·문화 등의 사회 거버넌스가 공유[재]의 핵심이다.

8장

디지털 공유[재]의 출현

모든 것은 자유 소프트웨어에서 시작되었다

오픈 액세스 혁명

만약 전통적 권력 체제가 계속 고집스레 변화를 거부하고 전통적인 재산권 개념에 마냥 얽매여 있었다면, 사이버 공간은 지금과는 전혀 다른 모습이었을 것이다. 1994년 널리 상용화된 이래, 월드와이드웹은 혁신가·이상가·인습타파자들이 맘껏 생각을 펼칠 수 있는 무대가 되어 왔다. 몰아낼 기존의 제도가 없기 때문에, 누구나 자유롭게 새로운 무언가를 시작할 수 있다. 허락을 구하거나 비싼 이용료를 낼 필요도 없다. 물론 저작권이 여전히 적용되기는 하지만 디지털 공유인들이 그간 깨달았듯, 모든 일을 결정하는 데는 법 자체만큼이나 사회적 관습도 역할을 한다.

그리하여 이제는 웹과 그 밖의 모든 네트워크 디지털 기술들이 사람들이 생각을 실험하기 위한 공간으로 선호되고 있다. 아마 가장 놀라운 변화는 인터넷이 유례없는 수준의 사회적 협력과 공유를 촉진하는 탁월한 능력을 갖고 있다는 점이다. 기술과 미디어 기업들은 새로운 온라인 시장을 발굴하려고 고군분투하고 있고, 인터넷 사용자들은 개인이 직접 디지털 공유[재]를 창작하는 것이 꽤나 쉽다는 것을 알게 되었다. 웹사이트를 만들 수도 있고, 새로운 온라인 커뮤니티를 시작하기도 한다. 마치 저절로 불이 붙듯, 시장에 기반하지도, 국가에 의해 통제되는 것도 아닌 이 인터넷이라는 공간에서 창작적 생산을 하는 완전히 새로운 종의 인류가 출현한 것이다.

온라인 공유화와 관련한 최초의, 가장 놀라운 발견들은 오픈 소스 소프트웨어라고도 불리는 자유 소프트웨어의 출현과 함께 이뤄졌다. 오픈 소스 프로그램으로는 펄Perl(프로그램 언어), 센드메일

Sendmail(메일 프로그램), 아파치Apache(인터넷에서 가장 많이 쓰이는 서버 프로그램으로, 핵심적인 "백엔드" 기능을 지원한다), 리눅스(윈도우즈와 경쟁하는 대표적인 컴퓨터 운영체제) 등이 있다. 분산 네트워크의 놀라운 힘은 곧 블로고스피어, 소셜네트워킹, 위키피디아의 등장으로 이어졌다. 위키피디아는 살아 있는, 맥동하는 웹상의 백과사전으로, 그 자체가 285개 언어로 7천 명 이상의 자원활동가가 활동하는 디지털 공화국이 되었다.

또 오픈 액세스 학문 출판이라는 성장하고 있는 분야도 있다. 오픈 액세스로 학제와 대학들은 그들에게 기생해 학자들의 피를 빨아먹는 상업 출판사들에 대한 의존에서 탈피해 연구 논문에 대한 통제력을 되찾을 수 있게 되었다. 같은 식으로 진행되고 있는 공개교육자료(이하 OER) 운동은 열린 교과서, 커리큘럼, 수업 자료의 공동 개발을 이끌고 있다.

이러한 공유[재] 기반 혁신의 상당 부분은 크리에이티브 커먼즈 라이선스Creative Commons Licenses(이하 CCL)가 없었다면 불가능했을 것이다. CCL은 여섯 개의 기본 라이선스로 구성된 라이선스 묶음과 그 외의 법적 도구를 말하는 것으로, 저작권자가 엄격한 사적 통제라는 저작권법의 기본 원칙을 내려놓고 대신 합법적 공유를 허락할 수 있게 해 준다. 창작자는 CCL을 통해 법적 제한을 두어 자신의 콘텐츠를 사적으로 전용하거나 상업화하는 것은 막을 수 있고, 이를 통해 공유가능한 콘텐츠로 이루어진 공유[재]를 구축할 수 있게 되었다. 시간이 지나면서 이는 소프트웨어 코드, 연구 논문, 사진 아카이브, 블로그 글 등 다양한 창작물로 이루어진 유례없는 전세계적인 공유 경제를 만들어 내고 있다.

물론 많은 사람들이 페이스북, 유튜브, 트위터 같은 소셜네트워크 플랫폼에서 많은 콘텐츠를 CCL을 사용하지 않고 공유한다. 그런 사이트들은 이용자가 가입 시 동의하는 기업의 "이용약관"에 따른다. 이런 사이트들은 많은 측면에서 공유[재]와 유사하지만 한 가지 큰 차이가 있다. 궁극적으로는 기업 경영진과 투자자들에 의해 통제된다는 것이다. 이것이 영리 목적의 웹사이트에서 이루어지는 공유가 기업형 농장의 "디지털 소작"에 비유되어 온 이유다. 한 사용자의 모든 콘텐츠와 링크가 변덕스러운 기업 정책과 투자자들의 압력에 의해 좌우될 수 있다. 기업의 수익 모델의 변화에 따라 사용자의 블로그나 사진첩이 영원히 사라지거나 어느 날 갑자기 팝업 광고로 도배될 수도 있다. 플랫폼 기업들은 또 사용자의 방대한 개인 정보와 웹 사용 습관을 광고주에 팔아넘기는 경우도 많다.

이러한 것들이 오픈 플랫폼이 사용자 기반의 공유지로서가 아니라 기업의 영토로 관리될 때 나타나는 위험이다. 오픈 플랫폼은 협업을 가능하게 해 주지만 꼭 열린 공유, 사용자 참여, 장기적인 사용자 중심의 거버넌스까지 보장하지는 않는다. 수익을 좇는 기업 경영진이 결정권을 갖고 있기 때문이다.

내가 좋아하는 표현을 쓰자면 이 "공유[재] 영역"the Commons Sector은 다른 어떤 분야에서보다도 인터넷에서 훨씬 더 잘 발전되어 있는데, 아마도 공유[재]가 인터넷에서 그토록 강력하고 독립적인 경제적·문화적 힘이 되었다는 점 그 자체 때문일 것이다. 웹이 등장하기 이전에는 공유[재]는 보통 중세 역사의 흥미로운 이야기, 혹은 사회과학 연구의 변방에서나 다뤄지는 것으로 여겨졌었다. 요하이 벤클러 하버드 법대 교수는 2006년 쓴 기념비적 저서 『네트워크의 부』[1]에서, "우리가 지금 목도하고 있는 것은 탈중심화되면서도 가격 체계나 조직화를 위한 경영 구조에 의존하지 않는 좀 더 효과적인 집합행동 관행의 등장"이라고 지적했다. 벤클러는 이를 "공유[재] 기반 동등계층 생산"commons-based peer production이라는 용어로 표현했는데, 협업적이고 비배타적이며 "폭넓게 펼쳐지고 느슨하게 연결된, 서로 협력하는 개인들 사이의 자원과 산출물의 공유"에 기반하는 시스템을 뜻한다.

(5장에서 설명된 바와 같이) 저작권법 조항들을 둘러싼 정치적·사회적 논쟁의 상당수는 누구나 접근 가능한 개방된 웹 플랫폼에 의해 야기된 혼란에서 그 원인을 찾을 수 있다. 인터넷은 전통적인 대중 매체에서라면 아예 불가능하거나 너무 비용이 커 엄두를 내기 어려웠을 방식으로 혁신과 공유가 일어날 수 있는 기반을 제공한다. 인터넷의 등장이 그토록 파괴적인 변화를 가져온 것도 바로 그 때문이다. 온라인 협력의 사회적 논리(분산된 사용자들 간의 값싸고 손쉬운 사회적 상호작용)는 전통적 시장의 경제 논리(많은 자본, 중앙집중적 기업 경영, 전문적 통제의 필요)를 넘어 설득력을 가질 수 있다. 온라인 공유[재]는 공유된 소프트웨어 플랫폼, 개인 컴퓨터, 인터넷 접속 정도만 있으면 된다. 분산된 개인들이 쉽게 서로 모여 각자 "사용자 생성 콘텐츠"를 만들고 분류·선별·유통

---

1. [한국어판] 요하이 벤클러, 『네트워크의 부』, 최은창 옮김, 커뮤니케이션북스, 2015.

할 수 있기 때문에, 기존의 대중매체인 TV 프로그램·영화·책·잡지가 운영되는 방식, 즉 최소한의 공통분모를 추구하는 lowest-common-denominator 경제와 중앙집권적 통제 방식에 위협을 가한다. 그 결과는 대대적인 전세계적 문화 혁명의 창발로, 그 파괴적 잠재력은 아직도 무궁무진하기만 하다.

모든 것은 자유 소프트웨어에서 시작되었다

최초의 중요한 종류의 디지털 공유[재]는 자유 소프트웨어 free software였다. 여기서 "free"는 "공짜"라는 뜻의 "free"라기보다는 코드가 공개되어 접근 가능하다는 의미에서 "자유로움"을 의미하는 "free"다.[2] 자유 소프트웨어는 누구나 창작자의 저작권을 침해하지 않고 자유롭게 살펴보고, 바꿔 보고, 개선하고, 공유할 수 있는 소프트웨어다.

1980년대 초, 개인 컴퓨터용 소프트웨어 개발이 사회적 기술로 이제 막 움트기 시작하던 때, MIT 출신의 전설적인 해커인 리차드 스톨먼은, 특허 소프트웨어가 개인이 소프트웨어에 접근하고, 소프트웨어를 재사용하며, 그럼으로써 혁신을 일으킬 수 있는 자유를 크게 제한할 수 있음을 인식한 사람 중 한 명이었다. 스톨먼은 기업들이 저작권법을 이용해 다른 사람들이 심각한 버그를 수정하고,

---

2. [옮긴이] free에는 '자유로운'과 '무료'의 두 가지 의미가 있다.

코드를 개선하거나, 코드를 친구나 동료에게 공유하는 것을 금지하고 있다는 것을 알고 분노했다. 한때는 해커[3] 공동체 안에서 열린, 협업에 의한 사회적 과정을 통해 개발되던 소프트웨어가 이제는 큰 돈벌이를 위한 독점적 상품이 되고 있었다. 공동체를 위해 공유된 자원이 사유재산으로 전환되고 있었다.

스톨먼은 격분했다. 인간의 기본적인 자유, 즉 창작이 억압되고 있음을 뜻했기 때문이었다. 그는 또 시장 윤리와 저작권법이 공유와 상호 지원이라는 해커 정신을 억압하고 있음을 우려했다. 그가 찾은 해결책은 1989년 처음 발표된, 일반공중라이선스General Public License(이하 GPL)라고 알려진 획기적인 법적 혁신이었다.

때로는 "카피레프트"라고도 일컬어지는(저작권을 상징하는 동그라미 안에 C가 있는 모양의 기호에서 C를 거꾸로 한 기호를 사용한다) GPL은 저작권법을 "해킹"한 획기적 사건으로 오늘날 널리 인정받고 있다. 코드를 사유재산으로 가두는 대신 GPL은 누구나 각자 필요에 맞게 소프트웨어 프로그램을 복제·수정·배포할 수 있는 자유를 보장하며, 유료로 판매할 수 있는 자유까지도 허용한다. (이렇게 해서 오해의 소지가 있는 용어 "자유 소프트웨어"가 탄생한 것이다. 스톨먼은 "소프트웨어는 "공짜 맥주"에서의 "프리"가 아니라 "자유"를 뜻하는 "프리"라는 단어의 의미에서 "프리"여야 한다"the software should be free as in freedom, not free as in free beer는 유명한 말을 남

---

3. 언론에서 해커를 범죄자와 동일시하면서 잘못된 인식을 심어 주는 것과는 달리, 전통적으로 해커라는 용어는 어려운 기술적 문제들을 즐겁게, 공동체 정신을 갖고 풀어 나가는 데 뛰어난 능력이 있는 프로그래머들을 일컫는 말이다.

김으로써 그 혼란을 해소하려고 했다. 유럽에서는 "free"처럼 두 가지 의미를 갖지 않는 "libre"라는 용어를 사용한다.)

저작권자가 소프트웨어 프로그램에 GPL을 붙이는 것은 법적으로 그 코드를 공유[재]에 귀속시키는 것이다. GPL은 이 목적을 달성하기 위해 한 가지 간단한 법적 요건을 조건으로 단다. GPL이 적용된 소프트웨어 프로그램을 수정해 작성된 프로그램에도 동일하게 GPL 라이선스를 적용함으로써 파생된 저작물 역시 공유가능하게 허용하도록 의무화한 것이다. 이 2차 저작물을 이용해 다시 3차, 4차 저작물이 만들어지면 여기에도 역시 GPL 라이선스가 적용되어야 하며, 그 이후도 마찬가지로 끝없이 이어지게 된다. 이런 식으로 GPL은 소프트웨어의 공유가 꼬리를 물고 이어지도록, 법적으로 보호되도록 해 준다. 나아가 이런 방식이 더욱 확실히 지켜지도록 하기 위해, 어떤 사용자도 절대 라이선스의 조건을 수정할 수 없다.

GPL이 정말 탁월한 점은 GPL이 적용되어 공유[재]가 된 소프트웨어 코드는 영원히 공유[재]로 남도록 한다는 점이다. 어느 특정 집단의 공유인들이 만든 코드는 공유[재]로 남게 되고 절대 사유화될 수 없다. 이후 이를 사용하는 사람들이 코드를 팔 수도 있지만(예를 들어 오픈 소스 리눅스 프로그램을 판매하는 수많은 영리 업체들이 있다), GPL의 의미는 그 누구도 그 코드에 대한 접근을 법적으로 제한하거나 재사용을 막거나 할 수 없다는 것에 있다. 해커들이 소프트웨어 공유[재]를 구축하는 데 기꺼이 자신의 재능을 자유롭게 내놓는 이유다. 그들은 자신들 노동의 결과물에 대한 접근권이 영원히 보장될 것임을 알았던 것이다.

1980년대, "소프트웨어 자유"에 대한 스톨먼의 집착은 마치 돈키호테 식의 무모한, 허무맹랑한 목표처럼 보였었다. 덥수룩한 머리에 때로는 맨발로 다녔던 오만한 태도의 스톨먼의 모습도 꼭 『구약성서』에 나오는 선지자 같았다. 월드와이드웹이 1990년대 중반 자리를 잡고 리누스 토르발즈가 아마추어 컴퓨터 운영체제 커널을 만들면서, GPL이 갑자기 역사적으로 중요한 의미를 갖게 됐다. 토르발즈가 자신이 개발한 프로그램 리눅스에 GPL를 붙인 것이다. 스톨먼이 쓴 많은 코드를 포함해 다른 코드들이 합쳐지면서, 하나의 완전한 컴퓨터 운영체제를 만들 수 있는 코드의 공유[재]가 탄생하게 됐다. 리눅스(스톨먼에게는 GNU 리눅스)는 그 뒤 역사상 가장 강력하고 높이 평가되는 소프트웨어 프로그램 중 하나가 되었다.

자유 소프트웨어에 GPL 라이선스가 적용되면서, 법적으로는 유사한 의미를 갖는 코드인 "오픈 소스 소프트웨어"를 탄생시켰다. "자유" 소프트웨어와 오픈 소스 소프트웨어의 가장 큰 차이는 오픈 소스 소프트웨어 지지자들은 "프리"라는 단어를 쓰지 않으려고 한다는 점인데, "프리"라는 단어는 혼란을 일으킬 수 있을 뿐만 아니라("무료"라는 의미인지 "사용이 자유롭다"는 의미인지?) 질이 낮다는 뜻을 함축한다는 것이다. 오픈 소스 지지자들은 커뮤니티에 의해 만들어진 소프트웨어를 거대 기업과 기관 사용자들에게도 더 매력적이고 신뢰할 만한 것으로 만들고 싶어 했다. 그들은 스톨먼의 자유 소프트웨어 운동의 정치적 측면에 대해서는 관심이 덜했고 그보다는 공유 가능한 소프트웨어의 실제적 유용성을 강조하고 싶어 했다.

오픈 소스 소프트웨어는 그렇게 발전되어 이제는 기술 경제의 중추적 자리를 차지하고 있다. 무료로 접근과 사용이 가능함에도 불구하고 (혹은 오히려 그 덕분에), IBM, 오라클 Oracle, HP 등 거대 기업들은 오픈 소스 프로그램에 대한 기술적 지원과 맞춤식 확장 기능을 제공함으로써 수익성 있는 사업을 구축해 왔다. 리눅스는 이제 수백만 개의 웹 서버에 쓰이고 있고, 전세계에서 최고의 컴퓨터 사용자와 기업들(나사 NASA, 픽사 Pixar, IBM)이 조직의 핵심적인 필수 업무에 리눅스를 사용하고 있다.

1990년대 후반, 이러한 GPL의 중요성은 로렌스 레식 하버드 법대 교수의 주목을 받는다. 그는 저작권법이 창작을 억압하고 있음을 예리하게 인식하고 있었다. 레식은 법대 교수, 컴퓨터 과학자, 예술가, 작가, 운동가들을 불러 모아 저작물에 "태그"로 붙일 수 있는 여섯 개의 표준화된 공공 라이선스, 즉 크리에이티브 커먼즈 라이선스 CCL을 만들게 된다. 이 CCL 중 하나를 사용하여 저작권자는 자신의 저작물이 특정 조건하에서 공유와 재사용이 가능하다는 것을 표시할 수 있게 되었다.

예를 들어, 어떤 웹사이트의 콘텐츠를 자유롭게 공유할 수는 있지만 허락 없이 상업적 용도로 사용할 수는 없다고 ("비영리" NC 라이선스) 표시할 수 있다. 혹은 자유롭게 공유할 수는 있지만 허락 없이 복사하거나 본문을 번역하는 등 2차 저작물 작성은 하지 못한다고 표시할 수도 있다 ("변경금지" ND 라이선스). "동일조건변경허락" SA 라이선스는 GPL을 모방한 것으로, 2차 저작물도 동일 라이선스 하에서 공유가능하도록 하는 라이선스다. 즉, 해당 저작물과 그로부터 파생된 모든 "자손" 저작물에 대해서는 영원히 접근을 보장한다는 뜻이다. 이 책에는 CC-BY-NC-SA(저작자표시-비영리-동일조건변경허락) 라이선스를 적용했는데, 내가 작가임을 밝혀 주고[BY] 내 허락 없이는 어떠한 영리적 목적의 재사용만 하지 않는다면[NC] 복제를 허용하겠다는 뜻이다. 이 책을 번역하거나 새로 인쇄 혹은 발췌하는 경우 등 모든 2차적 파생 저작물도 법적으로 공유 가능하도록 허용해야 한다[SA].

CCL을 단 모든 저작물은 원저작자를 밝혀야 하며(저작자표시 라이선스), 그 외에도 저작자가 직접 자신의 저작물이 다른 사람들에 의해 어떻게 사용되고 사용될 수 없는지를 지정할 수 있다(단, 특정 종류의 비영리 목적의 공유에 대해서는 사용이 가능함을 뜻하는 "공정 이용"의 권리는 여전히 보장된다).

GPL과 CCL 둘 다 모든 종류의 디지털 공유[재]가 뿌리를 내리고 풍요롭게 자라날 수 있도록 매우 중요한 역할을 해 왔다. 이 두 라이선스는 공유[재]를 인클로저로부터 보호하는 일종의 법적 인프라에 해당한다. 저작물이 영원히 공유 가능하도록 만들어 주기 때문이다. 또 데이터베이스, 실험실에서 사용되는 물리적 표본 같은 다른 종류의 콘텐츠도 법적으로 공유 가능하도록 만들어 주는 다른 다양한 혁신적인 법제도의 탄생에도 영감을 주었다.

특히 교육, 학문 연구, 공공 서비스 등 특정 분야에서 CCL은 공공 기관의 저작물은 자유롭게 사용할 수 있어야 한다는 전제를 확산시켜 왔다. 전세계의 온갖 종류의 박물관, 아카이브, 정부 기관, 교육 기관이 현재 CCL을 사용해 웹 문서와 디지털 파일을 공개하

여 누구나 자유롭게 접근할 수 있도록 허용하고 있다.[4]

오픈 액세스 혁명

한때는, 과학자들이 과학적 발견에 대한 의견을 사적으로 나누던 체계에서 벗어나 널리 배포되는 동료검토peer-reviewed 학술지의 체계로 전환할 수 있는 최선의 방법을 상업 출판사들이 제공했다. 그러나 1994년 월드와이드웹의 도래로, 단번에 전세계 독자층에 접근하기가 훨씬 값싸고 쉬워졌다. 그 결과 학술 출판을 좀 더 접근 가능한 출판 분야, 즉 오픈 액세스(이하 OA) 저널로 전환하기 위한 지루한 싸움이 시작됐으며, 그 싸움은 지금도 여전히 진행 중이다.

상업 저널 출판사들은 생산과 유통 등 특정한 가치 있는 서비스를 제공하는 역할을 해 왔지만, 동시에 연구 논문의 저작권을 주장함으로써 학술 지식 공유[재]에 기생해 왔다. 이를 통해 출판사들은 사실은 정부, 재단, 대학 등 많은 다른 주체들의 자금으로 생산된 지식에 대해 통제력을 갖게 되었다. 그리고 바로 이러한 상업 저널들은 종종 그들의 저작권, 그리고 특정 저널 제목과 관련한 특권을 이용해 대학 도서관에 엄청난 구독료를 부과해 왔다. 1986년에서 2004년 사이 저널 출판사들에 대한 미국 대학의 구독률은 273

---

4. [옮긴이] 카피레프트, GPL, CCL 같은 기존의 대안 저작권 운동의 한계를 지적하면서 '카피파레프트'(copyfarleft)라고 하는 새로운 제안을 하는 책으로 드미트리 클라이너의 『텔레코뮤니스트 선언』(갈무리, 2014)을 참조하라.

퍼센트 증가했다.

대학들은 수년 동안 개혁 필요성을 주장하고 힘을 합쳐 반격을 펼쳐 왔다. 2012년 하버드 대학은 마침내 이제는 더 이상 좌시할 수 없음을 선언한다. 하버드 대학은 교수진에게 유료 접근을 요구하는 저널들에는 논문을 싣지 말 것을 공개적으로 권고했다. 이러한 움직임은 미국 내뿐만 아니라 전세계의 많은 연구 도서관과 대학들에, 이제 OA 출판 모델로 좀 더 공격적인 전환 노력을 기울이기 시작할 때가 왔다는 깨달음을 줬다. 하버드의 동기는 거의 재정적인 것이었다. 저널에 책정된 연간 예산이 375만 달러에 육박하고 있었고 일부 저널 출판사에는 연 4천 달러나 지불하고 있었다. 평균적인 미국 대학 도서관은 연구 저널에 전체 예산의 65퍼센트가량을 쓰고 있었으며, 그 전체 비용 중 절반 이상은 3대 출판사인 엘즈비어Elsevier, 스프링어Springer, 와일리Wiley에 들어가고 있었다.

OA 학술 출판 운동이 처음 움트고 형태를 갖추기 시작한 것은 2001년으로, 학술 연구를 누구나 자유롭게, 공개적으로 이용할 수 있도록 하는 것이 목표였다. 돌이켜보면, 납세자의 세금 수십억 달러가 연구 자금으로 지원되었다는 점을 생각하면 이는 반박할 수 없는 주장인 것 같았다. 그럼에도 불구하고 OA 운동은 수년간 출판사, 취지를 제대로 알지 못하는 정치인들의 반대와, 학계의 철저한 무관심에 맞서 싸워야만 했다. 학술 저널을 위한 새로운 수익 모델과 관리 구조를 개발해야만 했고, 학술 출판 내의 오랜 전통을 무너뜨려야 했다. 예를 들어, 많은 교수 임용이나 진급 관련 결정들이 교수진이 연구물을 출판하는 학술 저널의 질과 명성에 기초해 이루어지기 때문에, 젊은 교수진들은 종종 『네이처』나 『사이언스』 같은 저명한 저널보다 덜 알려진 OA 저널에 출판하기를 꺼린다. OA 운동은 또 정부가 국가 자금이 들어간 연구는 OA 규정에 따라 출판할 것을 의무화하면서 이런 조치에 강하게 반발하는 대형 학술 출판사들의 거센 저항에 부딪혀 난항을 겪기도 한다.

이런 반발이나 오해를 불러일으키는 변명들에도 불구하고, 2013년 말 기준 거의 1만 개의 OA 학술 저널이 출판되고 있는 것으로 조사됐다. GPL과 CCL처럼 OA 저널은 출판사들이 저작권의 제한과 DRM을 통해 야기하고 싶어 하듯 인위적 부족을 겪지 않고 모든 사람이 더 자유롭게 지식을 이용할 수 있도록 해 주고 있다.

나는 소프트웨어와 자유 문화의 출현에 대해 쓴 책에 『입소문 확산』*Viral Spiral* [5]이라는 제목을 붙였는데, 공유[재]에 기반한 한 가지 혁신의 진화는 대개 많은 다른 사람들에게, 그리고 또 더 많은 사람들에게 영감을 주기 때문이다. GPL은 CCL로 이어졌고, 이는 또 다시 OA 출판을 낳았다. 2009년에, 그리고 그 이래로, 다양한 종류의 공개교육자료[OER]이 입소문 확산의 다음 주자로 등장했다. 꼭 학술 출판만이 아니라 모든 차원의 교육과 학습 공동체들이 지식에 대한 독점적 통제는 그 핵심 가치, 바로 참여와 공유를 통해 배우고 성장한다는 개념에 반하는 것이라는 사실을 알려줬다. 학계 자체가 곧 공유[재]이기 때문이다.

미국의 지역 전문대학들은 많은 학생들이 교과서를 살 돈이 없

---

5. [옮긴이] 특히 흥미로운 사건이 발생해 인터넷에서 확산되는 현상을 일컫는 표현이다.

어 중퇴하거나 교육을 뒤로 미루고 있다는 사실을 알고 낙담했다. 교과서 출판사들이 순전히 기존의 중고 서적을 "무용지물"로 만들고 새 교과서 구입을 촉진하기 위해 2, 3년마다 신판을 내놓는 건 흔한 일이다. 일부 미래에 대한 식견이 있는 OA 교육자들은 이에 대해 〈OER 커뮤니티 컬리지 컨소시엄〉을 만들어 열린 교과서를 파악하고 발행하는 일을 돕는다. 그런 책들은 CCL이 적용되어 주문 출판 비용만 있으면 이용이 가능하다. 이를 통해 학생들의 교과서 구입비용이 권당 수백 달러가 절감됐다.

매사추세츠 공과 대학은 2001년 강의계획서, 참고 서적, 동영상, 데이터세트 등을 포함한 교과과정의 수업 자료들을 처음 대량으로 온라인에 무료로 공개하기 위한 자료로 만들면서 OER을 선도했다. MIT의 혁신은 많은 작은 국가들과 중국에서 외딴 지역에 사는 주민들을 위한 물리학과 그 밖의 과학 분야의 교육에 깊은 영향을 끼쳤다. 또 〈오픈코스웨어 컨소시엄〉(이하 〈OCWC〉)의 출범으로도 이어졌는데, 현재 전세계적으로 120개 이상의 대학과 교육기관이 〈OCWC〉에 가입되어 있다.

자유 소프트웨어와 함께 그리고 CCL과 함께 시작됐던 입소문 확산은 계속 진행되고 있다. "오픈 소스"라는 용어 자체가 개방적이고 참여적이며 투명하고 책임성 있는 생산 방식을 기리기 위한 문화적 밈meme 6으로 이미 널리 사용되고 있다. 오픈 소스 원칙은 이

---

6. [옮긴이] 리처드 도킨스가 저서 『이기적 유전자』에서 문화의 진화를 설명하기 위해 처음 도입한 용어로서, 유전자처럼 모방을 통해 문화를 전달하는 정보의 단위를 말한다.

제 활발한 "오픈 디자인" 운동에까지 활기를 불어넣어 누구나 의류, 가구, 컴퓨터 부품, 심지어 자동차를 디자인하도록 사람들의 참여를 이끌어 내고 있다. 〈아두이노〉Arduino라는 그룹은 현재 많은 회로와 컴퓨터 부품을 3D 프린팅을 통해 설계하고 생산하며, 그 결과 기술에 관심 있는 사람들은 이를 이용해 값싸고 쉽게 원하는 대로 맞춰 사용할 수 있다. 〈오픈 인공보철물 프로젝트〉는 누구든 의족이나 의수를 설계하거나 수치 측정을 하는 작업에 기여하도록 참여를 촉진한다. 그럼으로써 디자이너가 직접 경험하지 못한 상황이지만 설계가 필요한 의족, 의수를 디자인하는 데 도움을 줄 수 있다. 예를 들면 암벽 등반가나 어업 종사자를 위한 의수나 의족 설계가 있을 것이다.

더 눈길을 확 끄는 오픈 네트워크 프로젝트 사례로 〈위키스피드〉도 들 수 있다. 시애틀에 위치한 자동차 프로토타입 제작 및 제조 스타트업 프로젝트로, 15개 국가의 협업자들이 함께 일한다. 이 스타트업의 목표는 오픈 소스 원칙을 이용해 1갤런의 휘발유로 100마일을 이동할 수 있는 모듈식 경량 경주용 차를 설계·제작하는 것이다.

〈오픈 소스 에콜로지〉 같은 커뮤니티 네트워크는 현재 공공시설이 닿지 않는 지역의 "생명력 있는 공동체들"을 위한 공유 가능한 저렴한 장비를 제작 중이다. 그중 대표적 프로젝트는 저렴한 다용도의 오픈 소스 트랙터인 〈라이프트랙〉으로, 그 부품은 모듈 방식으로 되어 있으며 제작과 유지 보수가 저렴하고 쉽다. 다시 말해, 복잡하거나 비싸거나 전용 제품을 써야 하는 제품이 아니다. 사물의 오픈 소스 디자인과 제작 활동이 활발히 일어나 그 규모가 커지면서, 이제 혁신가들은 〈오픈 하드웨어 디자인 연합〉이라는 자체 협회까지 설립했다.

디지털 공유[재]는 이제 거의 불가능해 보이는 곳에서까지 만들어지고 있다. 〈크라이시스 커먼즈〉라는 이름의 자율적으로 조직된 단체는 기술 관련 자원활동가들의 네트워크로, 이들은 자연재해가 일어날 때 인도주의적 지원을 제공한다. 2009년 아이티 지진이 발생하자 이 단체에 소속된 수천 명의 자원활동가가 신속하게 웹 기반 번역 도구, 사람 찾기 도구, 빈자리가 있는 병원을 찾아가는 길을 알려 주는 지도를 만들었다.

또 내가 "생태디지털 공유[재]"라고 부르는 종류의 다양한 공유[재]들도 있다. 인터넷 기술들이 환경을 감시하고 관리하는 데 사용되는 경우다. 일부 웹사이트들은 현재 개인들이 휴대전화, 모션 센서, GPS 추적 시스템 및 기타 전자 시스템을 활용해 해당 지역의 새, 나비, 그 밖에 보호가 필요한 동식물을 추적하거나, 지역 수자원의 오염도를 감시할 수 있게 하고 있다. 이런 "참여형 감지" 프로젝트는 고도로 분산된 흩어진 데이터를 모으고, 그럼으로써 그 과정에서 정부의 정책 결정과 실행의 개선이 이루어지도록 한다.

오스트리아의 린즈 시는 인구 19만의 도시로, 도시 지역의 디지털 공유[재] 계획으로는 가장 야심 찬 계획 중 하나를 시도했다. 린즈 지역 전체를 개방된 정보 공유[재]로 탈바꿈하겠다는 계획이다. 린즈 시는 이미 무료 무선 인터넷 핫스팟과 이메일 계정을 전 시민에게 제공하고, 비영리 콘텐츠에 대한 웹 호스팅도 제공하고 있다.

현재 린즈 시는 지역 전체에 오픈 소스 소프트웨어, CCL, 오픈 데이터 플랫폼, 오픈 스트리트맵, OER이 도입될 수 있도록 애쓰고 있다. 시 당국은 지역 정보 공유[재]가 혁신가들이 지역에 유용한 정보 도구들을 생산하도록 촉진하고 더 활발한 시민 참여와 경제 발전을 장려할 수 있을 것으로 기대한다.

미래에는 디지털 공유[재]의 지속적 확산이 이뤄질 것으로 기대되며, 그 효율성과 유용성, 사회적 이점만 생각해도 이는 자명해 보인다. 상업적 세계에서도 이를 이해하고 디지털 공유[재]를 활용하기 위한 채비를 하고 있으며, 혹은 최소한 오픈 플랫폼을 도입하고자 준비하고 있다. 이러한 변화를 시사하는 전조는 기업계에서 "공유경제"에 대한 관심이 나타나고 있다는 것이다. 공유경제는 자동차 공유, 아파트 임대, 그 밖의 다양한 형태의 "협업 소비"를 위한 웹 기반의 새로운 비즈니스 모델을 통해 촉진되고 있다. (이런 기업들이 사실상 공유[재]로 기능할지는 전혀 다른 문제이기는 하다.)

기술 기업들은 오픈 네트워크가 자연스레 협력과 공유를 촉진한다는 점을 깨닫고 있다. 그러나 그들이 유지해 온 전통적 비즈니스 모델은 공동체를 "수익화"하는 것에 기초하며, 공동체의 장기적, 혹은 비시장적 이익을 도모하는 것에 꼭 기초하지는 않는다. 따라서 페이스북과 구글은 많은 서비스를 "무료로" 제공하면서도 또한 사람들의 개인 정보를 대대적으로 데이터마이닝7하고 사람들이 웹

---

7. [옮긴이] 데이터마이닝(data mining)은 대량의 데이터의 관계, 패턴, 규칙을 분석해 의미 있는 정보를 추출하는 작업을 말한다.

을 이용할 때 맞춤 광고를 할 수 있도록 해 주는 고도로 개인화된 광고를 시장에 판매하고 있다. 구글의 경우 책 디지털화 프로젝트를 통해 퍼블릭 도메인 자료에 대한 접근을 막는 독점적·특권적 관리자로서의 입지를 다지면서 경쟁사와 공중 전체에 해를 입히고 있다. 이런 사례들이 보여 주듯, 기업들은 "공유"sharing를 통해 수익을 얻을 수 있을 때에만 "공유"를 지지한다. 이는 공유화commoning가 아니다.

그러나 온라인 공유 커뮤니티에 참여하는 사람들은 중요한 문화적 선구자로서의 역할을 하는 사람들이다. 그들은 자신의 사회적 관습과 기대, 그리고 그와 함께 과도한 사유재산권에 대한 반감을 삶의 다른 영역에까지 확장한다. 이것이 스웨덴에 기반을 둔 해적당이 다른 많은 국가에도 해적당이 만들어져 의회에까지 진출하도록 영향을 끼치고 있는 한 가지 이유일 것이다. 또 중요한 국제 저작권 조약인 〈위조 및 불법복제 방지 협약〉ACTA이 2012년 자유문화 지지자들, 자유 소프트웨어 해커들, 오픈 플랫폼 기업들이 힘을 합친 연합 세력에 의해 무효화된 이유이기도 하다.

너무도 많은 사람들이 열린 네트워크와 디지털 공유[재]가 가져오는 자유·혁신·책임성을 맛본 이제, 더 이상 20세기식 지휘 통제의 비즈니스 모델로 돌아갈 수는 없을 것이다. "디지털 세대" 중 사유재산권에 대한 많은 전통적인 인식, 예를 들어 통제력의 독점·상업적 동기·장기적인 공익에 대한 무관심 등은 반사회적인 것까지는 아닐지라도 적어도 이제는 구식이 되어 버린 듯하다. 공유화의 윤리가 어떤 급진적인 법적, 혹은 정치적 변화로 이어질지를 알기는 아직 이르다. 하지만 아랍의 봄, 스페인의 "분노한 사람들" 행진, 미국의 월스트리트 점거 운동, 2012년 비밀리에 마련됐던 해적행위 금지 조약인 〈위조 및 불법복제 방지 협약〉이 철폐된 기념비적 사건 등 지난 몇년간 인터넷에 힘입어 일어났던 움직임들을 통해 판단해 보자면, 공유화의 윤리는 분명 영향력을 발휘하고 있다. 다음 장에서는 공유[제] 패러다임이 사이버공간의 이러한 변화들까지도 초월할 정도로 얼마나 다양하고 강력하게 발현되고 있는지를 보여 주고자 한다.

9장

수많은 공유[재]의 은하계

디지털 공유[재]는 새로운, 현대에 등장한 개념이지만, 적어도 서구에서는 그보다 더 넓은 관점에서 보는 것이 적절하다. 맨 처음은 토착민들이었다. 해커들이 소프트웨어 코드를 공유하기 훨씬 전부터, 그리고 사회 과학자들이 공유[재]에 대한 복잡한 이론을 개발하기 훨씬 전부터 토착민들이 공유화의 기술을 정의했다. 그리고 중세 영국과 유럽 공유[재], 전세계 농어촌의 자급subsistence 공유[재], 공유[재]로 관리되는 도시 공간과 지역사회 프로젝트 등도 오랜 역사를 갖고 있다. 인간 사회는 긴 세월에 걸쳐 공유[재]의 눈부신 향연을 이어 온 것이다.

이 장에서는 공유[재] 중에서도 특히 눈에 띄는 종류의 공유[재]를 좀 더 깊이 살펴보고자 한다. 추상적 개념으로서가 아니라 "현실에서의" 공유[재]에 대한 좀 더 깊이 있는 인식의 지도를 만들어 보려는 것이다.

먼저 방법론적 측면에서 한 가지 짚고 넘어가야겠다. 어떤 사람들은 공유[재]를 분류하는 자연스럽고 논리적인 분류 체계가 있다고 생각하는 것 같다. 하지만 나는 이에 대해서는 매우 회의적이다. 그런 것이 가능하다 하더라도, 적어도 나는 어떤 분류 체계를 도입하더라도 그것이 필연적으로 분석하는 사람의 문화적 선입견을 반영하게 될 거라고 생각한다. 아프리카인이 갖고 있는 공유[재] 인식도는 유럽인의 인식도와 비교하면 전혀 다를 것이고, 그 둘의 관점도 미국인과 비교하면 또 다를 것이다. 분류 체계라는 것은 공유화에 대한, 아주 깔끔하게 정돈된, 정형화된, 지적인 이해를 강요하기 마련이나, 나는 공유화는 궁극적으로는 **경험의 지배를** 받는, 역사적 맥락 속에 놓여 있는 것이라고 본다.

따라서 무리하게 이론화를 시도하기보다는, 공유[재]의 일반적인 특징들을 대표적으로 보여 주는 일반적인 군집^{clusters}으로 어떤 것이 있는지를 간단히 파악해 보는 것이 나을 것이다. 어느 일단의 사람들이 어떤 자원을 공동으로 관리하고자 하고, 특히 그 자원에 대한 공평한 접근과 사용, 장기적인 관리에 각별히 신경을 써 관리하기로 결정하는 경우, 이런 조건만 충족하면 공유[재]가 만들어질 수 있다. 그러나 실제로 존재하는 공유[재] 별들로 이루어진 은하들이 어디에 어떻게 형성되어 있는지 방향을 가늠하게 해 줄 대략적인 인식도를 그려보는 것은 도움이 될 것이다. 따라서 우선 자급 공유[재]와 토착민 공유[재], 사회적 공유[재]와 시민 공유[재], 국가 신탁 공유[재]와 공유[재]를 기반으로 한 기업들에 대해 간단히 살펴보도록 하겠다. (이미 8장에서 유명한 디지털 공유[재]는 살펴보았다.)

자급 공유[재]

전통적인 공유[재], 즉 역사적으로 익숙한 공유[재]이자 현대 학계에서 가장 많은 연구가 이루어지는 공유[재]는 보통 물, 삼림, 어자원, 경작지, 사냥감 등의 자연자원을 중심으로 논의된다. 이러한 자원은 인류의 생존과 안녕을 위해 적극적으로 관리되어야만 하는 자연의 선물이다.

계속 드는 질문은 공동자원에 대한 접근과 사용을 어떻게 관리할 것인가이다. 공유[재]에 대한 무임승차와 남용을 어떻게 막을 수 있을까? 어떤 거버넌스가 가장 적합할까? 일부 공동체나 생태지역 bioregion들은 오랜 기간에 걸친 시행착오와 적극적인 관리를 통해 이런 질문들을 탐구해 왔다. 결국, 사회적 관습과 풍습을 강이나 삼림, 농지의 자연적 역학과 조화롭게 결합한 사회-생태적 체계를 구축하는 것이 핵심이다. 이런 관점에서 어떤 일반적인 공유화의 패턴이 나타나고 있다.

뉴멕시코에서는 토착 히스패닉이 1600년대 이래 아쎄끼아스 acequias라고 알려진 공동체 기반의 수로를 관리해 왔다. 이 "생태문화적" 제도는 미국 남서부같이 극심하게 건조한 지역에서조차도 어떻게 공유[재]가 공동체의 수자원 사용을 환경적 한계에 맞춰 조절할 수 있는지를 보여 주고 있다. 놀랍게도 이 수로는 뉴멕시코 주법의 정식 인가를 받아 운영되는 시설이다. 그러나 물 공급을 관리하고 보호하는 것은 공동체 자체다. 수로를 사용하는 모든 구성원은 연례 배수로 청소 등과 같은 관리 책임을 함께 맡는다. 뉴멕시코 근처의 마을은 교외 난개발과 과도한 수요로 괴로움을 겪고 있지만, 아쎄끼아스는 토양과 물을 보존하고, 지하수를 다시 채우고, 야생 생물과 식물 서식지를 보호하면서 동시에 그들에게 할당된 수자원을 적절히 분배해 사람들의 필요를 공평하게 충족시키는 성공적인 사례를 보여 준다.

자급 공유[재]는 현대인에게는 퇴보적인 것, 전근대적인 것으로 인식된다. 그러나 많은 측면에서 바로 그것이 핵심이다. 한때 시장 활동에 꼭 필요한 제한을 가하는 역할을 한, 시장주의 이전의 사회적 규범으로 돌아가자는 것이다. 공유인에게 궁극의 목적은 시장 가치를 극대화하는 것이 아니라, 공동체의 욕구와 생태적 안정성이 더 중요하다. 자급 공유[재]의 공유인들은 자원을 보호하면서 꼭 필요한 것만을 취한다. 충분함의 윤리를 세우는 것은 현대의 보기 드문 업적이다.

대부분의 경제학자들은 자급 공유[재]에 별로 관심이 없다. 아마도 자급 공유[재]를 작고 고립된, 시장과 동떨어진 것으로 보기 때문일 것이다. 당연히 따분하게 느껴질 법도 하다. 게다가 자급 공유[재]의 가치는 수치로 표현될 수 없기 때문에 GDP 통계에도 나타나지 않는다. 전통적인 경제적 분석틀은 공동체의 자기결정권의 중요성, 생태적 회복력, 사회적 형평이나 장소에 대한 문화적 연대감 같은 건 이해하려야 이해할 수가 없다. 그러나 사유재산권이나 돈 없이 시장 시스템 밖에서 움직이는 자급 공유[재]는 〈국제 공유[재] 연구협회〉의 추정에 따르면 전세계 20억 명의 인구에게 매우 중요한 의미를 갖는다.

물론 자급 공유[재]는 매우 다양하고, 그 나름의 문제가 없는 것도 아니라는 점을 분명히 해 두고 싶다. 상당수는 더 잘 관리되어야 하며, 또 어떤 것들은 관리가 엉망이어서 개선될 수 있는 여지가 있다. 또 어떤 경우는 비우호적인 정치적 환경에 고전하기도 한다. 그럼에도 여전히 자급 공유[재]는 생태적 한계를 존중하고자 노력하는 가운데 일상의 생계와 존엄을 유지하기 위한 중요한 수단이 되고 있다.

토착민의 공유[재]

10년 전, 페루인들은 "경관 보존 공유[재]"로서 감자 공원Parque de la Papa을 지어 안데스 산맥의 토착민이 엄청나게 다양한 토착 감자 종과 품종에 대해 완전한 관리권을 가질 수 있도록 했다. 이는 놀라운 성과였는데, 안데스 부족들이 수천 년에 걸쳐 지어 온, 유전적 가치가 높은 감자 품종 9백여 개 중 일부에 대해 다국적 생명공학 기업들이 특허를 취득하려고 안달이 난 상태였기 때문이다.

공식 명칭은 〈토착 생명문화 유산 지역〉인 감자 공원은 여섯 개 토착 공동체(아마루, 차웨이티리, 꾸요 그란데, 빰빨라크따, 빠루빠루, 사카까)의 주민 7천 명에게 그들의 집단 이익을 위해 공용 토지를 공동으로 관리하도록 인가하고 있다. 이 결정의 목적은 이 사람들이 "개발"(특히 국제 특허 및 무역)로부터 그들의 생계와 생활 방식을 법적으로 지키면서 동시에 농업 및 환경 경관을 보존할 수 있도록 하는 것이다. 감자 공원은 다소 특이하다 할 수 있는데, 왜냐하면 공동체의 가치와 관습이 지역 생태계와 밀접한 관계를 맺도록 하는 것이 공식적으로, 법적으로 인정되어 왔기 때문이다. 하지만 이런 공유[재] 기반 관리는 토착민들의 공유[재]가 어떻게 관리되는지를 대표적으로 보여 주는 예다.

토착민 공유[재]의 종류는 물론 매우 다양하다. 호주 원주민은 오랫동안 신성한 장소, 문화 지식, 뛰어난 예술적 디자인이 외부에 의해, 특히 상업적 이해관계에 의해 악용되는 것을 막기 위해 싸워 왔다. 인도와 동남아시아는 지역 식물과 의약적 치료에 관한 고도의 전문 지식을 보호하고 활용하는 "전통지식 공유[재]"Traditional Knowledge Commons(줄여서 TK 공유[재]라 한다)가 많은 곳이다. 몇몇 다국적 기업들은 이런 지식을 유전자변형작물이나 약품 개발을 위해 특허화하려고 시도하고 있다. 이런 종류의 인클로저를 종종 "생물자원수탈"biopiracy이라고도 부른다. 인도에서는 다국적 기업들이 인도 멀구슬나무 종자와 강황을 특허화하려는 시도를 했던 유명한 사례들이 몇 차례 있었다. 마다가스카르의 풍부한 생물다양성도 특허화할 유전자적 지식을 찾는 데 혈안이 된 기업들의 주요 타겟이 되어 왔다. 이런 상업화는 전통지식 공유[재]에 심각한 위협을 야기하는데, 사람들이 자신들의 지식이 사유화되거나 돈벌이의 대상이 되어 버릴 수도 있다고 두려움을 느끼면 공유[재]에 기여하기를 꺼릴 수 있기 때문이다. 인류학자 마르셀 모스는 이러한 상황에 대해 이렇게 경고했다. "누군가의 선물이 다른 사람의 돈벌이 수단이 되어서는 안 된다."

전통지식 공유[재]에 대한 기업의 인클로저가 벌어지자 일부 혁신적인 반응도 나타나고 있다. 인도의 공유인들은 퍼블릭 도메인 의학 지식 정보에 대한 데이터베이스인 전통지식 디지털 도서관을 만들어, 그런 지식을 사유화하려는 특허 출원 시도에 맞설 수 있도록 했다. 〈자연의 정의〉라는 남아프리카공화국의 변호사 단체는 문화적 전통과 관습을 외부 세력에 의한 전용으로부터 보호하기 위한 참신한 시도로 〈생명문화 공동체 규약〉이라는 제도를 만들었다. 이 규약은 어떤 특정 공공 정책과 관련해 그 정책의 영향을 받게 될 당사자인 공유인이 정책 의사 결정 과정에 참여하고 정책에 대해 충분히 정보를 제공받은 상태에서 사전에 자유 의지에 따라 동의해야만 정책이 추진될 수 있도록 요구할 수 있는 절차적·실질적 권리를 명기하고 있다. 또 프로젝트가 공동체에 미치는 영향을 공유인이 감시하고 평가할 수 있음을 보장하고 있다.

토착민의 공유[재]에 대해 지나치게 일반화하기는 어렵다. 이러한 공유[재]는 너무도 많고 다양한 종류의 자연환경, 부족마다 다른 우주론, 문화적 관습을 담고 있기 때문이다. 그럼에도 불구하고 법학자 레베카 쏘씨Rebecca Tsosie는 각기 다른 토착 사회들이 자연계를 알고 상호작용하는 시스템들 사이에 눈에 띄는 유사점이 있음을 지적했다. 토착민의 공유[재]는 "자연을 하나의 생명이 있는 존재로서 생각하는 인식, 인간은 다른 생명체와 친밀한 관계를 갖고 있다는 믿음, 토지가 부족의 정체성에 매우 중요하다는 인식, 후세대를 포함해 인간 사이의 관계, 나아가 인간과 자연계와의 관계로까지 확장되는 호혜성과 조화의 개념을 반영하는 경향이 있다"는 것이다.

토착민들은 놀라울 정도로 안정적인 사회생태학적 모델을 구축해 왔으며, 이는 바로 그들이 불규칙한 시장 거래가 아니라 장기적인 사회적 관계에 중점을 두기 때문이다. 서구에서는 종종 토착민들의 공유[재]가 엄격한 개인주의, 사유재산권, "가치"라는 시장 개념(즉 모든 것에는 가격이 있다는 의미)에 기초하지 않다는 이유로 그러한 공유[재]를 고려하지 않는다. 미국 원주민법 전문 연구가인 브루스 두투Duthu는 다음과 같이 지적한다. "서구 전통에서 '소유물' 개념은 …… 생태계에 초래되는 장기적인 결과나 자연이 사람들에게 갖는 사회적 의미에 대한 진지한 고려 없이 자원을 이윤 추구에 이용하는 것을 지향한다는 것을 뜻한다. 시장가격 시스템은 자연의 요소들 중 가격이 비슷한 요소들끼리는 기본적으로 동등하다고 가정한다. 자연과 좀 더 직접적이고 자급과 밀접하게 연결된 관계를 갖는 사회들은 따라서 사유재산과 시장중심적인 정서에 대해 이질감, 심지어 모욕감까지도 느낄 수 있다."

수많은 토착민들의 공유[재]의 밑바탕에 깔려 있는 생각인 "자연의 권리"를 인정해 줄 것을 유엔에 요청한 볼리비아의 제안에 선진국들이 코웃음을 친 것도 그리 놀랍지 않다. 남미 빠차마마$^{Pa-chamama}$ 운동 지지자들의 주장처럼 "대지"를 예우한다는 것은 선진국들에게는 비현실적이고 터무니없는 허튼소리로만 들린다. 하지만 그런 편견은 문화에 대한 서구의 태도가 얼마나 우려스러울 정도로 근시안적인지를 보여 줄 뿐이다. 서구 세계는 공유[재]를 상상조차 하지 못한다.

사회 공유[재]와 시민 공유[재]

협력하는 인간의 자연스러운 성향은 혁신의 강력한 원천이며, 이러한 혁신은 매우 다양한 사회, 시민 공유[재]를 낳았다. 좋은 예가 국제적으로 이루어지는 "시간 은행" 운동이다. 시간 은행(미국에서는 "시간 달러"라고 알려져 있기도 하다)은 사람들이 공동체의 다른 사람들에게 서비스를 제공하면 "시간 크레딧"$^{time\ credits}$을 벌 수 있는 시스템이다. 잔디 깎기, 아이 돌보기, 집안일 돕기, 병원에 데려다주기 등의 서비스를 남에게 제공하고, 그렇게 번 크레딧을 사용해 공동체의 다른 구성원에 의해 제공되는 서비스를 이용할 수 있다. 종종 교회나 비영리 단체에 의해 관리되기도 하는 시간 은행은 돈보다 시간이 더 많은 많은 노년층과 빈곤층에게 유용한 것으로 확인되고 있다. 그들은 자신의 시간을 일종의 "화폐"(시간 크레딧)로 바꿔 이를 이용해 시장에 의해 충족되지 못하는 기본적 필요를 충족할 수 있다. 흥미롭게도 많은 참여자들이 시간 은행을 대체 시장으로서보다는 사회적 관계를 쌓기 위한 시스템으로 인식한다.

혈액과 장기 기증 시스템도 사회 공유[재]의 한 예다. 장기와 혈장은 때때로 상품처럼 취급되기도 하지만, 사람들이 신체의 구성 물질(조직, 장기, 혈액, 신체 기관)의 기증을 사회적 선물로 간주하고 싶어 하기 때문에 자발적인 시스템이 유지되는 것이다. 혈액은행은 사람들이 자신에게 직접적인 득이 될 만한 것이 전혀 없는데도 사회적 의무감이나 사랑하는 사람들에 대한 헌사로서 자신의 것을 기부하는 "선물 경제"에 종종 비유되어 왔다. 몇몇 잘 알려진 연구에서 밝혀진 바와 같이, 혈액과 장기 기증에 대한 선물 경제는 시장을 괴롭힐 수 있는 윤리적 갈등을 피할 수 있게 해 줄 뿐만 아니라 나아가 더 질 좋은 혈액과 장기의 기증을 촉진할 가능성이 크다. 혈액이나 장기를 팔 가능성이 가장 큰 사람들은 알코올 중독자, 약물 중독자, 건강이 좋지 않은 사람들이다.

5장에서 논의한 것처럼, 학문 분야도 중요한, 생산성 높은 사회 공유[재]다. 연구자들은 보통 돈이나 법적인 계약을 통해 지식을 교환하지 않는다. 대학과 학과는 선물 경제를 위한 기반시설에 해당한다. 학문 연구와 교육은 이 분야에 의해 제공되는 "상품"이 아니라 이 분야에 대한 "기여"로 여겨진다. 학과는 개인들 사이의 금전 거래가 아니라, 공유·공개 토론·동료검토라는 공동체 윤리를 통해 발전한다.

사회 공유[재]는 사람들이 개인 내면의 의지와 서로에 대한 지지를 키워 가도록 뒷받침하기 때문에, 시장과 관련한 윤리적인 문제들을 피할 수 있게 해 준다. 반면 시장은 일반적으로 장기적인 관계가 아닌 단발적인 매매 거래에 초점을 맞추기 때문에, 보통 고결한 윤리가 자랄 틈을 주지 않는다. 초점은 "금전적인 관계"에 맞춰지고, 관계는 인간미 없고 사실상 한시적(혹은 일시적)이며, 칼같이 정확하게 나눈 가치 교환에 기초한다. 개인과 개인의 이해관계의 구분도 상당히 철저히 유지된다.

반면 선물 경제의 경우, 루이스 하이드가 자신의 고전적인 명저 『선물』*The Gift*에서 지적했듯, 사회적 경계선은 선물 교환을 통해 흐릿해지거나 심지어 아예 없어지기도 한다. 손톱만큼도 손해 안 보려고 정확히 똑같이 주고받았는지를 따지는 계산 같은 것은 없다. 중요한 건 지속적인 사회적 관계와 공감을 만드는 것이다. 하이드 책의 소제목인 「상상과 소유물의 에로틱한 생애」는 이런 생각을 잘 담아내고 있다. 선물은 사람들이 서로 더 가까이 다가갈 수 있게 해 주며, 특히 선물의 교환이 간접적으로, 시간이 흐르면서 간헐적이지만 지속해서 이루어질 때 더욱 그런 경향이 있다. 선물이 사람들 사이에서 계속 순환되는 한, 그중 무엇이 "소유된" 것인지에 대한 사람들의 정확한 인식은 없는 가운데에서도 사회 공유[재]는 번창한다.

사회 공유[재]는 특히 인터넷상에서 빠르게 확산되고 있다. 왜냐하면 사회 공유[재]는 종종 광고, 법적 계약, 급료 등으로 들어가는 비용 등 시장이 요구하는 거래 비용을 현저히 낮춰 주는 경우가 많기 때문이다. 신뢰할 수 있는 공동체를 통해 활동을 조정하는 것이 종종 더 싸고, 쉽고, 더 믿을 만한 경우가 많다. 이 때문에 "협업적 소비"가 시장 경제의 새로운 하이브리드 분야로 점차 각광을 받고 있다. 정교하게 설계된 웹 시스템을 통해 사람들이 자동차, 통근 차량, 자전거, 도구 등을 서로 나눠 쓰는 (금전 거래에 기반한) "공유"를 실천할 수 있게 되고 있다.

더 눈길을 끄는 인터넷 기반 선물 경제의 예로 카우치서핑이 있다. 카우치서핑은 전세계 9만 7천여 개 도시와 마을에서 여행객들(과 집주인들)이 하룻밤 묵어갈 곳을 나눌 수 있게 해 주는 격식 없는 무료 시스템이다. 집주인과 여행객 사이의 금전 거래는 절대 금지된다. 카우치서핑은 웹을 통해 중재가 이루어지는 거대한 선물 경제로, 연간 5백만 명이 넘는 사람들이 생판 모르는 남인데도 서로 잘 곳을 내주고 신세를 질 수 있게 해 주고, 종종 그 과정에서 새로운 우정을 쌓아 가기도 한다.

사회 공유[재]는 지역 공동체 정원·마을 축제·시민 모임·아마추어 스포츠 리그·친환경 마을·공동거주·공동체 지원 농업 등 우리 인생 자체만큼이나 즉흥적이고 다양한 형태로 나타난다.

도시는 특히 그곳에 사는 사람들의 다양성과 밀집성 때문에 사회 공유[재]가 자라나기에 더없이 좋은 비옥한 환경이다. 샌프란시스코가 그 선두 주자 격이라 할 수 있다. 이 지역 단체인 잡지 『셰어러블』이 〈공유도시를 위한 정책〉이라는 정책 제안서를 발간한 후, 에드 리 샌프란시스코 시장은 〈공유경제 실무 그룹〉을 구성, "공유도시" 활성화를 위한 방법을 모색했다. 그렇게 해서 나온 아이디어로 시민들 간의 자원 공유(예를 들어 통근 차량 함께 타기), 시 당국 지원하의 공동 생산(도시 농업), 시민들 간의 상호 지원(노인 의료 지원) 등이 있다. 이탈리아 나폴리에서는 루이지 데 마기스트리스 시장이 공유[재] 보좌관을 임명해 지역 공유[재] 시스템을 검토해 정책에 반영하고, 전국 지자체 공무원들이 힘을 모아 지역 공유[재]에 대한 시 당국의 지원을 개선하도록 하고 있다.

이탈리아 로마에서는 과거 오페라 극장이었다가 이제는 대형 대중 공연장이 된 〈떼아트로 발레〉에 대한 시 당국의 지원이 끊기자, 이곳에 근무했던 전 직원들이 2011년 극장 부지를 매입해 시민이 운영하는 공유[재]로 관리했다. 이 운동은 정부가 소중한 공공 재산을 사유화해 임대료 상승과 주민들의 퇴거를 야기하고 시민 복지 공간을 제대로 관리하지 못하는 상황에 대한 시민의 항의가 한층 더 강하게 표출된 사건이었다. 〈떼아트로 발레〉 점거 운동은 지금도 진행 중으로, 다른 시민 단체들도 이 운동에 영감을 받아 시민의 건물과 공간을 되찾기 위해 직접 행동에 나서는 항의 시위를 시작하기도 했다. 단순히 사유화에 맞서 싸우는 것이 아니라, 분개한 로마 시민들은 이제 대의정치 이상의, 적극적이고 지속적인 자치가 필요함을 깨닫게 된 것이다.

도시 지역에 사회 공유[재]를 확산하려는 좀 더 과감한 시도들도 있다. 도시 설계가 니코스 살린가로스, 페데리꼬 메나-퀸떼로 등은 P2P 생산의 원칙을 도시 환경에 적용하기 위해 실험 중이다. "P2P 도시계획" P2P Urbanism이라고도 하는 이 계획은 일반인에게 좀 더 쾌적한 도시 디자인과 일상생활을 선사하는 것을 추구한다. 스타 건축가들이 많은 도시에 입혀 놓은 인간성이 말살된 대작주의 monumentalism 대신, P2P 도시계획은 패턴 이론의 대가이자 건축가인 크리스토퍼 알렉산더의 지혜를 빌려 도시 계획에 협업적 디자인과 사용지 참여를 도입할 것을 제안한다. 또 오픈 소스 소프트웨어와 동료생산 방식처럼, 도시 계획을 지역 여건과 개인의 욕구에 맞춰 적용할 것을 제안한다.

공유[재] 기반 사업들

어떤 공유인들은 원칙적으로 보면 화폐경제의 윤리는 근본적으로 공유화의 이상에 반한다고 생각한다. 또 어떤 공유인들은 시장과의 관계가 공유[재]를 저해하지만 않으면 시장과 실용적인 관계를 갖는 것이 가능하다고 좀 더 열린 태도를 갖는다. 그렇다면 시장 활동과 공유[재]가 조화롭게 공존할 수 있을까? 이 질문은 일부 공유인들에게는 논란의 여지가 많은 질문이다.

내 개인적인 입장은, 사회로부터 완전히 고립된 채 작동할 수 있는 공유[재]는 거의 없다는 것이다. 사실상 모든 공유[재]는 어느 정도는 국가나 시장에 의존하는 이중적인 존재다. 따라서 중요한 것은 공유[재]의 목적이 타협 없이 온전한 상태로, 자율적 의지에 따라 최대한 지켜질 수 있도록 하는 것이다. 공유[재]가 시장과 상호작용하려면, 인클로저·소비주의·자본축적에 대한 욕망, 그 밖에 자본주의가 가져오는 비슷한 병적 현상들에 저항할 수 있어야만 한다.

공유[재]와 시장 사이의 지속가능한 화해의 지점을 찾는 것은 까다로운 숙제다. 그런 점에서, 시장이 꼭 자본주의와 동일한 것은 아니라는 점을 이해하는 것이 도움될 것이다. 시장도 공동체에 충분히 녹아들고 공동체에 대해 충분히 책임을 다한다면, 완전히 지역에 융합된, 공정하고 공동체 필요에 부응하는 존재가 될 수 있다. 그러나 마조리 켈리의 표현처럼, 현대인의 삶에서는 상업이 거대 국가 시장, 세계 시장과 통합되어 "자본의 신성한 권리"에 의해 좌우되는 경우가 너무도 많다. 자본 기반 시장은 소비자·노동자·공동체의 권리를 박탈하는 거대한, 구조적인 힘의 불균형을 야기한다. 이러한 시장은 그 행동이 가져올 장기적 결과에 대해서는 아랑곳없이 자연을 마구 약탈한다.

그러나 다행히도 많은 공동체들이 시장의 구조와 행동에 좀 더 큰 영향력을 행사하기가 점점 더 쉬워지고 있다. 예를 들어 공동체 지원 농업CSA과 지역농 시장은 해당 지역 공동체에 깊은 이해관계를 갖고 있다. 이처럼 시장이 사회적 관계와 지역적 책임을 갖게 됨으로써, 공동체는 글로벌 자본주의의 탐욕스러운 윤리에 휘말리지 않고 많은 욕구를 충족할 수 있게 된다. 시장이라고 꼭 약탈적이고 사회를 좀먹는 존재일 필요는 없다. 시장도 공동체에 사회적으로 융화되고 지역의 필요에 부응하는 방식이 될 수 있다. 다른 예로 협동조합, 슬로푸드 운동, 상호 사업(조합원과 소비자가 소유하는 형태) 등이 있으며, 모두 각기 다른 방식으로 더 큰 사회적 가치를 시장 활동에 통합하기 위한 시도를 한다.

내가 지금까지 본 공유[재] 기반 기업 중 가장 성공적인 사례는 베네수엘라의 〈라라 사회서비스 중앙 협동조합〉, 즉 〈세꼬세쏠라〉Cecosesola다. 40년 넘게 자치로 운영되며 재정적으로도 자립된 이 기업은 은행·농장·공장 등 80개가 넘는 협동조합과 시민 단체, 기관을 운영해 왔다. 〈세꼬세쏠라〉는 위계적 구조와 상관 세노를 의도적으로 거부하고 업무와 생산 공정을 1,200명의 동등한 지위의 근로자들에게 할당한다. 총회를 통해 심사숙고하여 합의점을 찾기 위해 노력하며, 이 과정에서 서로 이해를 돕기 위한 교육·의사소통·대화가 충분히 이루어진다. 〈세꼬세쏠라〉가 운영하는 5개 지역 식료품 시장의 가격은 수요가 아니라 "공정성"에 기초해 결정된다. 예를 들어 모든 채소는 킬로그램당 가격으로 동일하게 판매되는 식이다. 신뢰 구축, 공익에 대한 의지, 위험을 감수하는 용기(이 모두가 유연한, 진화하는 조직 구조 안에서 가능하다)가 이 도무지 불가능해 보이는 〈세꼬세쏠라〉의 성공의 밑바탕에 깔린 비결이다.

공유[재]와 시장을 혼합하는 비결은, 뚜렷하게 다른 공유화의 문화를 육성하면서 동시에 공유[재] 주변에 "수호할 수 있는 경계"를 세움으로써 그 기본적 자율성을 유지할 수 있도록 하는 데 있다고 생각한다. 중세 시대 서민들은 종종 자신들의 임야나 일부 공동

토지의 주변을 걸어 다니면서 "경계를 정하고는" 했는데, 이는 공동체의 의미를 기리기 위한 연례행사이자 공유지의 경계를 순찰하는 기회이기도 했다. 그러다가 누군가 공유지를 사유화하려고 울타리나 담장을 쳐 놓은 것을 발견하면 서민들이 울타리를 때려 부수고 그들의 공유지를 온전한 상태로 되돌려 놓았을 것이다. 공동체가 공유지의 "경계"를 정해 이를 지키는 것이 매우 중요한 것이다.

오늘날 우리가 해야 할 일은 중세 시대에 "경계를 정한" 것처럼 현대에 맞는 경계 긋기 방식을 마련하는 것이다. 사이버 공간에서 볼 수 있는 두 성공적 사례가 소프트웨어를 위한 GPL과 CCL이다. 두 라이선스 모두 각각 코드와 디지털 콘텐츠를 사적으로 전용하는 것을 막음으로써, 공유인들이 공동의 노력을 통해 얻은 결과물에 대한 통제력을 되찾을 수 있게 해 준다. 남아공 시민운동 단체 〈자연의 정의〉가 개발한 생명문화 규약의 목적도 이와 비슷하다. 즉 다국적 기업들이 토착민들의 민족식물학적 지식과 농업생태적 관습을 마음대로 전용하지 못하도록 막는 것이다.

오늘날의 공유인들에게 "경계선 긋기"란, 공유[재]를 보존하는 방법으로서 공식적인 규칙과 윤리적인 규범을 마련하는 일이다. 위키피디아 편집에 적용되는 정교한 관리 규칙, 마인 강의 바닷가재 어부들이 그들 사이의 협상을 통해 정하는 관습, 뉴멕시코 아쎄끼아스 수로 이용 규칙 등, 이 모든 규율들의 목표는 자원과 공동체를 보존하면서, 동시에 공유[재]를 일구는 데 아무런 노력을 투자하지 않은, 혹은 공유[재]를 훼손하거나 무임승차하기도 하는 외부 세력을 배제하는 것이다.

이처럼 자체적 규칙을 고안하고 거버넌스를 갖출 때 공유인들은 또 한 가지 효과를 더 얻게 된다. 시장에 의존할 수밖에 없는 소비자들의 욕구에 시장이 좀 더 적극적으로 부응하도록 시장에 압력을 가할 수 있다는 점이다. 시장에 영향력을 행사하고 시장을 길들일 수 있을 만큼의 힘을 가진 논리적인 공동체라는 의미에서, 이를 "공유[재] 기반 시장"이라고 부를 수도 있을 것이다. 이런 시장은 인터넷에서 좀 더 활발히 활성화되고 있는데, 인터넷상에서는 사회적 공동체(혹은 느슨한 네트워크)가 어떤 특정 욕구 충족을 위해 시장으로 눈을 돌리기 전에, 공통 관심사에 대해 열정적인 동호인 단체가 자연스럽게 형성될 수 있기 때문이다.

MIT 교수 에릭 폰 히펠은 그의 저서 『혁신의 민주화』에서 자전거, 서핑, 암벽등반 등 수많은 "익스트림 스포츠" 동호회를 소개한다. 이러한 동호회들이 앞서 나가는 신선한 아이디어를 발굴하면 기업들이 그런 아이디어를 가져다 개발하고 상업화한다. 물론 많은 공유인들은 원칙적으로 공유인은 자신에게 필요한 것을 직접, 싸게, 그리고 어쩌면 더 빠르게 생산할 수도 있는데 도대체 영리적 기업이 왜 필요하냐고 묻는다. 일리 있는 말이다. 그러나 공유인들에게 필요한, 때로는 복잡한 기업의 역할(자본을 마련하고 복잡한 공급 체인을 관리하는 등)을 공유[재]의 맥락 속에서 수행할 현실적 능력은 아직 제한적이다. 그러나 이런 상황도 가까운 미래에 바뀔 수 있을 것이다.

공유인들 사이에는 공유[재]를 자본의 착취로부터 어떻게 적절히 보호할 수 있는가에 대해 많은 논쟁이 있다. 공유[재]가 어떻게 체계화되어 그 논리가 자본시장의 논리로부터 분리되고, 그러면서도 필요할 때 시장과 상호작용할 수 있을 것인가? 실케 헬프리히는 그 열쇠는 공유[재]가 스스로 보호하고 재생산할 수 있는 능력을 갖도록 하는 것이라고 말한다. 공유[재]는 반드시 그 자체 구조 내부에 제 수명과 자기방어를 보장할 수 있는 능력을 갖고 있어야 한다. 공유[재] 스스로가 공유[재]라는 자원과 공동체 규범을 보호할 수 있어야 한다는 것이다.

이러한 목표는 외부의 전용이나 개입을 막는 법 제도를 마련함으로써 달성될 수도 있을 것이고, 혹은 공유[재]의 거버넌스를 이루는 사회적 관습과 규범을 통해 달성될 수 있을 것이다. 시장으로부터의 지리적 고립 혹은 기술적 장벽(자원 주변에 울타리를 치는 것, 즉 접근 권한이 있는 공유인들만 드나들 수 있는 디지털 "문"을 만드는 것)을 통해 달성될 수도 있을 것이다. 그런 보호 없이는 공유[재]는 자본에 의해 전용될 위험이 크고, 이는 구글 북스 라이브러리 프로젝트, 페이스북, 그 밖의 다른 개방형 플랫폼의 사례에서도 확인할 수 있는 문제다. 그런 상황에서 공유화는 공유인들로부터 소외되고 사유화될 수 있는, "시장이 주입한" 또 다른 상품이 될 뿐이다. 따라서 공유[재]가 투자된 노동의 결과물을 보호하고, 스스로 재생산하고, 또 다른 공유[재]를 재생산할 수 있는 수단을 마련하는 일이 중요하다.

헬프리히는 우리에게 필요한 것은 "공유[재]에 기반한commons-based 공동 생산에서 공유[재]를 만드는commons-creating 공동 생산으로의 전환"이라고 말한다. 그는 궁극적으로 "공유[재]는 제도적 형태나 재산권에 관한 문제가 아니라, **목적**에 관한 문제다. 공유화의 끝이 결국 시장에서의 판매로 귀결된다면, 공유[재]에 기반한 생산의 과정에 참여해 이해관계를 갖고 있는 다른 모든 사람들은 뭐가 되는가?"하고 주장한다. "열린" 시스템은 공유[재]에 기여한 사람들의 장기적인 사회적·생태적 이해관계가 존중되거나 보호받을 거라는 보장은 전혀 해 주지 않는다.

국가신탁 공유[재]와 전지구적 공유[재]

우리의 공유자원 중 상당수는 너무 규모가 커서 정부의 적절한 관리가 필요하다. 이런 공유자원^{CPR}으로는 국립공원, 연방 정부 출자 연구, 국유지, 전파, 대기 등 규모가 큰 자원들이 포함된다(기억하자. 공유자원은 자원이되 공유인이 관리하지 않는 자원이다. 공유[재]는 자원+공동체+그 자원을 관리하기 위한 규칙과 규범이 합쳐진 개념이다.) 거대 공유자원을 작은 마을의 공유[재]와 같은 방식으로 관리하기는 불가능하다. "공유[재] 기반시설"이라는 더 커다란 제도적 시스템과 법적 제도가 필요하다.

국가신탁 공유[재]$^{state\ trustee\ commons}$는 대규모 공유[재]를 관리하는 한 가지 방법이다. 이는 국가에 의한 자원 관리와 같은 말이 아니라, 공유화를 촉진함에 있어 국가의 중요한 역할을 강조하는 방식이다. 따라서 정부를 "단지 자원을 관리하는" 존재로 생각할 것이 아니라, 어떻게 하면 국가 체계가 정책 수립과 실행에 있어 시민이 좀 더 폭넓고 활발한 역할을 하도록 할 수 있을지에 대해 생각해 보아야 한다.

그러한 점에서 국가의 역할을 처음부터 바로 잡고 시작하는 것이 도움이 될 것이다. 그것은 바로, 국가가 공유인을 위한 **신탁 관리자**로서의 역할을 해야 한다는 것이다. 국가는 공동의 자산을 인클로저로부터 양심적으로 관리하고 보호해야만 한다. 그러한 자산에 모든 사람이 공평하고 동등한 조건으로 접근할 수 있도록, 그리고 공유인들이 진정한 공유화에 참여할 수 있는 권한과 장소를 갖도록 보장해 주어야 한다. 나는 정부 운영 프로그램을 **국가신탁 공유[재]**라고 불러야 한다고 생각하는데, 그 자원이 국가가 아니라 국민에게 속한 것임을 강조하기 위해서다. 신탁 관리자로서 국가는 가능한 최소 수준의 거버넌스만을 두고("보완성"의 원칙) 가능한 최대한의 투명성, 참여, 관리를 보장할 적극적 의무를 지닌다.

국가신탁 공유[재]는 여러 가지 형태일 수 있다. 정부 관리 자산의 임대료를 관장하는 방식일 수도 있고, 독립 공유[재] 신탁 단체가 위임받은 권한을 행사하도록 인가하는 방식일 수도 있다. 또 소셜네트워킹 서비스 등의 온라인 도구를 사용해 정부 절차에서 유용한 사용자 참여를 이끌어 낼 수도 있다. 실제 사례 몇 가지를 살펴보자.

미국 연방 정부는 목장주들에게 공유지 방목권을 헐값에 임대한다. 공유지에서 금, 은, 및 기타 귀금속을 채굴할 권리를 에이커당 5달러에 판매하고 아무런 고정 사용료를 받지 않는다. 또 이동통신사에 주파수 일부를 경매를 통해 판매함으로써 주파수 가치를 일부 벌충한다. 국가신탁 공유[재]의 관건은 어떻게 그런 국가 신탁자가 양심적인 토지 관리인으로서, 또 임대에 대해서는 책임 있는 임대 수익 관리자로서의 역할을 하도록 하느냐이다. 이러한 인식이 공익을 위해 공공 자원을 관리하는 정부 기관의 법적 체계, 운영, 책임성 메커니즘 안에 반영되어야만 한다.

이를 기막히게 달성한 모델이 이해당사자 신탁이다. 그 전형적인 예로 알래스카 영구 기금을 들 수 있는데, 이 기금은 주 의회가 설립한 독립 신탁 기금으로, 주정부 소유 토지로부터 추출된 석유에 대해 약간의 로열티를 징수한다. 그러고는 매년 가계별로 보통 대략 1천 달러씩의 배당금을 지급한다. 이 기금은 정부로부터 독립된 단체고 특정 수혜자들(알래스카 주민)을 대신하는 신탁 기금의 역할을 하도록 지정되었기 때문에, 석유 추출 수익의 일정량은 곧바로 납세자의 주머니로 들어가도록 함으로써 납세자가 비근로 수입원을 얻게 된다. 최근 출간된 한 저서(칼 와이더퀴스트와 마이클 하워드가 쓴 『알래스카 모델 적용』)에서도 설명하듯, 이 모델이 미국과 전세계의 다른 많은 종류의 자연자원 관리에 적용될 수 있을 것이다. 실제로 미국 버몬트 주의 공유인들은 주의 야생 생물과 어자원, 삼림, 지하수, 광물, 그 밖의 자연자원의 수탁자이자 관리자로서의 역할을 할 공유 자산 신탁 기금을 제안하기도 했다. 소셜네트워킹 서비스의 혁신 덕분에, 이제 주 정부가 온라인 플랫폼을 통해 시민에게 더 많은 역할을 부여하는 것을 상상하는 것도 가능해졌다. 시민은 이미 정해진 (심하게 말하면 조작된?) 정부 어젠다에 "참여"하는 것 이상의 역할을 할 수 있다. 자신이 직접 고안한 새로운 아이디어를 제안할 수도 있고, 실제로 영향력이 있는 실질적인 책임을 담당할 수도 있다.

앞서 나는 시민이 환경 관련 데이터 수집을 돕거나 나사^{NASA}가 화성의 분화구를 분류하는 작업을 돕도록 시민 참여를 독려하는 수많은 "환경 디지털 공유[재]"에 대해서도 언급했다. 또 다른 예로 미국 특허상표청의 P2P 프로젝트도 있는데, 이 프로젝트에서는 사람들이 발명에 대해 "선행 기술" 사례를 제출할 수 있도록 한다. 이는 독창적 발명에 대한 소유권을 주장하는 특허 출원에 대해 의문을 제기할 수도 있을 선행 발명을 파악할 수 있도록 도움으로써 특허의 품질을 향상시키는 한 가지 방법이다. 이러한 위키 방식의 크라우드소싱을 통해, 정부가 미래의 혁신을 저해할 수도 있을 부적절한 특허 독점이 마구 생겨나지 않도록 막을 수 있다. 이처럼 적절한 지원이 있을 때, 특정 분야에 대한 전문성과 관심이 있는 공유인들은 기관 감시자로서의 역할을 하는, 적극적인 유권자로 좀 더 활발한 역할을 할 수 있게 된다. 또 유권자들은 자기 나름의 혁신을 도출하고 정부 기관이 맡은 바 임무를 더 잘 수행하도록 압력을 행사할 수도 있다.

국가신탁 공유[재]와 관련해 노력이 이루어질 수 있는 새로운 분야 중 하나는 국가를 넘어 지역이나 전지구적 규모의 공유자원에 대한 관리를 향상시킬 수 있는 제도적 형태와 법적 원칙을 고안하는 것이다. 기존의 국가-주 정부, 그리고 국제 신탁 단체들은 예를 들어 전세계 탄소 배출에 대한 강제성 있는 한도를 정한다거나, 어자원, 산호초의 파괴나 생물다양성 손실 등 여러 정치적 관할권에 걸쳐 있는 문제들은 건드리지 않으려 할 것이 뻔하다. 이런 문제들은 이미 수십 년 동안 곪아 온 문제들로, 시장/국가가 인제 와서 정신을 차리고 이런 문제들을 악화시키고 있는 상업적 활동에 실질적인 제재를 가할 거라고 기대하기는 어렵다.

내가 동료 번스 웨스턴과 함께 쓴 『녹색 거버넌스: 생태적 생존, 인권, 공유[재]의 법칙』에서, 우리는 새로운 종류의 최소주의적 방식, 즉 지방, 지역, 국가, 초국가, 전세계적 차원 모두에서 공유[재]의 효과를 촉진할 수 있을 만한 유연한 정책 구조를 상상해 보고자 했다. 이를 통해 우리는 국가신탁 공유[재]를 넘어 완전히 독창적인 방식의 국가 지원 방식을 생각해 냈다. 이 방식의 목표는 상의하달식 세부적 관리 통제나 정치적 개입 없이 공유[재] 자체가 갖고 있는 자기 강화적 에너지가 의미 있는 거버넌스 형태로서 발현되도록 하는 것이다. 이를 설계하는 과정에서의 어려움은 공유자원에 대한 거버넌스는 가능한 한 최소 수준으로 하고(종종 "보완성"의 원칙이라 한다), 권한의 중심은 여럿 두는 방법을 찾는 일이다. 이 과정에서 공유[재]의 단계는 다각화되며, 더 높은 수준의 거버넌스 "안에 내포"된다. 이는 엘리노어 오스트롬이 자신의 연구에서 고민한 "다중심성"polycentricity의 개념이다.

회의론자들은 그런 생각은 전세계 환경 문제를 해결하기에는 너무 사변적이고 설득력이 떨어진다고 코웃음 칠지도 모르겠다. 하지만 능력도 없고 사회적 신뢰도 잃은 중앙집권적 국가 기관들이 사람들이 변화를 받아들이도록 만들 수 있을 거라고, 더구나 시장/국가 자신도 실행하고 싶은 생각이 애초부터 없는 그런 변화를 강제할 수 있을 것으로 생각하는 게 확실히 더 유토피아적이지 않을까. 반면 공유[재]는 사람들이 직접적인 책임을 지고, 시장 활동을 제한하고, 인간 개발의 새로운 비전을 만들고, 충분함의 윤리를 고양하도록 사람들을 자극할 수 있는 능력을 보여 왔다. 이 새로운 전지구적 공유[재]가 어떻게 체계화되든(이는 우리가 여기서 다루기에는 너무 긴 토론일 것이다), 새로운 국가 중재 시스템은 공유[재] 기반 거버넌스가 발전될 수 있는 새로운 공간을 열어 주어야 할 것이다. 적어도 번스 웨스턴과 내가 제안하는 비전은 그렇다.

그런 전지구적 공유[재]는 사실 기존의 전통적인 공유[재] 개념에서 벗어난 것이다. 그러나 나는 이를 논리적으로 확장된 개념으로 본다. 전지구적 공유[재]는 물론 고전적인 공유[재]와 관념적 측면에서 맥을 같이 하며, 다만 거기에 더해 인류 공통의 생태적 선물을 보존하기 위한 새로운 "상상의 정책"policy imaginary의 존재를 상정할 것을 제시한다. 이 길로 나아가기 위한 첫걸음은 국가가 공유[재]를 그 자체로 별도의, 준독립적인 영역으로 인식하는 것이다. 공유[재]는 국가 관료 체계가 절대로 갖지 못할 공급 능력과 사회적 정당성을 갖고 있다.

이런 생각은 분명 신자유주의적 시장/국가 개념의 과감한 재편을 요구한다. 미셸 바우엔스는 국가와 시장이 양분하고 있던 거버넌스 권한을 공유[재]와 함께 나누는, **시장/국가/공유[재]**의 "삼두체제"로 다시 상상할 것을 제안하고 있다. 목표는 권한과 자원 공급의 책임을 보다 큰 사회적 이익을 가져오는 새로운 방식으로 재편하는 것이다. 미셸 바우엔스의 말처럼 국가는 이제 시장 부문과 유

착해 한통속으로 움직이는 것을 뛰어넘어 "협력자 국가"Partner State
의 역할을 추구해야 한다.

삼두체제의 한 구성원으로서, 국가는 깔끔하게 구획으로 나뉘기
가 쉽지 않은 자원(대기, 대양 어자원, 인간 유전자)을 관리하는 데
있어 여전히 중요한 역할을 맡게 될 것이다. 또 지역적으로 많은 양
의 돈을 벌어들일 수 있는 자원(석유 추출, 광물)을 관리하게 될 것
이다. 그러나 공유지, 국립공원, 야생보호구역, 국가 지원 연구, 시민
기반시설을 양심적이고 효과적인 방식으로 관리하기 위한 적절한
방법을 마련해야 할 것이다. 정부 기관이 공유 자산에 대해 양심적
이고 투명한 수탁자로서 역할을 하도록 체계가 정립되어야 한다.

순수주의자들은 공유되는 자원을 위한 정부 관리 체계는 사
실상 공유[재]로 생각할 수 없다고 반대할지도 모른다. 그러나 오픈
소스 소프트웨어나 학술 연구 같은 공유[재]조차도 온갖 종류의 간
접적인 방식으로 정부와 시장에 의존한다는 사실을 기억하자. 정부
자금 지원은 인터넷 발전의 바탕을 제공했고 지금도 엄청나게 많은
학술 연구를 가능케 하고 있다. 대부분의 개인 컴퓨터는 여전히 상
업적 업체들을 통해 판매된다. 그 외에도 예는 많다. 문제는 시장이
나 정부가 공유[재]에 있어 어느 정도 역할을 하느냐, 아니냐가 아니
라, 어떤 조건하에서 어느 정도까지 역할을 하느냐 하는 것이다. 이
때 가장 큰 어려움은 공유[재]가 그 상태 그대로 최대한 보존되도록
하는 것이고, 그럼으로써 공유화의 열매를 영리하고 탐욕스러운 기
업과 정부들이 빼돌리지 못하도록 하는 것이다.

지금 당장은, 국가 인가에 의한 공유[재] 영역이라는 아이디어가

정치적으로 비현실적인 이야기처럼 보일 수도 있다. 결국 국가는 대형 기업을 제외한 대부분의 공동 사업체들에 대해서는 대체로 무관심하거나 적대적이다. 따라서 공유인들이 지속해서 고민할 수밖에 없는 심각한 어려움은 어떻게 하면 자기조직을 통해 준독립적 집단으로 존립할지 하는 것이다. 이러한 집단들은 위키, 종자 공유 집단, 물 공유[재] 등 그들의 다양한 자원을 쌓아 가고 보호하고, 국가가 그러한 자원들을 인식하고 존중해야 한다고 주장하고자 전념하는 집단들이다. 우리에겐 공유[재] 영역 안에 정치적으로 집결할 수 있는 새로운 연합이 필요하다. 공유[재]가 법체계 안에 진정으로 자리 잡을 수 있도록 하기 위한 법적 혁신을 반드시 이룩해야만 한다. 그렇게 되기 전까지는 자본의 제국이 계속 그 숨 막히는 논리를 가능한 한 널리 강제할 것이다.

이번 장에서 공유[재]의 대표적인 종류를 살펴보기는 했지만 사실 세상에 존재하는 공유[재]의 다양성을 두루 보여 주지는 못했다. 하지만 이러한 개괄이 공유[재]의 범위와 복잡성, 그리고 "차이점 속에서도 깊은 유사점이 있음을" 이해하는 데 도움이 되었길 바란다. 이렇듯 놀라움을 선사하는 능력이 진정 공유[재]가 가진 변함없는 특성이다.

10장

지각과 존재의
다른 방식으로서의 공유[재]

공유[재]의 형이상학
지역주의를 위한 실험장으로서의 공유[재]
발전의 새로운 비전으로서의 공유[재]
국가와 공유[재] 사이의 화해 지점을 찾다

독일 이론생물학자인 안드레아스 베버에게 공유[재]는 단지 공공 정책이나 경제학의 문제가 아니다. 공유[재]는 세포 물질에서 인간에 이르기까지 모든 형태의 생명이 존재하기 위한 조건이다. 그는 이렇게 말한다. "공유[재] 개념은 이른바 자연과 사회/문화 사이의 대립을 허무는 단일한 원칙을 제공한다. 공유[재]는 생태적인 것과 사회적인 것의 구분을 없앤다." 그에 따르면 공유[재]는 우주, 그리고 그 안에서의 인간의 역할을 다시 상상하기 위한 수단을 제공한다.

우리가 경제적·정치적 시스템을 진정 변화시키고자 한다면, 그러한 시스템에 깊이 내재된, 의심 없이 받아들여 온 전제들을 건드려야 한다고 베버는 주장한다. 사실 현실의 본질 자체를 재평가해야만 한다. 자유주의 정치 패러다임과 다윈 진화론의 인식 체계에 갇힌 인간 생명체로서 대부분의 사람들은 암묵적으로 삶은 냉혹하고 치열한 싸움이며 경제란 수많은 개인들이 사적인 부와 이익을 극대화하려고 아등바등하는 일종의 기계라고 본다. 오직 경쟁에서 승리하는 것이 전부다. 또 거대한 관념적 힘이 자연의 무생물 입자들을 뒤흔드는 것으로 보는 뉴턴적 우주론이 만물을 이해하는 원리로 암묵적으로 받아들여진다. 이러한 시각에서는 인간의 의식과 의미는 전우주적 체계 안에서 보면 고려할 가치가 없거나, 있다 하더라도 하찮은 것일 뿐이다.

베버의 주장에 따르면 우리의 인식 저변에 암묵적으로 깔린 이러한 형이상학적 전제들이 바로 우리의 "자유시장" 경제 및 정치 구조의 기초가 된다. 흥미로운 점은 많은 과학자들이 자연 세계와 진화를 기존과는 다른 형이상학적 프리즘, 즉 삶을 협력적 주체들이 의미 있는 관계를 만들고 "선물"을 교환하기 위해 끊임없이 노력하는 시스템으로 보는 관점을 통해 바라보기 시작하고 있다는 것이다. 경쟁은 물론 여전히 존재하나 내밀하고 안정적인 형태의 협력과 밀접하게 엮여 있다.

이 새로운 이론 체계에서는 유기체의 주관적 경험이 중요하다. 왜냐하면 생물학적 사고라는 이 새로운 체제에서는 모든 유기체는 "의미를 만들어 내는" 생명체이기 때문이다. 삶은 물리적 주체가 주변 환경과 다른 생물과 상호작용하여 의미 있는 관계를 만들어 내는 진화의 과정으로서 인식된다. 주관성은 기존 형이상학의 주장처럼 환상이나 사소한 부수적인 이야기인 것도, 텅 빈 우주의 덧없는, 하찮은 감정의 거품일 뿐인 것도 아니다. 주관성은 새로운 "실존주의적 생태학"의 핵심적 요소로서, 실존주의적 생태학은 객체만이 아니라 주체 역시 주된 관심의 대상으로 파악한다. 인간은 거대하고 무심한 우주를 표류하는 고립된 원자가 아니다. 우리의 인간으로서의 주관성은 생경하고 불가해한 "다른" 본질과 완전히 동떨어져 존재하지 않는다. 주관적인 것과 객관적인 것, 개인과 집단은 경계를 넘어 서로 느슨하게 섞여 든다. 공유[제]가 그렇듯.

과학자로서 베버는 근거에 기반해 세운 이 새로운 이론에 "생명시학"biopoetics이라는 이름을 붙였다. 생명시학은 형이상학이자 "직접 느낀 경험과 생물학적 원칙들 사이의 깊은 관계"를 설명할 수 있는 생물학적 이론이다. 베버는 전통적으로 연구되어 온 "생명의 과학"science of life은 더 이상 생명체를 이해하는 데 적합한 방법론이 아니라고 주장한다. 전통적 과학은 살아 있는 유기체의 의식과 주체성의 실제를 설명하지 못한다. 사실 이 주제는 주류 연구 분야에서는 거의 밀려난 상태다. 그러나 베버는 이렇게 지적한다. "우리가 유기체를 자기 주변 환경을 해석하고 자극에 노예처럼 복종하지 않는 감정적·정서적·감각적 체계로서 이해할 때에만, 우리는 삶의 커다란 수수께끼에 대한 답을 구할 수도 있을 거라고 기대할 수 있다." 그는 생명시학이 "의미를 생산하고 공급하고, 그 결과 인간의 의미 있는 상상력의 우주를 이해할 수 있는 기틀을 마련하는 주체들의 상호작용으로서 생물학에 대한 새로운 전체론적 설명을 제공"할 잠재력을 갖고 있다고 본다.

그리고 공유[재]가 바로 이러한 비전에서 핵심적인 존재다. 공유화를 통해서만이 우리는 비로소 우리 자신을 자연과, 그리고 서로와 재통합하기 시작한다. 베버는 우리의 과제는 새로운 "소생"Enlivenment이 일어나도록 하는 것이라고 주장한다. 이는 300년 전의 계몽주의를 계승할, 새로운 종류의 부활이다. 주체로서의 정체성과 존재의 의미가 인간의 생물학적 필수 요소라는 점을 존중하는 우주관을 실현하는 것이 인간의 사명이라는 것이다. 베버는 "경험적 현실이 안겨 주는 무거운 짐과 기쁨에 대해 중재, 협력, 제재, 협상, 합의의 과정이라는 의례들과 각각의 독특한 속성들"을 실천함으로써 그것이 가능하다고 말한다. "바로 여기에서, 공유[재]의 실천은 곧 삶의 실천임이 드러난다."

베버의 생물학적 이론들이 비록 공유[재]와 마찬가지로 주류 밖에 머물러 있기는 하지만, 내가 보기에 이 이론들은 공유[재] 패러다임 깊숙이 내재된 본질적 호소력을 설명해 준다. 이 이론들은 공유[재]가 단순히 홍보나 "메시지 전달"용 전략이 아니라, 세계를 새롭게 볼 수 있게 해 주는 프리즘이라는 점, 그리고 좀 더 심오하게는 세상을 온갖 다양성 속에서도 동시에 총체적으로, 인류에 대해 현실적인 이해의 눈으로 보게 해 주는 프리즘이라는 점을 확인시켜 준다. 베버의 분석은 세계 속에서 개인을 의식적이고 주체적인 행위자로서 위치시킨다. 그의 분석은 실제 역사, 지역의 상황, 문화, 그리고 인류 진화의 형성과 공유[재]의 창조에서, 개인의 역할을 인정하고 있다.

공유[재]를 제대로 인식하기 위해서는 시장 기반 경제학과 문화의 지극히 환원주의적인 사고방식에서 벗어날 필요가 있다. 협력의 논리가 인간 사회의 제도를 활성화할 수 있다는 점, 그리고 적절한 사회 구조와 규범을 통해 이러한 인간주의적 윤리가 정말로 작동한다는 점을 깨달아야 한다. 알지 못하는 사이에 시장 문화는 우리의 상상력을 점차 제한해 왔다. 사유재산·자본·시장의 이해관계를 거버넌스에서 우선하여 추구할 가치로 삼음으로써, 공동의 목표를 향해 함께 노력한다는 생각은 우리가 사용하는 그러한 언어 자체로 인해 한낱 무가치한 것이 되어 버린다.

이 장에서는 사람들이 "실재"가 무엇인지에 대해 갖고 있는 통념적 개념들에 공유[재]가 깊숙이 파고들어 사고의 전환을 유도하는 몇 가지 방법들을 소개하고자 한다. 공유[재]는 새로운 인식과 관점들이 부각될 수 있도록 해 주고, 골치 아픈 문제들에 대한 새로운 해결책이 나올 길을 열어 준다. 물론 전통적인 측면에서만 공유[재]를 이야기하고 지식 분석의 지배적인 이론틀이나 세계관에 대해 굳이 성가시게 딴지를 걸지 않을 수도 있다. 경제학자들이 늘 하는 일이 그런 일이다. 경제학자들은 공유[재]를 "공공재"public goods와 혼동하고 공유[재]를 사물로 취급하면서 그런 사물들에 생명력을 불어넣는 사회적 관습과 관계는 무시한다. 나토NATO는 우주공간과 해양을 "전지구적 공유[재]", 즉 정적인 자원이 모인 군집이라고 이야기하는데, 실은 이는 공유[재]가 아니라 무료의, 오픈 액세스 체제에 대해 이야기하고 있는 것임을 깨닫지 못한다.

그러나 공유[재]를 진지하게 받아들인다는 것은 우리가 세상을 보는 방식에 다소 변화를 가져온다는 것을 의미한다. 피고용인, 소비자, 기업가, 혹은 투자자가 되어 개인의 경제적 안녕의 최대화를 추구하는 것만이 우리가 할 수 있는 선택의 전부는 아니다. 이제는 스스로를 공유인으로 상상하기 시작할 수 있다. 각자의 삶의 주인공이 되어 자신의 재능과 포부와 책임을 현실의 문제에 적용해 볼 수 있다. 우리가 태어난 이 세상에 대해 우리가 마치 양도 불가능한 이해관계를 갖고 있는 것처럼 행동할 수 있다. 우리 삶에 중요한 자원을 관리하는 일에 참여할 인간으로서의 권리와 능력을 주장할 수 있다.

공유[재]의 형이상학

이 짧은 장에서 공유[재]에 의해 제기되는 그 모든 복잡한 형이상학적·인식론적 문제들을 전부 다루기는 불가능하다. 그리고 사실 이런 문제들은 적어도 서양의 근대적·과학적 세계관 안에 갇혀 있는 사람들에게는 여전히 다소 신비에 싸여 있다. 우리 문화와 언어로는 공유[재]의 인본주의적·정신적 뿌리를 보기 어렵다. 그렇지만 보고, 행동하고, 존재하는 여러 가지 방식들을 들여다보는 것 정도는 가능할 것이다.

공유[재]의 새로운 형이상학, 그리고 지식의 새로운 인식론적 분류를 제안하는 것은 시장 경제와 자유 민주주의의 기본적 가정을 뒤흔드는 몇 가지 문제들을 제기한다. 인간이 정말로 합리적으로, 독립적으로, 시장과 정계에서 충분한 정보에 기반한 합의를 통해 행동할 수 있는 능력이 있는가? 자유주의적 보편주의의 인식에서처럼, 인간이 전적으로 자율적이고 자립적으로 존재하면서 역사와 사회 바깥에서 살아가는 것이 가능한가?

공유[재]는 자유주의, 시장 경제, 근대성의 핵심적 토대가 되는 몇 가지 근거 없는 통념에 이의를 제기한다. 우리가 더 열심히 노력하고 시간을 더 들이면 기술적 혁신, 경제 성장, 소비주의가 우리의 삶을 획기적으로 개선해 줄 거라는 생각에 반기를 든다. 앞서 언급한 것처럼, 정상적인 경제 활동은 부를 생산하는 것만큼이나 악폐를 만들어 낸다. 이런 점에서 공유[재]는 가격을 가치를 나타내는 지고의 중개인으로, 그리고 물질적 진보를 모든 진보의 요체로 귀하게 떠받드는 상품 논리에 감히 이의를 제기한다.

공유[재] 학자 제임스 퀄리건은 다음과 같은 말로 설명한다. "전통적 경제학에서의 '재화와 서비스'라는 개념은 개인들 사이의, 그리고 그 개인들 자신의 사회적 관계를 상품화와 대체가 가능한 사물로 축소하는 것이다. 그러나 공유[재] 기반 경제는 개인들, 세상의 자원들 사이에서 생겨나는, 그리고 사람들과 세계 사이에 존재하는 실질적인 관계를 통해 가치를 경험할 수 있는 가능성을 제시한다"(본문에서 강조된 부분임).

공유[재]에 관해 이야기하는 것은 이러한 사회적 공동생산을 건설적이고 만족스러운 활동으로서 인정해 주는 것이다. 또 공유[재]에 대한 논의는 사유재산권이 함축하는 사회적 질서나 관계에 의문을 던진다. 역사학자 피터 라인보우는 이렇게 말한다. "공유화는 반드시 시작해야만 한다. 가축을 방목할 고원의 목초지에 대해서든 데이터 처리를 나타내는 컴퓨터 화면의 깜빡이는 불빛에 대해서든, 방대한 지식, 혹은 손과 머리의 원활한 상호작용을 위해서는 어떤 자세와 태도, 함께 협력해 일하는 방식이 필요하다. 바로 이 때문에 우리는 권리나 의무에 대해 따로 이야기하지 않는다."

공유[재]의 힘은 공유[재]에 생명력을 불어넣는 실제 사회적 관습에서 나온다. 그러나 예를 들어 숲을 어떻게 사용할지에 관한 복잡한 규칙과 방법들, 위키피디아 항목을 어떻게 승인하고 수정할지, 뉴멕시코에서 관개용수를 어떻게 관리하고 분배할지 등의 이러한 실제 사회적 관습들은 지극히 구체적이고, 지엽적이며 맥락적이다. 규범은 쉽게 일반화되거나 보편화될 수 없다. 바로 이 때문에 공유[재]를 파괴하지 않고서 공유[재]의 과실을 상품화하기가 그토록 어려운 것이다. 공유[재]의 가치는 사회에 내재화된 것으로, 쉽게 수익화할 수 없다. 공유[재]인 자원을 수익화하는 행위는 공유[재]를 하나로 결속해 주는 사회적 관계를 부식시킬 위험이 있다.

9장에서 보았듯, 토착민들은 소유물에 대해 매우 다른 태도를 갖는 경향이 있다. 다국적 기업이 전통 지식이나 유전 물질을 특허화하려고 시도할 때면 토착민들은 그런 사유화를 어리석고 터무니없는 것으로 생각한다. 어떤 개인도 집단의 자원에 대해서는 (저작권과 특허가 뜻하는 것처럼) 독점적 "창작자"라고 주장할 수 없다. 왜냐하면 이러한 자원을 개발하고 다듬기까지는 여러 세대에 걸친 관리와 물려받은 혁신과 문화가 필요했기 때문이다. 그 누구도 신성한 신탁자산으로서 공유[재]에 수탁된 무언가를 사적 이익을 위해 전용하고 판매할 수는 없다는 것이다. "생물자원수탈"biopiracy이라는 용어도 그런 의미에서 생겨난 말이다.

물론 토착 공동체도 다른 사람들과 마찬가지로 돈과 권력의 유혹에 취약할 수 있다. 어떤 토착 공동체의 지도자들은 전통 지식이나 자원을 푼돈에 팔아넘기거나 서구 제약회사들과 "이익 공유" 계약을 맺기도 했다. 그런 제약회사들은 결국 배신하거나 토착 공동체의 문화를 크게 약화시키고 말았다. 아프리카 칼라하리 사막의 산족the San은 후디아 고도니Hoodia gordonii라는 식물로부터 추출해 만든 새로운 다이어트 약의 판매 수익 중 8퍼센트를 받기로 합의했다. 후디아 고도니는 산족이 천연 식욕 억제제로 전통적으로 사용해 온 선인장 식물이다. 많은 이들은 이 계약에 대해 생물자원수탈이라고 비난했다. 시장 규범과 거액의 자금을 전통문화에 투입해 끔찍한 영향을 초래했다는 것이다.

토착민들은 대체로 개인을 커다란 인적 네트워크 속에 놓인 존재로 본다. 사실 "자수성가한" 사람이라는 생각 자체가 좀 터무니없는 생각이며 좀 심하게 말해 망상에 가깝다. 당연히 사유재산이라는 개념에 대해서도 이들은 터무니없다고 생각하는 경향이 있는데, 재산은 어떤 사물을 나타낸 것이라기보다는 다른 이들과의 사회적 관계를 설명한 것인 측면이 크기 때문이다. 서구 법체계는 재산을 한 자원에 대한 "독점적, 독재적 지배"로 인식하나, 이러한 관점은 인간의 자연에 대한 불가피한 의존과 인간 사이의 상호의존성을 부정한다.

또 토착민은 그들의 자원과 지식을 호혜적 돌봄과 집단 관리의 공동체 안에 결합되어 있는 것으로 보는 경향이 있다. 근대 산업사회는 그런 계약들이 낡고 불필요하다고, 그리고 시장이 우리가 필요로 하는 것을 제공해 줄 수 있다고 (잘못된) 추측을 한다. "자원을 상품화하고 수입을 나누자. 이보다 더 공평할 수 있겠는가?" [그러나] 기후변화, 피크오일, 셀 수 없이 많은 그 밖의 여러 환경 위기의 도래는 그러한 종류의 사고, 그리고 그런 사고가 내포하는 이 세상 속 인간의 위치에 대한 존재론적 가정이 어떤 실제적인 한계를 갖고 있는지를 시사한다.

흥미롭게도, 새롭게 등장하고 있는 디지털 공유[재]라는 세계는 인류학자 매리언 매클버그의 표현처럼 "20세기 지식의 단일화"가 부적절함을 보여 주고 있다. 거대 중앙집중적 기관과 학제들에 의해 생산된 지식은 너무 불안정하고 단조롭고, 실제 사람들이 경험하는 다양한 현실과는 동떨어져 있다. 특히 관료제·전통 경제학·과학적 물음 등과 관련한 현대의 지배적 사고 체계는 토착 문화, 즉 실천에 기반한 앎과 존재의 방식이 갖는 가치를 부정해 왔다. 우리가 직면한 많은 생태적·사회적 어려움들을 극복하고자 한다면, 우리는 스스로를 물적인 존재로, 주변 환경 속에 놓인 존재로 인식해야 한다.

전세계 다양한 언어들이 사라지고 있다는 사실은 인간만이 아닌 다른 존재와 함께하는 세계를 받아들이는 법을 배우려는 인류의 탐구가 큰 좌절을 겪고 있음을 뜻한다. 호주의 250여 개 토착어는 대부분 사라졌고, 현재 캘리포니아로 알려진 지역에 있던 1백여 개의 토착어도 사라졌다. 다니엘 네틀과 수잔 로메인이 지적하듯, "언어의 소멸은 전세계적 생태계가 거의 와해되기 직전이라는 더 큰 그림을 보여 주는 부분적 징후일 뿐이다." 토착어는 특화된 지식, 특히 특정 생태계에 대한 지식의 보고를 나타낸다. 민족 식물학자인 웨이드 데이비스는 언어에 대해 "모든 언어는 마음의 노숙림old-growth forest이다"라는 인상적인 표현을 남기기도 했다.

공유[재]가 무엇인지 진지하게 생각해 보자면, 공유[재]는 공유인들 스스로가 공동으로 구축한, 새로운, 다양한 종류의 지식을 소중히 돌보는 것에 관한 것이다. 그 지식은 야생생물이 계절마다 보이는 습관들에 대한 것일 수도, 오픈 소스 소프트웨어 커뮤니티들의 관습에 대한 것일 수도, 헌혈에 대해 적절히 보상해 주는 공동체 전통에 대한 것일 수도 있다. 매클버그는 다양한 활동가와 연결된 커뮤니티들을 대상으로 한 연구를 통해, 자기조직적 공동체가 생겨나고 있음을 알 수 있는 "대안적 방법"을 밝혀냈다. 그는 이러한 "지식이 집단적으로 만들어진다"고 지적한다. 이 지식은 "맥락에 따라 달라지며, 부분적이고 잠정적이다." 그리고 "무언가를 아는 것과 더 잘 아는 것"을 구분한다. 그렇다면 자기 결정을 위한 노력의 핵심은 인류학자 아르투로 에스코바가 "향토적 지식의 생산을 위한 미시정치"micro-politics라고 부르는 것으로, "이 미시정치는 지식과 정보를 섞고, 재사용하고 재결합하는 관행들로 이루어진다."

공유인들은 권위를 반드시 존중해야 하는 어떤 고정된 정통 지식이 있다고 가정하지 않는다. 그들은 서로 간에, 혹은 그들과 공동자원과의 관계 맺음을 통해 고유한 (상황에 맞는) 종류의 지식을 만들어 낸다. 향토적 전문지식과 경험이 풍부한 전통이 더 신뢰받을 만하고 필요에도 더 잘 부응하는 실질적인 상황에서까지 어째서 추상적이고 이기적인 관료제나 경제적 분석틀이 늘 우선시되어야 하는가?

지역주의localism를 위한 실험장으로서의 공유[재]

사실 지역의 자기결정권을 약속한다는 점, 이 점이 공유[재]가 갖는 큰 매력이다. 사람들이 공유[재]에 끌리는 이유는 공유[재]를 그들 지역 고유의 향토적 환경을 아끼고 보호하는 방법으로 보기 때문이다. 한 공동체의 정체성은 그 지리와 건물, 역사와 지도자들과 불가피하게 연결되어 있다. 공동체는 사람들이 인류애와 생태적 책임감을 더욱 깊이 배우고 발전시키는 곳이다. 시인이자 생태학자인 웬델 베리는 이렇게 말한다. "이 세상과 그 안에 존재하는 사람들의 마음속에 살아 있는 결속력 있는 공동체라는 목적만이 우리를 파편화·모순·부정성 너머로 데려갈 수 있으며, 대립이 아니라 긍정과 애정의 방식으로 우리가 살아가는 기쁨을 느끼는 데 필요한 모든 것을 보존하는 법을 가르쳐줄 수 있다." 그는 또 "만사에 대해 그 고장의 신령에게 물어라"Consult the genius of the place in all라는 알렉산더 포프의 표현을 인용하기도 했다.

이러한 접근 방식은 공유인들에게는 깊은 공감을 불러일으키는데, 한때는 고장마다 고유한 다양한 형태로 이루어져 왔던 전세계의 상업이 지금은 너무도 약화되어 버렸기 때문이다. 이제는 방콕의 쇼핑몰이나 카타르·독일·미국의 쇼핑몰이나 다 똑같다. 수백만 명의 사람들이 이제는 거대 기업들이 엄청난 광고 공세를 퍼부어 팔아 치우는 브랜드 식료품으로 채워진 슈퍼마켓에서 먹거리를 사는 것에 익숙해져 버렸고, 음식이 한때는 현지에서 기른 다양한 향토 먹거리로 채워져 있었다는 것을 상상하기조차 힘들어졌다. 네브래스카에 가면 한때는 네브래스카 구운 콩을 먹을 수 있었다. 조지아에 가면 주머니쥐와 감자 요리를 먹을 수 있었다. 앨라배마 식당에서는 굴 구이 요리를 주문할 수 있었고 몬태나 주민들은 비버 꼬리 튀김을 별미로 먹곤 했다.[1] 하지만 서구에서는 이제 음식의 생물학적 기원과 그 음식을 먹는 사람과의 관계가 거의 사라져 버렸다.

슬로푸드 운동은 먹거리의 생산과 분배에 대한 지역의 통제권을 어느 정도 회복해 보려는 시도이며, 이를 통해서 해당 지역에서

---

1. [옮긴이] 네브래스카, 조지아, 앨라배마, 몬태나 등은 모두 미국의 주이다.

사는 주민으로서의 사회적 만족감과 안정성을 일부 회복하고자 한다. 그 논의 과정에서 일상의 공동체의 중요성을 다시금 일깨우고 복원하기 위한 한 가지 방법으로 공유[제]가 자주 거론된다. 이와 동일한 동기에 따라 이른바 슬로 머니Slow Money 운동도 시도되고 있는데, 금융의 흐름이 장기적인 공동체의 욕구에 더 부응할 수 있도록 하기 위한 운동이다. 피크오일이나 지구온난화로부터 발생하는 재난을 예측하는 트랜지션 타운 운동은 시장도 국가도 실패하고 있는 역할을 지역의 협력과 시민들의 혁신성을 통해 달성하려는 시도다.

지역을 강화한다는 것은 광범위한 정치적 의미를 갖는다. 웬델 베리는 이점을 다음과 같이 잘 설명하고 있다. "자유의 거대한 적은, 정치권력과 부의 결탁이다. 이 결탁이 공유체commonwealth를 파괴한다. 즉, 각 지역의 자연의 부와 가구·마을·공동체로 구성된 지역 경제를 파괴한다. 그리고 이를 통해 민주주의를 파괴한다. 공유체는 민주주의의 토대이자 실천적 수단이다."

그러나 전세계 시장 구조가 야기한 문제를 지역이 저절로 해결해 줄 거라고 지역을 낭만화해서는 안 될 것이다. 책임 있는 하향식 구조의 필요성도 여전히 존재한다. 하지만 어떤 집합행동 문제들은 적절한 상위 단계의 정책들이나 기반시설이 있어야만 해결될 수 있다. 기회 및 자원의 대략적인 균등을 보장하거나 부의 분배를 감독하기 위해서도 중앙집중식 기관들이 종종 필요하다. 주나 국가 차원에서, 혹은 대단위 시장에서 효과적으로 (그리고 해로운 외부효과를 만들어 내지 않으면서) 수행될 수 있는 기능들을 굳이 각 공동체가 되풀이할 필요는 없을 것이다. 반면, 어떤 중복과 비효율은 체제의 장기적 탄력에 필수적인 경우도 물론 있다.

그러나 다만 현재로서는 대규모의 공유[재] 기반시설에 대해 발전된 유형론은 사실상 없다. 그것을 어떻게 설계하고 구축해야 할지 아직은 사실 잘 모르며, 그런 기능은 보통 정부의 영역으로 간주된다. 그러나 이제 공유인들이 기반시설과 큰 거버넌스 규약들을 직접 설계·구축하는 법을 상상할 때가 되었다고 생각한다. 물론 정치적으로 어려움이 있을 수 있다. 정부들은 주도권을 지키려고 할 테고, 일반적으로 공유[재]를 이해하거나 지지하는 성향도 아니다. 아래에서부터 상향식으로 네트워크에 의해 이루어지는 결정이 나올 수 있게 하고 그 결정이 지배적 의견으로 인정받을 수 있게 한다는 생각은 전통적인 지배 체제의 입장에서는 위협적이다. 그러나 이것이 공유인들의 에너지, 상상력, 사회적 정당성이 수많은 문제들을 해결하는 데 쓰일 수 있도록 하는 유일한 방법일 수 있다. 이미 수많은 생태적·사회적 위기 사례를 통해 기존 방식의 국가와 시장 체제는 그 역할을 해 주지 못한다는 것을 확인하지 않았나. 이제는 사실은 사실로 인정해야 하지 않을까.

발전의 새로운 비전으로서의 공유[재]

공유화를 통해 지역의 가치를 존중할 수 있다는 것은 "발전"을 달성하는 방법으로서 경제 성장보다 더 나은 방법이 존재한다는 뜻이다. 공유[재]는 인간 발전에 대한 새로운 비전을 제시한다. 이 비전은 종래의 경제발전 전략의 실패를 인식하고, 사람들이 공유[재] 기반 시스템을 통해 그들의 장기적 이익을 증진할 수 있다는 생각을 진지하게 받아들인다. 이미 새로운 발전 패러다임으로서 공유[재]를 둘러싸고 많은 혁신과 지적 고민이 이루어지고 있다.

앞서 전통 농가를 변덕스러운 글로벌 시장의 손아귀에서 해방시켜 주는 것에 있어 종자공유가 어떤 역할을 하는지를 언급한 바 있다. 또 다른 사례로 〈미곡 증대 시스템〉이 있는데, 국제 농민 공동체로 유전자 조작을 하지 않은 벼 종자의 수확에 대한 조언을 주고받는 단체다. 앞서 예로 들었던 페루의 감자 공원도 주목할 만한 사례일 것이다. 또 멕시코의 〈와하까 코뮨〉도 있는데, 이곳에서는 인구 60만 명의 도시에서 토지 및 기타 자원을 공동으로 관리하는 방법을 고안해 내고 있다. 멕시코 치아빠스 사빠띠스따들에 의한 자치 혁신 사례도 있다.

에티오피아의 〈구아사 공동체 기반 보호구역〉은 멘즈 토착민이 관리하는 지역으로, 400년 넘게 방목을 위한 공유지로서 역할을 해 왔다. 멘즈 부족은 여전히 풀을 모아 지붕을 이고 장작을 피워 요리를 한다. 그 지역은 공식적인 보호 구역으로 지정되지 않았음에도 멘즈 공동체는 공동체의 자급을 위한 필요를 야생생물을 소중히 지키는 공존의 태도와 성공적으로 결합시켜 왔다. 그러한 야생생물 중에는 전세계적으로 심각한 멸종 위기에 처한 육식동물인 에티오피아 늑대도 있다.

이런 사례들은 공유[재]가, 이제는 실패한 신자유주의 발전관에 대한 현실적인 대안들을 탐구하기 위한 "토대"를 제공할 수 있음을 보여 준다. 공유[재] 기반 모델들은 문제를 해결하기 위해 상황에 끼워 넣는 단순한 정책 메커니즘이 아니다. 이 모델들이 구현하는 삶에 대한 관점은 일반적으로 서양의 산업주의 및 소비주의의 그것과는 매우 다르다. 에콰도르와 볼리비아에서는 "잘 사는 것"을 뜻하는 "부엔 비비르"buen vivir가 그들의 발전관 및 세계에서 존재하는 방식에 대한 그들의 인식을 일컫는 말이다. "부엔 비비르"는 공동체의 자율성, 사회적 상호성, 자연 생태계의 존중, 우주적 도덕성을 중시한다. 다양한 방법을 통해, 토착민들·전통문화·공유인들은 비록 시장체계 안에 갇혀 있지만 시장 자본주의의 합리적 도구주의 및 경제 지향적 사고방식을 넘어서는 세계관을 표현하려고 노력한다. 이런 의미에서 공유[재]의 핵심은 단지 자원관리가 아니라, 윤리이며 내적 감성이다.

이러한 내적 확신은 궁극적으로 사람들이 스스로 지구의 자원에 책임감을 갖고 자원 관리에 대한 자기 나름의 인식을 키워 나갈 수 있도록 해 준다. 사람들은 공유[재]에 참여하는 것이 단지 개인적으로 즐겁고 문화적으로 건강한 행위에만 그치는 것이 아님을 깨닫게 된다. 그것은 시장에 지속가능한 한계를 부과하도록 사람들을 장려하는 방식이기도 한 것이다. 공유화는 〈세계은행〉이 호소하는, 성장과 소비에 기반을 둔 발전관을 넘어설 믿을 만한 대안을 제공해 준다. 소외된 국가들에서 불평등과 불안정을 줄이고 지역 생태계와 공유[재] 기반 거버넌스의 역할을 부각시키는 길을 제시한다.

국가와 공유[재] 사이의 화해 지점을 찾다

공유[재] 기반 발전 전략이라는 생각은 그렇다면 공유[재]에 대해 국가가 해야 할 적절한 역할은 무엇인가 하는 질문을 자연스레 제기할 것이다. 이 또한 더 많은 탐구가 이루어져야 할 복잡한 문제다.

역사적으로 국가는 공유[재]의 존재를 건드리지 않고 내버려 두거나, 시장 행위자들(기업, 투자자, 산업)과 함께 공유[재]를 인클로저를 통해 사유화하는 것 말고는 공유[재]와는 거의 이렇다 할 관련이 없었다. 기본적인 문제는 국가에도 공공 자원의 사유화와 상품화를 위해 시장의 힘과 결탁할 만한 강한 동기가 충분히 있다는 것이다. 인클로저 + 경제 성장 = 권력과 세입. 이러한 논리를 깨기 위해서는 국가가 공유[재] 기반 활동을 허가하고 지원하도록 국가의 역할을 재설정해야만 한다.

번즈 웨스턴 교수와 내가 공동 저술한 책 『녹색 거버넌스』에서 말했듯, 국가가 공유[재]를 지원하기 위한 수많은 "거시적 원칙과 정책"을 인식하여 고려하도록 국가에 정치적 압력을 가해야 한다. 국가가 인식해야 할 요소로는 다음과 같은 것들이 있을 것이다.

· 국가와 시장에 대한 실제적 대안으로서 공유[재]와 권리에 기반을 둔 생태적 거버넌스

· 지구는 모두의 것이라는 원칙

· 공유[재] 자원의 인클로저를 막을 국가의 의무

· 대규모 공유[재]를 보호할 방법으로서 국가 수탁 공유[재]

· 국가의 공유[재] 인가제도
· 생태계의 장기적 지속력을 보장하는 데 필요한 조치로서 사
유재산에 대한 법적 한계 설정
· 생태적 공유[재]를 수립하고 유지할 수 있는 인간의 권리

미셸 바우엔스가 제시한 국가-시장-공유[재] 간에 권한을 재배치하
는 "삼두체제"(앞서 언급했듯)는 논란이 많을 수밖에 없는, 어쩌면
혼란스러운 개념일 수 있다. 많은 국가에서 집단의 선^{collective good}
이라는 개념은 너무 정부와 밀접하게 연결되어 있어 독립적인 비정
부 영역인 공유[재]도 그 목적에 기여한다는 생각은 상상하기기 이
렵다. 공유[재]를 행여 고려하더라도 공유[재]는 종종 "시민" 혹은 "공
적인 것"과 동일시되는 경우가 많지, 그와 구별되는 별개의 집단으
로서 공유인의 공동체와는 동일시되지 않는다. 따라서 공유[재]가
국가로부터 분리된, 고유한 도덕과 정치적 정체성을 가진 독립적
부분이라는 생각을 가지려면 문화적 상상력이 좀 필요할 수 있다.
　또 중앙정부 혹은 지방정부가 어떻게 공유[재]를 법으로 공식
인정할 수 있을 것인가와 관련한 정책적 문제도 있다. 국가의 개입
없이도 지역 공유[재]가 권한이나 환경을 남용하거나 특정 사람들
에게 부당한 차별을 가하지 않도록 할 수 있을지는 확실하지 않다.
하지만 물론 진지하게 생각해 볼 문제들이지만 극복할 수 없는 문
제는 아니라고 생각된다. 어쨌든 국가는 이미 기업에도 상당한 권
한을 주고 있지 않은가. 국가가 기업을 공익에 기여하는 도구로 인
가할 수 있다면, 원칙적으로 동일한 권한이 공유[재]에도 부여될 수

있어야 한다. 다양한 공유[재]가 이미 공익에 기여하고 있다. 공유[재]가 제대로 된 구조를 갖춘 경우, 일반적으로 입법부나 국가 관료 체제보다 더 필요에 대한 대응력이 높다. 국가는 지리적으로 멀리 떨어져 있고, 일반인들에게는 접근이 어려우며, 금전과 관련된 특수 이익집단의 영향을 크게 받곤 하기 때문이다.

더 근본적인 문제는 자유주의적 정치 체제와 공유[재] 사이의 깊은 철학적 길항 관계일 것이다. 자유 민주주의는 헌법과 정부 권력의 제한을 통해 이론상으로는 법적으로 평등한 시민들의 개인적 권리에 기반을 두고 최대의 이익을 증진한다. 자유주의 정치 체제는 개인을 넘어서 존재하는 집단적 권리는 일반적으로 등한시한다. 물론 다양한 유엔 협약들과 프로그램들이 사회적·경제적·문화적 인권에 주의를 환기하고, 이러한 것들이 실제로 집단 이익에 대한 일종의 법적 보호물로서 작동할 수도 있다. 그러나 이런 것들은 집단적 권리는 아니며, 꼭 공유[재]를 보호하라는 법도 없다. 집단적 이익을 보호한다고 되어 있는 법적 범주들이 사실 자유주의의 세계관에서는 미미한 법적·철학적 지위밖에는 갖지 못한다는 사실을 전세계 토착민들은 거듭 깨닫고 있다. 그래서 공유[재]는 전통적인 정책결정 과정의 입장에서 받아들이기에는 공존이 불가능하다고는 할 수 없더라도 이해가 어려운 대상인 경우가 많다.

지금까지, 공식적인 국가법에 의한 공유[재] 보호를 추구하기 위해 그나마 CCL·GPL·공동체 토지 신탁·토착민 보호 제도 등 몇 가지 공유[재] 기반 혁신이 이루어져 왔으며, 그러한 혁신들은 법 제도를 바꾸는 "법적 해킹"의 방법에 의존해야만 했다. 국가는 공익을 실현하기 위한 수단으로서 공유[재]가 갖는 권위를 인정하기 위해 더 많은 것을 할 수 있으며 또 해야만 할 것이다. 그러나 국가의 적정 관여 수준을 정하는 것은 그리 만만치 않다. 국가가 공유[재] 감독을 위해 지나치게 관여하지 않는 것이 중요하다. 지나친 관여는 이 방식을 의미 있게 만드는 핵심인 공유[재]를 스스로 관리하고자 하는 공유인의 의지를 위축시키기 때문이다. 그러나 국가는 공유[재]를 핑계로 국가의 책무로서 제공하던 법적, 행정적, 재정적 지원을 철회함으로써 공유[재]의 존재를 국가의 책임을 덜기 위한 목적으로 악용해서는 안 된다. 영국 수상 데이비드 카메론의 〈빅 소사이어티〉 정책이 이런 비판을 받았는데, 이 정책은 공동체의 자기관리를 찬양하면서 이를 돕는 공적 지원금을 줄여 버렸다.

내가 생각하는 공유[재]에 대한 국가 지원의 적절한 모델은 "공유[재]의 형성과 지킴에 봉사하는 국가 정책"이다. 국가는 어떤 기능에 있어서는 자율적 공유[재]가 국가나 시장보다도 더 효과적으로, 그리고 더 정당하고 공정하며 더 많은 참여가 이루어지는 형태로 그 기능을 수행할 수 있음을 공개적으로 인정해야 한다. 이는 복잡한 문제다. 사소하고 세부적인 것들이 늘 골치 아픈 문제가 되며, 그 세부적인 요소들은 공유[재]마다 다 다르기 때문이다. 그러나 디지털 네트워크를 사용하는 공유인들이 거대한 중앙집중식 관료체제들보다 더 신속하고 신뢰할 수 있는 방식으로 지식을 모으고, 조직하고, 활용할 수 있다는 것은 너무도 자명하다(위키 사용, 재해구호를 위한 시민들의 연대, 사회적 네트워크들을 통한 보고, 연구의 크라우드소싱 등 이를 입증하는 사례들은 끝이 없다). 그보다 진짜 어려움은 관료적 제도들과 디지털 공유[재]가 협력하기 위한 새로운 방식들을 어떻게 찾을 것인가 하는 문제다. 생태계 자원들 역시 외부의 간섭 없이 삼림, 어자원, 관개시스템을 감독할 직접적인 권한과 책임을 갖는 지역의 공유인들에 의해 더 효과적으로, 책임감 있게 관리되는 경우가 많다.

물론 공유[재]라고 무조건 다 공정하고 선한 것은 아니다. 그렇기에 국가는 최소한의 기본 원칙과 그런 원칙을 실행하는 데 적용될 실행 제약 조건을 설정하고, 그 결과 공유인의 "분산된 창조성"distributed creativity이 스스로 지역에 가장 적합한 해결책을 발전시켜 나갈 수 있도록 뒷받침하는 중요한 역할을 담당한다. 이 모델은 잘 알려져 있다시피 인터넷 기반시설의 핵심인 TCP/IP 프로토콜의 경우에서 보듯 인터넷에서 효과적으로 적용되어 왔다. 인터넷을 구축한 기술자들은 사람들이 인터넷에서 어떻게 행동해야 하는가를 통제하거나 지시하려고 하지 않았다. 그들은 커뮤니케이션의 형식·주소·전송·라우팅·수취 방식에 대한 최소한의 공통 표준(TCP/IP)를 설정했을 뿐이다. 그 결과 사람들은 그러한 기본적 제약 조건 안에서 적절하다고 생각하는 대로 혁신을 할 수 있는 엄청난 자유를 누릴 수 있게 되었다. 그리고 이러한 자유는 궁극적으로는 도저히 상상할 수 없었던 어떤 것, 즉 월드와이드웹을 위한 기술적 프로토콜의 출현을 가져왔다.

물론 디지털이 아닌 공간에서는 기본 제약조건 몇 개만 정한다고 자율적 공유[재]가 어느 날 갑자기 저절로 생겨나지는 않는다. 예산과 자원이 필요하다. 국가가 이 과정을 법적·재정적으로 뒷받침하거나, 혹은 적어도 재정을 조달해 공유[재]가 자율적으로 생겨날 수 있도록 지원해야 할 것이다. 대부분의 정부가 기업들이 창업해 번창할 수 있도록 정교한 관료제도, 법적 특권, 보조금을 마련해 왔다는 점을 기억하자. 공유[재]에도 비슷한 지원을 할 수 있지 않겠는가?

그러나 이런 변화에는 면밀한 정치적 감독이 필요할 것이다. 새로운 공유[재]가 성공적으로 정착할 수 있도록 돕는 역할을 맡지 않으려고 많은 정부들이 "공유[재]가 알아서 하라고 해!"라고 외치며 재정적으로나 프로그램 차원에서 지원해야 할 책임을 "떠넘기고" 싶어 할 것이기 때문이다. 사실 대부분의 국가들은 여전히 중앙집중적 관료제에 의한 통제라는 20세기적 사고방식을 벗어나지 못하고 있고, 따라서 최소간섭의 원칙에 기반한 자율적 공유[재]의 가치를 인정하기가 어려울 수 있다. 실제로 이것이 크라우드소싱에 기반한 인터넷 혁신이 폭발적으로 일어남에 따라 현재 국가들이 씨름하고 있는 심각한 갈등 중 하나다. 정부는 분산된 권한, 참여적 혁신, (정부 밖의) 자율적 거버넌스가 어떻게 효과적이고 신뢰할 만한 결과를 생산할 수 있는지 도무지 이해하지 못한다.

여기서 극복해야 할 문제는 결국 이 세계에서 우리가 스스로를 어떻게 파악하는가, 따라서 바람직한 거버넌스의 형태는 무엇이어야 하는가에 대해 어떻게 생각하는가 하는 문제로 귀결된다. 이탈리아의 공유[재] 이론가이자 활동가인 우고 마테이는 공유[재]를 이해하고자 한다면,

"주체-객체"의 환원주의적 대립을 넘어서야 한다고 주장한다. 그러한 대립이 주체와 객체 모두의 상품화를 낳는다는 것이다. 이는 사유재와 공공재와는 달리 공유[재]는 상품이 아니며 소유의 언어로 환원될 수 없음을 이해하는 데 도움이 된다. 공유[재]는 질적 관계를 표현한다. 우리가 대상으로서 공유[재]를 **가진**다고 표현하는 것은 환원주의적인 발언이다. 그보다는 어느 정도까지 우리가 **공유 [재]인가**를 생각해야 한다. 즉 어느 정도까지 우리가 환경과, 도시나 지방 생태계의 일부인지의 관점에서 바라보아야 한다는 것이다. 여기서 주체는 객체의 일부가 된다. 이런 이유로 공유[재]는 불가분하게 연관되며, 개인, 공동체, 나아가 생태계 자체를 연결시킨다.

마테이의 분석이 정확하다면, 그의 분석은 거버넌스와 현대 자유주의 국가의 미래에 대해 매우 심오한 시사점을 주며, 나는 그의 분석이 옳다고 본다. 국가 권력이 갈수록 정당성을 잃고 기대되는 효과를 가져오지 못하는 것으로 인식되고 있다는 것은 주지의 사실이다. 네덜란드 학자 말트 하이어의 지적처럼, "고전적인 근대적 정치 제도들"의 권한과 효력이 감소하고 있다. 정치가 관료제의 실행과 분리될 수 있다는 생각, 그리고 중립적인 과학적 전문성과 중앙집권적 시스템이 복잡성을 관리할 수 있다는 생각은 더 이상 신뢰를 얻지 못하고 있다.

하이어는 우리가 현재 "제도적 진공상태"에 살고 있다며, "정치가 수행되고 정책이 공통적으로 기반하는 명확한 규칙도 규범도 없다"고 말한다. "더 정확히 말하면 정책입안 과정과 정치의 기반이 될,

일반적으로 받아들여지는 규칙과 규범이 전혀 없는 상황"이라고 말한다. 물론 신자유주의 거버넌스를 주장하는 이들은 거버넌스를 위한 규칙과 규범이 매우 명확하며 일반적으로 효과적이라고 믿는다. 이들이 내거는 슬로건은 보통 궁극적으로 반사회적인 행동을 막고 받아들일 수 없는 문제들을 "해결"할 "개혁"을 실행할 "적합한 사람들" 혹은 믿을 만한 학문을 지정하기 위해 더욱 열심히 노력하겠다는 내용이다.

하지만 전세계적으로 도처에서 벌어지고 있는 정치적 소외와 반란 상황은 신자유주의 엘리트들이 갖고 있는 맹목적 신념, 더 정확히 말하면 신자유주의 제도의 깊은 구조적 결함들에 의문을 제기한다. 전세계의 많은 시민들은 기존의 전통적 정부들이 해결책을 제공할 수 있다고는 더 이상 믿지 않는다. 시민들은 정부가 민주적 숙의의 공정한 주재자로서, 정치적 이해관계의 중재자로서 행동할 거라고 믿지 않는다. 현실에 환멸을 느낀 시민들은 이제 그들의 정치적 상상력과 에너지를 스스로 만든 대안들로 돌리고 있으며, 국가와는 꼭 필요한 경우에만 상호작용한다.

인터넷의 등장으로 시민사회가 너무 강력해지고 초국가적으로 활발히 형성되면서, 정부가 한때 당연시했던 영토적 주권을 주장하기가 불가능해지고 있다. 이제는 초국가적 공유인들의 네트워크가 너무도 많고, 정부 통제를 넘어서 이루어지는 거대한 정보와 커뮤니케이션의 흐름도 너무 많다. 방대한 양의 혁신이 개방된 네트워크 위에서 아래로부터 출현하고 있으며, 국가는 그런 흐름을 겨우 따라잡기도 버거워하고 있다. 현실적으로, 현재 출현하고 있는 공유

[재]는 엄청난 정치적·경제적 위협을 제기하지는 않을 수 있다. 전세계적 금융 자본과 시장의 힘은 여전히 너무도 강력하고 무너뜨리기는 불가능해 보인다. 그러나 전세계 국가들(그리고 더 일반적으로 보면 신자유주의 패러다임)이 너 나 할 것 없이 정당성, 효과, 신뢰성을 잃고 있는 상황이 무한히 계속될 수는 없을 것이다. 어느 시점에는 심판이 불가피하다.

그렇게 생각해 보면 이런 궁금증이 생긴다. 기존의 시민/국가라는 체계가 권한과 거버넌스의 대대적인 변화 없이 계속 기능할 수 있을까? 국가가 스스로를 재편하는 노력 없이 지금 상태 그대로, 기후변화 같은 우리의 수많은 사회적, 생태적 문제들을 해결할 수 있을까? 아닐 것이다.

이러한 분석이 시사하듯, 우리가 직면한 과제는 이제 국가 주권의 본질의 변화를 필연적으로 수반할 새로운 형태의 거버넌스를 고안하는 일이다. 이는 기존의 전통적인 규칙과 전제들에서는 좀 더 탈피될, 새로운 미지의 영역이다. 공유[재]는 정당하면서도 효과적인 방식으로 사람들의 필요를 충족시킬 수 있는 시스템이자, 거버넌스와 자원관리, 의미 창출을 위한 다양한 역할을 할 수 있는 시스템이며, 따라서 그러한 공유[재]가 이 새로운 질서의 한 부분이 될 것이라는 점은 내게는 분명해 보인다.

11장

공유[재]의 미래

공유[재]의 네 가지 장점
선물이자 의무로서의 공유[재]

공유[재]에 관해 이야기할 수 있는 것은 그 밖에도 훨씬 더 많다. 더 깊이 있게, 더 세밀하게, 다른 문화적 관점에서, 역사학자·시인·예술가의 지혜를 빌려 무궁무진하게 논의할 수 있을 것이다. 이 책에서 내가 다루는 것은 많은 것들 중 일부일 뿐이다. 독자들이 이 책을 통해 공유[재]에 대해 좀 더 알아보고 싶은 의욕을 자극했다면, 나는 그걸로 족하다. 이 책은 결국 공유[재]에 대한 짧은 소개일 뿐이니 말이다.

내가 자주 받는 질문 중 하나는 '공유[재]를 위해 내가 무엇을 할 수 있을까?'라는 질문이다. 한번은 강연이 끝나고 어떤 여성은 내게 "제가 어떻게 더 "공유로워질 수"commonable 있을까요?" 라고 묻기도 했다. 얼마나 멋진 표현인가! 그런 질문을 받을 때마다 나는 늘 여러분이 열정을 갖고 있는 것에서부터, 그리고 살고 계신 곳에서부터 시작된다는 대답을 반복한다. 그리고 나서 그런 생각을 밀고 나가는 것을 도울 다른 사람들을 찾아야 한다고 말한다. 그런 노력이 처음에는 아무리 별 볼 일 없어 보인다 하더라도 말이다. 마거릿 미드가 남긴 유명한 말이 떠오른다. "깊게 생각하고 헌신적으로 참여하는 소수의 시민이 세상을 바꿀 수 있다는 사실을 절대 의심하지 마라. 실제로 이 세상은 그러한 소수에 의해서 변화되어 왔다."

나의 블로그, 〈P2P 재단〉, 독일의 〈더 커먼즈〉 블로그, 『셰어러블』 잡지, onthecommons.org, 영국의 『스터』 잡지(그 밖에 다른 많은 곳들이 있다. 내 웹사이트의 블로그롤을 참조하길 바란다)에서 다루었듯 공유화의 세계를 돌아다니다 보면, 멋진 작업을 하고 있는 보통 사람들의 이야기를 여럿 만나게 될 것이다. 일부 공유[재]

운동들의 경우 "너무 작아서" 유의미하다고 보기 어렵다고 치부하기 쉽다. 전통적인 정책 전문가들은 문제 "해결"을 위해 과감히 실행될 수 있는 대담하고 전면적인 계획을 상상하는 것을 좋아한다. 그러나 사실은, 공유[재]는 현지 여건과 특화된 욕구를 감안한 조정을 통해 시간이 지나면서 저절로 발생할 때 가장 잘 작동한다.

물론 "상위" 단계의 정부·공공 정책·국제법이 공유[재] 운동에 대한 법적·재정적 지원을 제공하기 시작해야 한다는 것은 분명 맞다. 공유[재]가 활발히 꽃피고 그 지역 사회의 매우 중요한 에너지들을 마음껏 기지개를 펼 수 있도록 해 줄 인프라와 플랫폼에 대한 필요가 있다. 물론 국가와 지역 차원에서 이루어지는 공유[재] 기반 혁신에 대한 필요성도 있다. 그러나 중요하다고 보기에는 "너무 작다"는 이유로 종종 무시되곤 하지만 시간이 지나면서 서로 합쳐져 결국 사회를 재편하는 커다란 힘이 되는 그런 소규모 차원에서 이루어지는 혁신에 대한 필요성도 있다. 미국 오레곤 포틀랜드의 지역 사회 공간 되살리기를 목표로 마크 레이크먼이 시작한 사회적 기업 〈시티 리페어〉, 라젠드라 싱의 주도로 공유[재] 원칙을 도입해 거의 말라 버린 아바리 강을 되찾은 〈인도 청년 협회〉, 그리고 공동생산 소프트웨어, 사용자 맞춤 제조, 오픈 하드웨어 디자인 및 제작을 위해 공유인들이 세운 수십 개의 해커스페이스와 팹랩들을 생각해 보자.

이런 사례들 중 어느 것에서도, 초점은 공유[재]를 선형적으로, 계층적으로 "확장"해 나가는 것에 있지 않다. 그 얼마나 20세기적인 생각인지! 그것이 아니라 초점은, 모든 곳에서 동시에 공유[재]의 작용을 강화하고 다각화하는 것에 있다. 그 과정은 내 동료 실케 헬프리히의 표현처럼 "결정화"에 더 가깝다. 새로운 "원자들"이 어떤 결정체의 기본 구조와 개념에 대해 공감하게 되면 그 결정체와 결합되고, 곧 결정체가 형태를 갖추면서 그 어떤 계층구조의 흔적이나 핵심점 없이 사방으로 확장한다. 이런 식으로 작은 변화들, 공유[재]들이 하나둘씩 쌓여 전체 시스템에 큰 영향을 줄 수 있다. (네트워크 혹은 월드와이드웹이라고도 하는 인터넷은 대개 이런 식으로 발전되어 왔다.)

이 과정은 이미 진행 중이다. 2012년에 출간된 선집 『공유[재]의 부』에서 기록하고 있듯, 다른 종류의 미래를 다시 상상할 수 있는 하나의 방법으로서, 공유[재]에 대해 전세계적으로 엄청난 관심이 나타나고 있다. 이러한 에너지 중 일부는 2010년 11월 열린 〈국제 공유[재] 컨퍼런스〉에서 절정에 달했는데, 이때 베를린에서, 34개국에서 온, 공유인을 자처하는 200명의 개인들이 모여 그 가능성을 탐구했다. 그 후 2013년 5월 베를린에서 열린 경제학과 공유[재]에 관한 컨퍼런스도 또 다른 큰 촉진제의 역할을 했다.

놀라운 현실은, 전세계적으로 수십 개의 프로젝트들이 자신들의 활동을 설명하기 위해 자발적으로 공유[재] 담론을 끌어다가 적용하고 있다는 점이다. 〈세계 사회 포럼〉과 〈리오+20 환경 컨퍼런스의 대안적 민중회의〉는 공유[재] 되찾기에 대한 선동적인 성명을 발표했다. 이탈리아에서는 상수도 민영화를 막고 시민 관리 공유[재]를 시작하기 위한 정치적 운동이 벌어지고 있다. 이제 공유[재]에 대한 온라인 강좌를 제공하는 웹사이트도 있고 사람들을 공유[재]

지도로 연결해 주는 〈공유[재] 아틀라스〉도 있다. 노트르담 대학과 〈런던 공유화 학교〉는 이제 글로벌 공유[재] 개론 수업을 개설하고 있고, 미국의 점거운동가들은 공유[재]에 대한 컨퍼런스를 두 차례 열기도 했다. 이스탄불에서는 예술가들이 모여 예술과 공유[재] 사이의 관계를 논의하고 있다.

내가 아는 대부분의 공유인들은 정치철학으로서 공유[재]에 대한 "통일장 이론"을 세우는 데는 관심이 없다. 물론 그들은 공유[재]가 무엇을 의미하는지, 공유[재]가 다양한 상황에 어떻게 적용되는지에 대해 좀 더 크고 일관된 개념을 정립하고는 싶어 한다. 하지만 이념과 관념을 지나치게 강조하는 것을 경계하는 경향이 있다. 본질적으로 공유인들에게 가장 우선시되는 것은 각자의 공유[재]를 돌보고 보호하는 것이다. 그들은 내 곁에 있는, 나에게 소중한 공유[재]에 내 에너지를 집중해야 한다는 것을 안다. 공유화의 기술을 기르는 것, 그것이 나머지 모든 것을 위한 바탕이다.

공유[재]가 정치적 전략으로서 그토록 강인한 전략이 되는 것은 확실히 공유[재]의 분권적·자기조직적·실행기반적 접근 방식 때문이다. 주동자 하나 없이 사람들을 끌어모아 운동을 조직하기는 힘들다. 좀 더 긍정적으로 표현하면, 현장과 자기주도적 리더십에 뿌리를 둔 다각적인 운동이 중앙집권적 지시에 따라 움직이는 운동에 비해 훨씬 더 많은 에너지와 상상력을 이끌어 낼 수 있다. 이런 운동은 보통, 이론이 아닌 실천에 기초하기 때문에, 종종 운동을 이끌어 가는 것을 어렵게 만드는 이념적 순수성에 대한 기운 빠지는 다툼을 상당수 피해 갈 수 있다. (물론 늘 그런 것은 아니다. 자유 소프트웨어 운동에서도 이념적 순수성에 대한 다툼이 예전부터 있었고, 다른 많은 공유인들은 여전히 실천보다 이론적인 부분에 더 중점을 둔다.) 많은 공유인들에게는, 중요한 것은 올바른 지적 형성보다는 구체적 실천이다. 물론 개념도 중요하고, 전략적 논의도 중요하다. 그러나 개념미술가 제니 홀저가 날카롭게 지적했듯, "행동은 생각보다 더 많은 문제를 야기한다." Action causes more trouble than thought.

이 책의 앞부분에서 우리가 신자유주의 이데올로기라는 낡은 도그마에 어떻게 맞설 수 있을까 라는 물음을 던졌다. 약속한 바를 가져다주지도 못하면서 대안에 대한 진지한 고려도 허용하지 않는 "자유시장" 이론을 어떻게 몰아낼 수 있을까? 기본적인 답은 이제는 꽤 명확하다. 적어도 그러길 바란다. 미래를 위한 새로운 비전, 새로운 문화 윤리, 새로운 정치적 기반을 세우기 위한 "기지"로서의 역할을 할 수 있는, 실질적으로 기능하는 공유[재]의 영역을 형성하고 더 넓게 확장하는 것이 중요하다. 이러한 비전은 그냥 발표한다고 되는 게 아니다. 똑똑한 리더 한 명이 어떠해야 하는가를 선언한다고 되는 것도 아니다. 비전은 공유인들 스스로가 시간을 두고 협의하고 "공동 발의"해야 하는 것이다. 적절한 전략과 해결책은 활발한 실험, 논의, 혁신에서만 나올 수 있다.

공유[재]는 기본적으로 세상을 다른 측면에서 이해하고자 하는 문화적 관습이자 전망이다. 이는 인간이 더 나은 세상을 만드는 과정에 어떻게 실제로 영향을 줄 수 있는지에 대한 인식의 변화를 통해 가능하다. 변화를 이끌어 내기 위한 새로운 구심점을 찾는 개인 윤리와 사회 참여로 실행되는 것이다. 대의 민주주의와 법 제도는 공유[재]에 있어서도 진전을 위한 중요한 매개체이지만, 공유인들은 현실적인 태도를 갖는 경향이 있다. 가장 시급한 일은 꼭 새로운 법안을 통과시키거나 올바른 후보를 선출하는 것이 아니다. 특히 전통적인 거버넌스가 너무 부패하고 비효율적인 경우에는 그렇다. 가장 시급한 일은, 공유화를 위한 지속적이고 적절한 제도를 수립하는 일이다. 공유[재]의 인클로저는 타도되어야만 하며, 공유[재]를 보호하기 위한 새로운 (법적, 기술적, 사회적) 보호책이 반드시 마련되어야 한다. 여기에는 국가법이 요구될 수도, 꼭 필요하지 않을 수도 있다.

그렇다면 최우선 과제는 공유[재]에 대한 대회를 획대하는 것이다. 문화적 밈을 유통시키자. 그리고 실제 생활에서 실천하자. 이것이 공유[재]가 신뢰할 수 있는, 제대로 작동하는 현실로서 나타나게 될 방식이다. 사람들이 그 어떤 형태로든 공유화에 대한 개인적인, 직접적인 경험을 할수록, 공유[재]에 대한 대중의 이해는 증진될 것이다. 이름을 붙이는 것이 그것을 되찾는 과정의 시작이다.

전세계 대부분의 사회에서, 의미 있는 정치적 변화에 대한 전망은 여전히 상당히 암울하다. 신자유주의 프로젝트는 모두를 위한 진보와 번영이라는 유토피아적 약속을 가져다주지 못한다. 그러나 신자유주의에 대한 전통적인 비판 세력과 정치적 진보주의 세력도 우리가 필요로 하는 새로운 길을 개척해 줄 수 있을 것 같지 않다. 그들 대부분은 권력과 체면의 세계에 적합한 존재처럼 보이고 싶은 열망으로 인해 지적으로 너무 지쳤고 정치적으로 사기가 꺾이거나 타협하고 만 상태다.

공유[재]라는 가상적 개념은 우리를 이러한 수렁에서 끄집어내
준다. 기존과 다른 개념적 토대와 새로운 분석의 틀, 그리고 좀 더
탄탄한 도덕적·정치적 용어를 갖추고 새 출발을 할 기회를 제공한
다. 넓은 영역을 아우르는 공유[재]는 기존 질서가 자정 능력을 잃은
상태일 때 거버넌스·자본환경·정책의 개념을 새롭게 세울 수 있는
강력한 방법을 제공한다. 공유[재]는 전통적인 정치 제도가 기능을
못하거나, 부패하거나, 개혁을 거부하거나, 혹은 이 모든 문제를 다
갖고 있을 때 민주주의의 실천을 다시 활성화할 방법을 제공한다.
공유[재]는, 사회가 실제로 협력과 아래로부터의 에너지를 활용해
문제를 해결하는 것이 가능함을 보여 준다. 공유[재]는 대의 민주
주의를 넘어서는, 혹은 대의 민주주의와의 건설적인 협력하에 작
동이 가능한 새로운 거버넌스 방식을 제시한다.

공유[재]가 새로운 비전을 세우는 것이 가능하다는 것은 초국가
적 공유인들과 그들이 만들어 내고 있는 혁신이 늘어나고 있음에
서 확인할 수 있다. 그 모든 사람이 공유[재] 담론 자체를 지지하는
것은 아니지만, 그들의 다양한 사회적 실천은 분명 공유[재]의 핵심
가치들, 바로 참여·협력·포괄성·공정성·상향식 혁신·책임성의 가
치를 담고 있다. 그들은 모두 생산, 소비, 거버넌스를 하나의 통합된
변화 패러다임으로 합치는 것을 추구한다. 이런 절충적 운동으로
는 연대 경제 운동, 트랜지션 타운 운동, 대안 세계화 운동가들, 수
자원 운동가들, 브라질의 〈무토지 농민 운동〉MST, 〈라 비아 깜뻬씨
나〉라고 알려진 국제 농민 운동, 자유 소프트웨어 및 자유문화 운
동, 위키피디아 커뮤니티, 오픈 액세스 저널 운동, 공개교육자료OER

운동, 십수 가지의 국제 해적당과 점거 운동 등이 있다. 이런 운동들이 연대를 이루어 곳곳에서 싹트고 있는 상황은 새로운 종류의 글로벌 움직임, 즉 여러 운동들을 느슨한 고리로 연결하는 움직임이 시작되고 있음을 시사한다.

공유[재]의 네 가지 장점

공유[재]가 어쩌면 이런 움직임을 이끄는 에너지의 상당 부분을 만들어 내는 핵심이 될 수도 있을 것이다. 공유[재]의 네 가지 뚜렷한 장점 때문이다. 첫째, 공유[재]는 정신과 분석에 있어 보편적으로 적용될 수 있는 **세계관이자 감성**이다. 어떤 경직된 전체주의적인 이념이 아니라, 제약 없는, 유연한, 다양한 문화와 사회에 열려 있는 변화를 위한 기초적인 틀을 제공한다. 또 현장의 현실과 실질적인 실행 모델을 충분히 반영한다.

둘째, 공유[재]는 역사적으로 로마 제국과 마그나카르타, 삼림헌장까지 고대로 거슬러 올라가는 유서 깊은 **법적 토대**를 갖는다. 이러한 역사는 가르침과 신뢰, 오늘날의 정치적·법적 혁신의 모델을 제공하는 훌륭한 원천이다.

셋째, 공유[재]는 우리가 시장 문화를 비판하고 인간 협력과 공동체의 타당성을 입증할 수 있게 해 주는 진지한 **지적 분석틀이자 담론**이다. 이것은 정치적 자유주의는 도무지 넘지 못한 한계로, 정치적 자유주의는 시장 이데올로기와 너무 밀접하게 연관되어 있는

탓에 시장 체제의 허점과 한계에 대해 문제 제기를 하기가 어렵다. 호모 에코노미쿠스 모델과 거리가 먼 인간 실존 개념은 받아들이지 않으려 한다. 자유주의적 보편론은 약속한 미래를 가져다주지 못함에도 불구하고, 정치적 자유주의가 추구하는 정치적 해방이라는 비전 또한 자유주의적 보편론에서 벗어나지 못하고 있다.

마지막으로, 공유[재]는 효과적인 자원 공급과 권한 분산을 위한 다양한 종류의 실행 모델들로 구성되며, 이런 모델들은 많은 경우 시장/국가 방식보다도 낫다. 공유[재]는 우리가 나서서 책임감과 상상력을 보여 줄 수 있도록 하는 긍정적이고 건설적인 대안들을 제공한다. 공유[재]에서 우리는 단지 소비자나 유권자가 아닌, 새로운 세상을 만들어 가는 과정에 활발히 참여하는 참여자로서 역할을 할 수 있다. 공유[재]는 정적인 명사가 아니라 동적인 동사다. 우리가 그저 정치인과 행정가들에게 넘겨주는 그런 것이 아니다.

선물이자 의무로서의 공유[재]

프랑스 정치인이자 공유[재] 연구가인 알랭 리피에츠는 "공유[재]"라는 단어의 기원을 찾아 재미있게도 영어 단어가 아니라 노르만 단어를 찾아 정복왕 윌리엄[1]과 노르만 시기까지 거슬러 올라간

---

1. [옮긴이] 정복왕 윌리엄 또는 윌리엄 1세(1028~1087)는 1066년 잉글랜드를 점령한 후 노르만 왕조를 연 시조로, 봉건제를 도입하여 왕권을 강화했다.

다. "공유[재]"라는 용어는 노르만 단어 commun에서 온 것으로 추정되는데, commun은 다시 "선물"이라는 뜻과 "답례", 즉 의무라는 뜻을 둘 다 갖는 단어인 munus에서 온 단어다.

나는 이러한 어원 분석이 공유[재]의 핵심을 보여 준다고 생각한다. 우리가 모두 **선물**을 받고 동시에 우리가 모두 **책임**도 갖는 세상을 회복해야 한다. 이는 인간으로서 존재하기 위한 매우 중요한 방법이다. 중앙집권적 정치와 시장 체제가 커지면서 선물과 의무에 대한 인간의 욕구는 비참하게 외면되고 말았다. 모든 것을 시장과 국가라는 제도에 의존하게 된 나머지, 개인적 주체성이나 도덕적 헌신을 생각할 여지는 거의 없어져 버렸다. 그렇기 때문에 우리는 이반 일리히가 토착 영역vernacular domain이라고 부른 것, 즉 우리의 삶을 만들고, 형성하고, 협의해 나갈 수 있는 일상의 공간에 대한 믿음을 잃어버렸다. 나는 내가 토착법이라고 부르는, 공유[재]의 법을 강화해야 한다고 생각한다.

그나마 다행이라고 생각되는 점은 이러한 생각이 필리핀의 농부, 브라질의 리믹스 아티스트, 암스테르담의 해커, 독일의 협동조합원, 미국의 자유문화 사용자, 이탈리아의 지자체에 이르기까지 전세계의 많은 다양한 사람들 사이에서 깊은 울림을 주고 있다는 점이다. 전세계의 셀 수 없이 다양한 환경에서 우후죽순 생겨나고 있는 공유[재] 기반 운동들의 폭발적 증가는 강력한 시너지를 만들어 내고 풍부한 변화 가능성을 열어 주고 있다.

이런 상황이 흥분을 자아내는 까닭은 오늘날과 같이 실천이 이론을 앞서고 있는 상황은 무언가 강력한 일이 벌어지고 있다는 것을 알게 해주기 때문이다. 낡은 구조와 설명이 더 이상 먹히지 않는 지금, 공유[재]가 희망을 가져 볼 많은 이유를 주는 것이다.

부록

공유[재]는:

· 공통의 가치와 공동체 정체성을 보존하는 자원을 장기적으로 관리하기 위한 사회적 시스템이다.

· 공동체들이 시장이나 국가에 최소한으로, 혹은 전혀 의존하지 않고 자원(고갈 자원과 보충 가능 자원을 모두 포함)을 관리하는 자기조직적 시스템이다.

· 우리가 물려받거나 함께 생산하여 줄어들지 않은 상태로, 혹은 더 발전시켜 다시 자손에게 물려주어야 하는 부다. 우리의 공통의 부로는 자연의 선물, 시민 인프라, 문화 작품, 전통, 지식 등이 있다.

· 종종 당연하게 여겨지기도 하고 시장/국가에 의해 위태로워지기도 하는 방식을 통해 가치를 생산하는 경제(그리고 삶!)의 한 영역이다.

공유[재]를 모두 포함하는 종합 재고 목록 같은 건 없다. 왜냐하면 공유[재]는 어떤 공동체가 어떤 자원을 집단 차원에서 공동으로, 공평한 접근성·이용·지속가능성을 특히 고려하면서 관리하기로 결정하면 생겨나는 것이기 때문이다.

공유[재]는 자원이 아니다. 공유[재]는 자원, 특정 공동체, 그리고 그 공동체가 필요한 자원을 관리하기 위해 세운 규약·가치·규범이 더해진 것이다. 대기, 해양, 유전 정보, 생물다양성 등 많은 자원들이 한시라도 빨리 공유[재]로 관리되어야 한다.

공유화 없는 공유[재]는 없다. 공유화는 한 공동체가 어떤 자원을 공동의 이익을 위해 관리할 수 있게 해 주는 사회적 관습과 규범이다. 인류 자체가 너무도 다양하기 때문에 공유화의 형태는 자연히 공유[재]마다 다르다. 그리고 그렇기 때문에 공유[재]의 "표준 템플릿" 같은 것도 없다. 공통의 패턴과 원칙이 있을 뿐이다. 그렇다면 공유[재]는 명사로서뿐만 아니라 동사로서 이해되어야 한다. 공유[재]는 상향식 참여, 개인적 책임, 투명성, 자기통제적 책임성에 의해 생명력을 가져야 한다.

우리 시대의 심각하지만 인식이 부족한 문제들 중 하나는 공유[재]의 인클로저, 즉 공동자원의 도용과 상업화로, 보통 사적인 시장 이익을 위한 것이다. 인클로저는 유전자와 생물체의 특허, 창작과 문화를 옥죄는 지나친 저작권법의 남용, 물과 토지의 사유화, 개방된 인터넷을 폐쇄적인 독점적 시장으로 변형시키려는 시도 등이 있다.

인클로저는 무언가를 빼앗는 것이다. 인클로저는 공동체나 모든 사람에게 속하는 자원을 사유화하고 상품화하며, 공유[재] 기반 문화(평등적 공동 생산 및 공동 거버넌스)를 시장질서(화폐 기반 생산자/소비자 관계 및 계층구조)로 해체한다. 시장은 지역사회·문화·삶의 방식에 대한 관심이 약한 경향이 있지만, 공유[재]에 있어서는 이러한 것들이 필수 불가결하다.

전통적인 공유[재]는 규모가 작고 주로 자연자원에 초점이 맞춰져 있다. 20억 명의 사람들이 자급을 삼림, 어자원, 물, 야생생물, 그 밖의 자연자원의 공유[재]에 의존한다. 그러나 다른 종류의 공유[재]가 도시, 대학, 인프라, 사회적 전통에도 존재한다. 가장 활발한 공유[재]군^群 중 하나는 인터넷과 디지털 기술에 기초하며, 이를 통해 공유인들은 가치 있는 공통의 지식과 창작품을 만들어 낼 수 있게 된다.

현대의 공유인들이 어렵게 싸우고 있는 문제는 다양한 종류의 공유[재]가 더 큰 규모로 번성하기 위해 마련되어야 할 법과 제도 형태, 사회적 관습의 새로운 구조를 찾아내는 것, 그들의 자원을 시장 인클로저로부터 보호하는 것, 그들의 공유[재]의 생성력을 보장하는 것이다.

새로운 공유[재]의 형태와 관습은 지역, 국가, 세계 모든 차원에서 필요하다. 그리고 공유인들 사이의 새로운 종류의 연합, 그리고 여러 층위의 공유[재] 사이의 새로운 연결에 대한 필요성이 있다. 초국가적 공유[재]는 특히 생태적 현실성과 거버넌스를 연결하는 데 필요하며 정치적 경계를 뛰어넘는 화합을 위한 힘으로 작용한다. 공유

[재]를 실현하고 시장 인클로저를 막기 위해서 법, 공공 정책, 거버넌스, 사회적 관습, 문화에서의 혁신이 필요하다. 이러한 모든 노력은 현재 확립된 거버넌스, 특히 국가와 시장의 거버넌스가 기반한 세계관과는 전혀 다른 세계관을 가져다줄 것이다.

그 핵심적 믿음들에 대한 간단한 비교

	영리 패러다임	공유[재] 패러다임
자원	(장벽과 배제를 통해) 희소성이 부여되거나 생겨난다.	경합 자원의 경우, 공유를 통해 모두가 사용할 만큼 충분한 양이 된다. 비경합 자원의 경우, 자원이 풍부하다.
	전략 : "효율적인" 자원 분배.	전략 : 사회적 관계의 강화가 자원의 공정한 공유와 지속가능한 사용을 위해 결정적 요소이다.
개인에 대한 개념	개인은 자신의 이익을 최대화한다(호모 에코노미쿠스).	인간은 기본적으로 협력하는 사회적 존재다.
자연과 타인에 대한 인간의 관계	분리 ·이것 아니면 저것 ·개인주의 대 집단주의 ·인간 사회 대 자연	상호관계 ·개인과 집단은 서로에게 바탕을 두며, 상호보완적이다.
변화 주체	권력 있는 정치적 로비 세력, 이익집단, 정부에 집중된 제도권 정치.	분산된 네트워크로 작동하는 다양한 공동체들로, 해결책은 주변부로부터 나온다.
초점	시장 교환과 성장(GDP)이 개인의 의지, 혁신, "효율성"을 통해 달성된다.	사용 가치, 공동의 부, 지속가능한 생계, 기업의 상보성
핵심 질문	무엇을 사고팔 수 있는가?	살기 위해 내가/우리가 필요한 것은 무엇인가?

거버넌스

의사 결정	계층적, 하향식. 지배와 통제.	수평적, 탈중심적, 상향식. 자원 사용의 자기관리, 감시, 조절.
의사 결정 원칙	다수결	합의

사회적 관계

권력관계	중앙집권화와 독점	분권화와 협업

재산 관련	독점적 사유재산 : "내 것으로 내가 원하는 대로 할 수 있다."	공동 사용하는 소유물 : "내가 공동으로 사용하는 것에 대해 공동의 책임이 있다."
경합 자원에 대한 접근(토지, 물, 삼림 등)	제한적 접근. 규칙은 소유자가 정한다.	제한적 접근. 규칙은 사용자가 정한다.
비경합 자원에 대한 접근(아이디어, 코드 등)	제한적 접근. 법과 기술을 통해 희소성이 인위적으로 만들어진다.	제한 없는 접근. 열린 접근이 기본적인 기준이다.
이용 권리	소유자에 의해 부여되거나 부여되지 않음. 초점 : 개인의 권리	공동 생산하는 사용자들에 의해 공동으로 결정됨. 초점 : 공정성, 모두에 대한 접근의 허용
사회적 관습	타인을 밟고 올라섬. 경쟁이 지배	공유화. 협력이 지배

지식 생산

	기업 이데올로기와 가치가 교육과 지식 생산에 스며든다.	P2P, 네트워킹과 협업을 통해 다양한 관점이 가능해진다.
	지식이 사고팔 희소한 자산으로 간주된다.	지식이 사회의 공익을 위한 풍부한 자원으로 간주된다.
	독점 기술	자유 및 오픈 소스 기술
	고도로 전문화된 지식과 전문성이 특권적 지위를 누린다.	지식은 사회적, 민주주의적 통제의 대상이 된다.

시사점

자원	고갈/수탈 인클로저	보존/유지관리 재생산과 확장
사회	개인적 전용 대 집단의 이익 배제	"나의 개인적 성장이 타인의 발전을 위한 조건이며, 그 반대도 마찬가지이다." 우호적인 관계를 통한 해방

실케 헬프리히가 작성한 이 차트는 『공유[재]의 부 : 시장과 국가 너머의 세계』(The Wealth of the Commons : A World Beyond Market and State)(Levellers Press, 2012)에 처음 등장했다. CC-BY-SA 3.0 라이선스로 이용할 수 있다.

시장, 경제학, 공유[재]

Ackerman, Frank and Lisa Heinzerling, *Priceless: On Knowing the Price of Everything and the Value of Nothing* (New Press, 2004).

Alperovitz, Gar and Lew Daly, *Unjust Deserts: How the Rich Are Taking Our Common Inheritance* (New Press, 2008) [가 알페로비츠·루 데일리, 『독식 비판: 지식 경제 시대 의 부와 분배』, 원용찬 옮김, 민음사, 2008].

Barnes, Peter, *Capitalism 3.0: A Guide to Reclaiming the Commons* (Barrett-Koehler, 2006).

Bollier, David, *Silent Theft: The Private Plunder of Our Common Wealth* (Routledge, 2002).

_____, *This Land Is Our Land: The Fight to Reclaim the Commons* [DVD] (Media Education Foundation, 2010).

_____, and Silke Helfrich, editors, *The Wealth of the Commons: A World Beyond Market and State* (Levellers Press, 2012). Available at wealthofthecommons.org.

Frank, Robert, *One Market Under God: Extreme Capitalism, Market Populism and the End of Economic Democracy* (Doubleday, 2000).

Hardt, Michael and Antonio Negri, *Commonwealth* (Harvard University Press, 2009) [안 토니오 네그리·마이클 하트, 『공통체』, 정남영 외 옮김, 사월의 책, 2014].

Harvey, David, *A Brief History of Neoliberalism* (Oxford University Press, 2005). [데이비 드 하비, 『신자유주의: 간략한 역사』, 최병두 옮김, 한울아카데미, 2014].

Heller, Michael, *The Gridlock Economy: How Too Much Ownership Wrecks Markets, Stops Innovation and Costs Lives* (Basic Books, 2008).

Kuttner, Robert, *Everything For Sale: The Virtues and Limits of Markets* (Knopf, 1997).

Nomini, Donald, editor, *The Global Idea of 'the Commons'* (Berghahn Books, 2007).

Patel, Raj, *The Value of Nothing: How to Reshape Market Society and Redefine Democracy* (Picador, 2009). [라즈 파텔, 『경제학의 배신: 시장은 아무것도 주지 않는다』, 제현 주 옮김, 우석훈 해제, 북돋움, 2011].

Penalver, Eduardo Moises and Sonia K. Katyal, *Property Outlaws: How Squatters, Pirates and Protesters Improve the Law of Ownership* (Yale University Press, 2010).

Radin, Margaret Jane, *Contested Commodities* (Harvard University Press, 1996).

Rose, Carol M., *Property and Persuasion: Essays on the History, Theory and Rhetoric of Ownership* (Westview Press, 1994).

Sandel, Michael, *What Money Can't Buy : The Moral Limits of Markets* (Allen Lane, 2012). [마이클 샌델, 『돈으로 살 수 없는 것들 : 무엇이 가치를 결정하는가』, 안기순 옮김, 김선욱 감수, 와이즈베리, 2012].

Schroyer, Trent, *Beyond Western Economics : Remembering Other Economic Cultures* (Routledge, 2009).

Wall, Derek, *The Sustainable Economics of Elinor Ostrom : Commons, Contestation and Craft* (MIT Press, 2014).

Walljasper, Jay, *All That We Share* (New Press, 2011).

공유[재]의 사회, 문화적 역학 관계

Benkler, Yochai, *The Penguin and the Leviathan : The Triumph of Cooperation Over Self-Interest* (Crown Business, 2010). [요차이 벤클러, 『펭귄과 리바이어던 : 협력은 어떻게 이기심을 이기는가』, 이현주 옮김, 반비, 2013].

Bowles, Samuel and Herbert Gintis, *A Cooperative Species : Human Reciprocity and Its Evolution* (Princeton University Press, 2011).

Cahn, Edgar and Jonathan Rowe, *Time Dollars* (Emmaus, PA : Rodale Press, 1992).

Gintis, Herbert, Samuel Bowles et al., *Moral Sentiments and Material Interests : The Foundations of Cooperation in Economic Life* (MIT Press, 2005).

Hyde, Lewis, *The Gift : Imagination and the Erotic Life of Property* (Vintage Books, 1979).

Kropotkin, Petr, *Mutual Aid : A Factor of Evolution* (Boston : Porter Sargent Publishers/ Extending Horizons Books, reprint of 1914 edition) [표트르 알렉세예비치 크로포트킨, 『만물은 서로 돕는다 ― 크로포트킨의 상호부조론』, 김영범 옮김, 2005].

Linn, Karl, *Building Commons and Community* (Oakland, CA : New Village Press, 2007).

Sennett, Richard, *Together : The Rituals, Pleasures and Politics of Cooperation* (Yale University Press, 2012).

역사 속의 공유[재]

Alexander, Gregory S., *Commodity and Propriety : Competing Visions of Property in American Legal Thought, 1776-1970* (University of Chicago Press, 1997).

Federici, Silvia, *Caliban and the Witch : Women, the Body and Primitive Accumulation* (Autonomedia, 2004). [실비아 페데리치, 『캘리번과 마녀』, 황성원·김민철 옮김, 갈무리, 2011].

Hill, Christopher, *The World Turned Upside Down : Radical Ideas During the English Revolution* (Penguin, 1972).

Hyde, Lewis, *Common as Air : Revolution, Imagination and Ownership* (Farrar, Strauss and Giroux, 2010).

Linebaugh, Peter, *The Magna Carta Manifesto : Liberties and Commons for All* (University of California Press, 2008). [피터 라인보우, 『마그나카르타 선언 : 모두를 위한 자유권들과 커먼즈』, 정남영 옮김, 갈무리, 2012].

Polanyi, Karl, *The Great Transformation : The Political and Economic Origins of Our Time* (Beacon Press, 1944, 1957). [칼 폴라니, 『거대한 전환 : 우리 시대의 정치, 경제적 기원』, 홍기빈 옮김, 길, 2009].

Wall, Derek, *The Commons in History : Culture, Conflict and Ecology* (MIT Press, 2014).

지식과 디지털 공유[재]

Aufderheide, Patricia and Peter Jaszi, *Reclaiming Fair Use : How to Put Balance Back in Copyright* (University of Chicago Press, 2011).

Benkler, Yochai, *The Wealth of Networks : How Social Production Transforms Markets and Freedom* (Yale University Press, 2006). [요하이 벤클러, 『네트워크의 부 : 사회적 생산은 시장과 자유를 어떻게 바꾸는가』, 최은창 옮김, 커뮤니케이션북스, 2015].

Bollier, David, *Brand Name Bullies : The Quest to Own and Control Culture* (John Wiley, 2005).

_____, *Viral Spiral : How the Commoners Built a Digital Republic of Their Own* (New Press, 2009).

Boyle, James, *The Public Domain : Enclosing the Commons of the Mind* (Yale University Press, 2008).

Ghosh, Rishab Aiyer, *CODE : Collaborative Ownership and the Digital Economy* (MIT Press, 2005).

Klemens, Ben, *Math You Can't Use : Patents, Copyright and Software* (Brookings Institution Press, 2006).

Krikorian, Gaelle and Amy Kapczynski, *Access to Knowledge in the Age of Intellectual Property* (Zone Books, 2010).

La Follette, Laetitia, *Negotiating Culture : Heritage, Ownership and Intellectual Property* (University of Massachusetts Press, 2013).

Lessig, Lawrence, *Free Culture : How Big Media Uses Technology and the Law to Lock Down Culture and Control Creativity* (Penguin Press, 2004). [로렌스 레식, 『자유문화 : 인터넷 시대의 창작과 저작권 문제』, 이주명 옮김, 필맥, 2005].

Ostrom, Elinor and Charlotte Hess, *Understanding Knowledge as a Commons : From Theory to Practice* (MIT Press, 2007). [엘리너 오스트롬 · 샬럿 헤스, 『지식의 공유 : 폐쇄성을 넘어 '자원으로서의 지식'을 나누다』, 김민주 · 송희령 옮김, 타임북스, 2010].

Patry, William, *Moral Panics and the Copyright Wars* (Oxford University Press, 2009).

Suber, Peter, *Open Access* (MIT Press, 2012).

Vaidhyanathan, *Copyrights and Copywrongs : The Rise of Intellectual Property and How It Threatens Creativity* (New York University Press, 2001).

자연자원 공유[재]

Barnes, Peter, *Who Owns the Sky? Our Common Assets and the Future of Capitalism* (Washington, D.C. : Island Press, 2001).

Buck, Susan J., *The Global Commons : An Introduction* (Washington, D.C. : Island Press, 1998).

Burger, Joanna, Elinor Ostrom et al., *Protecting the Commons : A Framework for Resource Management in the Americas* (Island Press, 2001).

Cooper, Melinda, *Life as Surplus : Biotechnology and Capitalism in the Neoliberal Era* (University of Washington Press, 2008) [멜린다 쿠퍼, 『잉여로서의 생명』, 안성우 옮김, 갈무리, 근간].

Davey, Brian, *Sharing for Survival : Restoring the Climate, the Commons and Society* (Foundation for the Economics of Sustainability, 2012).

Dolsak, Nives and Elinor Ostrom, *The Commons in the New Millennium : Challenges and Adaptations* (MIT Press, 2003).

Donahue, Brian, *Reclaiming the Commons : Community Farms and Forests in a New England Town* (Yale University Press, 1999).

Freyfogle, Eric T., *The Land We Share : Private Property and the Common Good* (Island Press, 2003).

McKay, Bonnie J. and James M. Acheson, *The Question of the Commons : The Culture and Ecology of Communal Resources* (University of Arizona Press, 1987).

National Research Council, Elinor Ostrom, Thomas Dietz et al., *The Drama of the Commons : Committee on the Human Dimensions of Global Change* (National Academy Press, 2002).

Ostrom, Elinor, *Governing the Commons : The Evolution of Institutions for Collective Action* (Cambridge University Press, 1990) [엘리너 오스트롬, 『공유의 비극을 넘어 : 공유자원 관리를 위한 제도의 진화』, 윤홍근·안도경 옮김, 랜덤하우스코리아, 2010].

Shiva, Vandana, *Biopiracy : The Plunder of Nature and Knowledge* (South End Press, 1997) [반다나 시바, 『자연과 지식의 약탈자들』, 한재각 외 옮김, 당대, 2000].

Steinberg, Theodore, *Slide Mountain, or the Folly of Owning Nature* (University of California Press, 1995).

Waldby, Catherine and Robert Mitchell, *Tissue Economies : Blood, Organs and Cell Lines in Late Capitalism* (Duke University Press, 2006).

Weston, Burns H. and David Bollier, *Green Governance : Ecological Survival, Human Rights and the Law of the Commons* (Cambridge University Press, 2013).

특별한 종류의 공유[재]

Bollier, David and Laurie Racine, *Ready to Share: Fashion and the Ownership of Creativity,* with DVD (USC Annenberg School/Norman Lear Center, 2006).

Brown, Michael F., *Who Owns Native Culture?* (Harvard University Press, 2003).

Frischmann, Brett M., *Infrastructure: The Social Value of Shared Resources* (Oxford University Press, 2012).

Hallsmith, Gwendolyn and Bernard Lietaer, *Creating Wealth: Growing Local Economies with Local Currencies* (New Society Publishers, 2011).

McSherry, Corynne, *Who Owns Academic Work? Battling for Control over Intellectual Property* (Harvard University Press, 2001).

Shuman, Michael H., *Going Local: Creating Self-Reliant Communities in a Global Age* (Routledge, 2000).

Van Abel, Bas, Lucas Evers et al., *Open Design Now: Why Design Cannot Remain Exclusive* (The Netherlands, Bis Publishers, 2011), available at opendesignnow.org [바스 판 아벌·뤼카스 에버르스·로얼 클라선·피터 트룩슬러, 『오픈 디자인』, 배수현·김현아 옮김, 안그라픽스, 2015].

Washburn, Jennifer, *University, Inc: The Corporate Corruption of Higher Education* (Basic Books, 2005).

:: 공유[재]에 관한 주요 웹사이트

* 본문에 등장하는 단체명/매체명만 한국어와 원문을 병기하고, 다른 것은 원문대로 썼다.

Bollier.org	Bollier.org
Commons Abundance Network	commonsabundance.net
Commons Atlas	commonsparkcollective.org/index. php/about/
〈커먼즈 블로그〉(CommonsBlog, Germany)	commonsblog.wordpress.com
〈더 커머너〉(The Commoner, U.K.)	commoner.org.uk
Commons.fi (Finland)	commons.fi
〈크리에이티브 커먼즈〉(Creative Commons)	creativecommons.org
〈커먼즈 디지털 도서관〉(Digital Library of the Commons)	dlc.dlib.indiana.edu
FreeLab (Poland)	freelab.org.pl
〈자유 소프트웨어 재단〉(Free Software Foundation)	fsf.org
Global Commons Trust	globalcommonstrust.org
Int'l Assn for Study of the Commons	iasc-commons.org
Int'l Journal of the Commons	thecommonsjournal.org/index.php/ijc
Keimform (Germany)	keimform.de/category/english
Knowledge Ecology Int'l	keionline.org
New Economics Foundation	neweconomics.org
OER Commons	oercommons.org
On the Commons	onthecommons.org
Ouishare	ouishare.net
Philippe Aigrain (France)	paigrain.debatpublic.net
〈P2P 재단〉(P2P Foundation)	p2pfoundation.net

Real World Economics Review	paecon.net/PAEReview
〈리커먼〉(Re:Common, Italy)	recommons.org
Remix the Commons	remixthecommons.org
Science Commons	creativecommons.org/science
『셰어러블 잡지』(Shareable Magazine)	shareable.net
〈연대 경제〉(Solidarity Economy)	solidarityeconomy.net
Stir to Action (UK)	stirtoaction.com
Workshop in Political Theory and Policy Analysis	www.indiana.edu/~workshop
Yes! magazine	yesmagazine.org

이 책을 쓰는 데 내 인생의 15년을 바쳤다는 말도 결코 과장은 아니다. 지난 15년 동안 나는 공유[재]의 작용 방식, 정치적 함의, 문화적 중요성, 향후 방향에 이르기까지 공유[재]에 대해 치열하게 연구했다. 전세계에서 유익한 만남을 나누었던 수백 명의 공유인들 모두에게 일일이 감사의 말을 전하는 것은 도무지 어려울 것이다. (각지 아시리라 믿는다!) 해서, 내 생가에 지대한 영향을 미치고 내 삶을 풍요롭게 해 준 나의 친애하는 동료들과 논쟁 상대들 몇 명만 언급하고자 한다. 실케 헬프리히, 미셸 바우엔스, 하이케 뢰쉬만, 그리고 미국에서는 피터 반스, 조나단 로우(1946~2011)와 존 리차드에게는 특히 감사를 표하고 싶다.

공유[재]에 대해, 그리고 이 책의 프랑스어판을 내는 데 깊은 관심을 보여 준 파리 찰스 레오폴드 메이어 재단의 마티유 칼람 재단장에게 각별한 고마움을 전한다. 또 그 과정을 진두지휘해 주고 내가 일생 동안 벌였던 다른 공유[재] 관련 프로젝트들을 뒤지는 동안에도 참을성 있게 기다려 준 에디션 찰스 레오폴드 메이어ECLM 대표인 알린 뒤리즈-자블론카에게도 감사해야 할 것이다. ECLM에서 프랑스어 번역과 편집을 맡아 준 〈리티모〉[1]의 올리비에 프티장은

---

1. [옮긴이] 리티모(Ritimo)는 프랑스 시민운동과 비영리 단체 활동 등 국제 연대 관련

정중한 태도와 박식함이 인상 깊었던 사람으로, 그가 전해 준 많은 통찰력 있는 의견들 덕분에 이 책을 좀 더 지적이고, 깊이 있고, 치밀하게 완성할 수 있었다. 올리비에, 시간과 공간의 차이를 뛰어넘어 당신과 일할 수 있어 즐거웠습니다.

또 캐런 존스턴, 찰리 크레이, 리카르도 조마론, 헤베 르 크로스니어, 존 리차드 등의 독자들께도 감사의 인사를 전하고 싶다. 이분들이 원고를 꼼꼼히 검토하고 신중한 조언을 해 준 덕택에 글을 더 매끄럽게 다듬을 수 있었다. 물론, 모든 오류나 누락은 전적으로 내 책임이다.

본디 책은 계속 이어질 대화의 일부인 것이지 책이 출판되었다고 끝은 아니기에, 나는 미래의 공유인들이 내 실수와 누락된 부분, 해석에 대해 각자의 관점에서 적극 문제 제기를 해 주기를 바라며, 나아가 내가 미처 경험하지 못한 영역으로까지 이 대화를 가져가 주기를 바란다. 공유화의 세계란 광활하고 계속 확장되고 있기 때문이다.

매사추세츠 애머스트에서

데이비드 볼리어

정보를 제공하고 시민단체 활동을 지원하는 단체이다.

몇 년 동안 〈크리에이티브 커먼즈〉 단체에서 활동하면서 가장 어려웠던 것은 우리나라 사람에게는 낯선 '공유[재]'commons 개념을 이해하기 쉽고 간단한 말로 풀어내는 일이었다. 공유[재]를 제대로 이해하지 않고서는 〈크리에이티브 커먼즈〉가 추구하는 창작과 지식의 공유라는 이념도 공허하고 추상적인 말로만 들릴 수밖에 없었다.

물론 영국 중세 봉건 시대라는 역사적 맥락을 공유하지 않는 한국 독자의 입장에서는 그 시대의 공유[재]의 개념은 여전히 충분히 와 닿지는 않는다. 게다가 물리적 세상과 디지털 세상이 혼재하는 시대를 살아가고 있는 현대 디지털 세대로서는 공유[재]의 개념을 받아들이기 위해 꼭 영국 중세 목초지와 같은 물리적 사물에서부터 출발할 필요는 없을지 모른다. 그들은 이미 물리적이지 않은 정보와 지식도 물질적 사물과 같은 가치 있는 어떤 것으로서 파악하며, 여기에 흔히 '콘텐츠'라는 모호한 이름을 붙여 시장에서 거래 가능한 물건으로 취급하는 것에 익숙하다. 그들에게는 영국 중세 시대 목초지 이야기보다는 유튜브로 동영상을 즐기고 공유하는 사례를 통해 공유[재]를 설명하는 것이 더 현명한 접근법일 수 있다.

그럼에도 불구하고, 이 책에서 작가가 공유[재]라는 말의 어원을 상세히 설명하는 것에 꽤 많은 지면을 할애하고 있다는 사실이 반갑다. 공유[재]의 어원을 알지 않고서는 그 개념이 무엇인지, 어떤 역사적 배경을 거쳐 왔는지, 그리고 첨단기술과 인터넷의 발달로 국경이 희미해지고 초국가적 기업과 시장이 사회를 지배하는 힘이 점점 커지고 있는 현대 디지털 시대에 왜 공유[재]가 새로운 삶의 방식을 위한 대안적 패러다임으로서 다시금 주목을 받고 있는지를 체계적으로 설명할 수가 없기 때문이다.

물론 공유[재]의 역사를 세세히 훑었다는 이유만으로 이 책이 의미 있는 책인 것은 아니다. 공유[재] 연구자이자 활동가로서 데이비드 볼리어는 현상을 분석하는 것에서 한발 더 나아가, 이를 토대로 현대 사회에 맞는 공유[재] 관련 개념을 명확히 정립하고 나아가 공유[재] 패러다임이 앞으로 나아가야 할 비전을 대담하게 제시한다. 작가가 후기에서도 언급하듯, 수년간 공유[재]를 붙들고 씨름해 온 세월이 없었더라면 결코 불가능했을 과감한 시도다.

그러나 그렇기 때문에 번역하는 입장에서는 그가 제안한 중요한 개념들을 우리말로 어떻게 옮겨야 할지 무척 고심하지 않을 수 없었다. 그동안의 여러 공유[재] 관련 연구에서 등장한 바 있는 개념이라 하더라도 아직 명확한 용어로 굳어지지 않은 개념들이 많았기 때문이다. 아직 개념어 정립이 되지 않은 용어나 작가가 새롭게 제안한 용어의 경우, 가장 적합한 번역어는 아닐지라도 앞으로 개념이 좀 더 정립되어 나가는 밑거름이 되었으면 하는 바람으로 가능한 한 비교적 통용되고 있거나 이해가 쉬운 용어로 번역하고 역주로 변을 달았다.

공유[재]를 쉽고 명확하게 정리한 책에 대한 필요성을 오랫동안

절감하고 있었기에, 어려울 것을 알면서도 이 책을 번역할 결심을
하게 되었다. 아무쪼록 부족한 번역이지만 이 책을 통해 많은 사람
들이 공유[재]에 대해 이해하고, 새롭지만 결코 새롭지 않은 대안적
삶의 방식으로서의 공유[재]에 눈을 돌릴 수 있기를 바란다.

:: 인명 찾아보기

본문에 참고한 이미지 출처
19쪽 : https://www.flickr.com/photos/aseemsjohri/
31쪽 : https://www.flickr.com/photos/araswami/
47쪽 : https://www.flickr.com/photos/romanboed/
68쪽 : kris krug. http://www.thesolutionsjournal.com/sites/default/files/Rev_Cooperstein_
　Figure%202.jpg
90쪽 : https://www.flickr.com/photos/marktee/
104쪽 : https://www.flickr.com/photos/thewazir/
123쪽 : https://www.flickr.com/photos/74611013@N02/
168쪽 : https://www.flickr.com/photos/74611013@N02/
188쪽 : https://www.flickr.com/photos/53867581@N04/
215쪽 : https://www.flickr.com/photos/hills_alive/5536956826/
241쪽 : https://www.flickr.com/photos/sarihuella/
253쪽 : https://www.flickr.com/photos/dbnunley/